KB276213

매듭의 여왕
& 묶음의 달인

# 매듭의 여왕 & 묶음의 달인

1판 2쇄 인쇄  2014년 8월 21일
1판 2쇄 발행  2014년 8월 26일

지은이 조홍식 외

발행인 김국률
발행처 예조원

출판등록 제301-2010-184호

주소 서울특별시 중구 퇴계로 180-3
전화 (02)2272-7272  팩스 (02)2272-7275

값은 표지에 있습니다.
ISBN 978-89-94129-29-7 (13630)

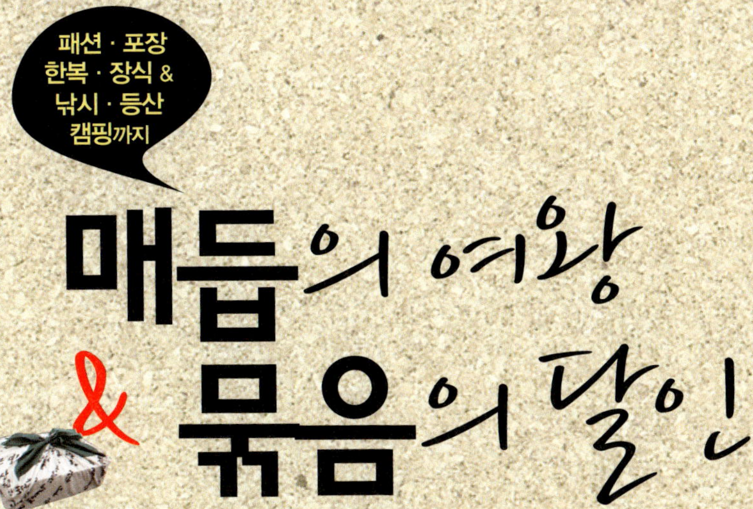

# 매듭의 여왕 & 묶음의 달인

조홍식 외

예조원

# 구슬이 서 말이라도 꿰어야 보배

얼마 전 서울시가 '한복입기 운동'을 발표했다. 우리의 전통문화를 보존하고 자랑하기 위한 운동으로, 한복 차림으로 고궁과 미술관·박물관 등을 찾는 시민들에겐 입장료를 할인해 주겠다는 내용이었다. 이어 서울시가 주관하는 국내외 행사에서 참석자들이 한복 입는 것을 권장하고, 서울시 홍보대사들과 함께 한복 입기 캠페인도 시작할 예정이라고 했다.

그러나 구슬이 서 말이라도 꿰어야 보배. 우리의 한복이 날이 갈수록 퇴조하는 이유 중의 하나는 '제대로 꿰기(차려 입기)'가 복잡하다는 점이 꼽힌다. 게다가 제대로 가르쳐 주는 이도 없고, 마땅히 배울 곳도 없다. 여고 시절, 가정 시간에 한복 입기를 배운 지금의 어머니들조차 가물거리는 기억을 살려 겨우 옷고름을 맬까 말까…. 그러니 남자 한복의 대님은? 오늘날의 양복 또한 마찬가지다. 정장 차림의 넥타이는 그 종류 못지않게 착용법으로 멋을 더하고 변화를 시도한다. 한 마디로 매듭(Knot)과 딤플(Dimple·넥타이 매듭 밑에 만들어지는 주름)로 표현하는 넥타이. 성인 남자들 가운데 두 가지 방식 또는 세 가지 이상을 활용하는 개성파들이 얼마나 될까?

이 책「매듭의 여왕 & 묶음의 달인」은 쉽고 튼튼하게 묶거나 매듭지어 멋지게 꾸미거나 보관하는 방법을 다양한 분야에 걸쳐 소개한다. 넥타이·머플러·스카프·한복·스니커 등등의 패션 분야는 물론, 선물 포장과 운반, 간단한 실내 인테리어도 포함시켰다. 또

한 집안 살림과 아웃도어 분야에도 비중을 크게 두었다. 집안에 흩어져 돌아다니는 물건들을 용도별로 정리하거나, 주말 야외 나들이에서 텐트·그늘막·해먹 설치는 물론 줄사다리·빨랫줄 설치 요령을 다룬 로프 워크 섹션은 곧 '칭찬 받는 남자들의 묘기' 분야이기도 하다.

다만 이 책은 실용 서적으로서의 가치를 위해 공예 경지에 이르는 전문 매듭 분야는 생략하였다. 전통매듭 및 리본 공예·전문 포장 등 복잡하고 어려운 분야는 생략하되 일상생활에 도움 되는 분야를 속속들이 찾아 활용하기 쉽도록 주제별로 엮었다. 또한 누구나 쉽게 따라 할 수 있도록 매듭 과정을 빠짐없이 사진으로 보여 주되, 때로는 그림으로 표현하여 이해를 드높였다.

규격화·획일화 추세 속에서도 개성이 강조되는 세태를 떠올리며, 이런 책도 생활에 보탬이 되겠구나 생각한 편집자의 바람이 여러 가정에 잘 전달되길 바란다. 특히 전통 한복과 혼례 분야에서 조언과 시연을 아끼지 않으신 '송진주단' 진오순 님과 유난히 무더웠던 지난 여름, 비지땀 흘리며 사진 촬영에 고생하신 윤성도 님께 감사드린다.

2010. 가을
조홍식 〈예조원 편집위원〉

# Contents

Contents

### ● 황마 끈

보통 '마(麻) 끈'이라 부르는 것으로 표면이 거칠고 색깔이 누렇다. 식재료를 묶거나 실내장식용 끈으로 많이 활용된다. 습기에 강해 정원 또는 텃밭을 가꾸거나 울타리 등을 맬 때에도 적합니다. 동대문시장의 로프 판매점이나 방산시장 내 조리도구 및 제빵 재료 매장에 가면 다양한 제품을 선택할 수 있다. 02-2263-3884

### ● PP 노끈

흔히 '비닐 노끈'이라 부르는데, 정확한 소재의 명칭은 폴리프로필렌 계열이다. 흰색 · 파란색 · 노란색 등 색깔이 다양하고 값도 저렴해 일상생활에 가장 다양하게 사용된다. 그러나 강도는 약하다. 방산시장 외부, 즉 청계5가 사거리에서 을지로5가 사거리 방향의 도로변에 밀집해 있는 포장 재료 매장에서 값싸게 구입할 수 있다. 02-2273-0557

### ● 리본

집 가까운 종합 문구점에서도 구입할 수 있지만, 전문적인 리본아트용 재료를 구입하려면 전문 상가를 찾아야 한다. 선택을 어렵게 만들 정도로 다양한 소재, 다양한 규격이 진열되어 있다. 동대문종합상가 B동 5층에는 리본 전문 매장이 밀집되어 있다. 그 외에 인터넷 쇼핑몰을 이용해도 좋다. 02-2271-2227

### ● 전통매듭용 끈목

전통매듭 기법을 활용해 문화상품을 만드는 재료를 '끈목'이라 부른다. 소재가 천연섬유로 된 것과 합성섬유로 된 것이 있는데 굵기와 색상이 아주 다양하다. 종로구 가회동 동림매듭공방(02-3673-2778, http://shimyoungmi.com), 남대문시장 내 대도상가를 찾으면 된다.

### ● 면, 화학섬유 로프

포장은 물론 빨랫줄, 텐트 설치용 펙 등에 활용할 수 있는 로프로, 몇 가지 종류를 구입해 두면 가정생활은 물론 야외 활동에 이르기까지 그 용도가 실로 다양하다. 동대문종합상가 1층 또는 인근 청계천 쪽에 로프 전문 가게가 많다. 또는 방산시장 내 방산종합상가 A동에도 전문 매장이 있다. 02-2268-6960

### ● 드라이플라워 및 조화

실내장식을 위한 드라이플라워와 조화는 인테리어 소품 전문 매장을 찾으면 한꺼번에 해결할 수 있다. 반포동 강남고속버스터미널 3층 꽃상가에는 생화는 물론 대규모 조화, 인테리어 소품 매장이 밀집돼 있다. 02-596-1683

### ● 포장 박스

포장용 박스는 사각 육면체뿐만 아니라 선물용으로 적합한 다종다양한 제품들이 있다. 선물 분위기를 한껏 살리려면 전문 매장을 찾는 것이 좋다. 방산시장 청계천 쪽 입구를 찾으면 깜찍하고 예쁜 각양각색의 포장용 박스를 구경하는 것만으로도 큰 즐거움이다. 02-2263-2784

### ● 대나무

울타리를 만들거나 인테리어를 위해 대나무가 필요할 경우, 인근 화원에 부탁하면 시간이 오래 걸리고 선택의 폭도 좁다. 반포동 강남고속버스터미널 3층 꽃상가에는 대나무를 전문으로 취급하는 매장도 있다. 생화 매장은 오후 1시에 모두 폐점하므로 야간이나 오전 중에 들러야 한다. 02-3482-2545

# Part 1 

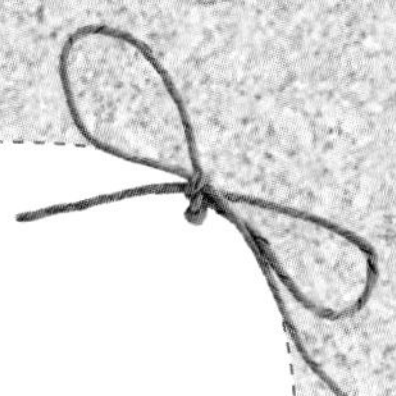

## Part 1

# 우리 가족
# 개성 연출

# 넥타이의 비밀

## 넥타이의 기원은 '무사귀환'의 뜻

넥타이 기원은 17세기 프랑스에서 유행한 '크라바트(Cravat)'라는 설이 유력하다. '30년 전쟁' 당시 프랑스 왕실을 보호하기 위해 크로아티아의 병사들이 파리에 도착했을 때, 그들은 모두 스카프를 목에 감고 있었다. 무사귀환의 염원을 담아 병사들의 아내나 연인이 감아준 일종의 부적이었다. 그런데 그 스카프에 관심을 보인 루이 14세(1638~1715)가 '저것이 무엇이냐'고 묻자, 시종장이 질문의 뜻을 모른 채 그만 '크라바트(크로아티아의 병사라는 의미)입니다'라고 대답해 버렸다. 이로부터 남자들의 목에 맨 스카프가 '크라바트'가 되고 말았으며, 지금도 넥타이를 프랑스어로는 크라바트(Cravate)라고 부른다. 결국 넥타이의 기원에는 그 이름뿐만 아니라 간절한 소망을 담은 '사랑의 징표'라는 의미도 담겨 있는 것이다.

## '포 인 핸드(Four in hand)' 넥타이의 탄생

크라바트, 즉 목에 천을 매는 스타일은 18세기까지 군대의 복장으로 유행했으며 점차 일반인에게도 확산되었다. 이후 제1차 세계대전 무렵까지 일반 남성들의 정장으로도 활용되던 중, 19세기 후반 들어 영국에서 크라바트의 매듭 부분을 따로 강조하는 유행이 생겨났으니 이것이 바로 나비넥타이이다. 또 경마장에 모일 때만 착용하는 애스컷(Ascot) 타이가 등장한 것도 서로 비슷한 시기이다. 이어서 오늘날 주류를 이루는 기다란 형태의 '포 인 핸드(Four in hand)' 넥타이가 태어났는데, '포 인 핸드'는 네 마리의 말이 끄는 마차를 의미한다. 마부들 사이에 유행하던 넥타이가 대중에게로 확산된 것이다. 결국 '크라바트'와 '포 인 핸드'의 발생 모두 넥타이에는 '동질감 표시'의 의미가 담겨 있음을 알 수 있다.

## 색상으로 말하고 딤플로 표현한다

넥타이는 블루(Blue) · 레드(Red) · 옐로우(Yellow) 세 가지 계통의 색상이 주로 사용된다. 한색(寒色)이자 후퇴색인 블루 계열은 면접을 본다든지 자신보다 높은 위치의 사람을 만날 때 선택되는 색상이다. 강렬한 레드 계열은 선거 입후보자와 같이 자신을 돋보이게 하는 색상이다. 다른 이들과 동화되고 협조를 구하는 관계 연출에는 옐로우 계열이 적합한 색상으로 꼽힌다. 또한 넥타이 표현에는 색상 못지않게 중요한 딤플(Dimple)이 있다. 딤플이란 넥타이의 매듭 아래에 만드는 주름을 말한다. 이 주름을 통해 단조로울 수 있는 넥타이의 표정이 살아난다. 색상과 함께 딤플을 잘 활용하는 것이 자신의 개성을 표현할 수 있는 방법이다. 단, 문병이나 상가(喪家)를 방문할 때는 딤플을 하지 않는 것이 원칙이다.

## 월, 화, 수, 목, 금 … 5가지만 익히자!

성인 남자 가운데 넥타이 착용 방법을 몇 가지나 알고 있을까? 영업직 샐러리맨 중에는 대여섯 가지 방법을 활용한다는 대답도 있지만, 넥타이의 종류만 바꿀 뿐 오로지 한 가지 방법으로 평생을 버티는 이들도 많다. 그런데 '넥타이 매는 방법'은 도대체 몇 가지나 될까? 1999년, 영국 캠브리지 대학의 핵물리학자 토마스 핑크와 용 마오가 정리한 〈The 85 Ways to Tie a Tie〉란 책이 있다. 전통적으로 활용되는 넥타이 매듭법과 응용 가능한 매듭법을 합쳐 무려 85가지나 된다는 것이다. 그러나 두 학자도 스스로 맬 줄 아는 것은 10여 가지 방법 이내일 것이고, 실제 일상에 유용한 방법은 6가지면 충분할 것이다. 월, 화, 수, 목, 금 … 이 책에 소개하는 6가지 방법 가운데 5가지만 익히면 한 주일이 즐거워질 것이다.

하이캐주얼에도 잘 어울리는 기본 매듭

# 플레인 노트 Plain knot

❖ 넥타이 매기의 기본. 가장 빠르게 그리고 가장 손쉽게 맬 수 있는 방법이다.
어느덧 성년이 되어 정장을 할 기회가 생긴 아들. 넥타이를 맬 때마다 번번이 아버지 손을 빌리더니 어느 틈에 학교를 졸업하고 첫 출근하는 날을 맞았다.
손수 양복을 차려 입고 넥타이를 골라 든다. 정신없이 바쁜 아침, 이리저리 넥타이를 주물럭거리고 있을 시간이 없다. 이때 필요한 어드바이스 한 마디! "초년병 시절엔 플레인 노트가 우선이야!"

**1** 넓은 깃을 가는 깃 위로 교차시킨 후, 넓은 깃을 가는 깃 밑 화살표 방향으로 돌린다.

**2,3** 넓은 쪽 깃을 가는 쪽 위로(화살표 방향으로) 돌린 후, 목 부위의 고리 속으로 통과시킨다.

**4** 목 안쪽으로 넓은 쪽 깃을 꺼낸 후 화살표 방향으로 통과시킨다.

**5** 넓은 쪽 끝을 4단계에서 만들어진 겹침 부위 사이로 넣어 아래로 빼 낸다.

**6** 한 손으론 매듭 부위를 쥐고 한 손으론 가는 쪽 부위를 잡아당기면서 전체적인 모양을 가다듬는다.

## History

플레인 노트는 19세기 중엽에 등장한 넥타이 묶음법이다. 역사가 오래 된 매듭이지만 격식을 차리는 장소에서 착용하는 정장보다는 오히려 하이캐주얼에 더 잘 어울리는 날씬한 매듭법이기도 하다.

매듭에 사용되는 분량이 길지 않으므로 넥타이의 전체 길이가 너무 긴 경우는 앞쪽의 넓은 깃보다 안쪽의 가는 깃이 더 길어지는 폐단이 따르기도 한다. 일반적인 신사용 넥타이는 물론, 패션이 가미된 니트 넥타이에도 매치되는 방법이다.

**Tip**

플레인 노트는 가장 간단하고 일반적인 젊은 샐러리맨을 위한 넥타이 묶음법으로, 처음 넥타이를 매는 사회 초년생이 가장 쉽게 익힐 수 있는 방법이자 탈착에 따른 넥타이의 손상도 적은 편이다. '포 인 핸드 노트(Four-in-hand knot)'라고도 부른다. 델타 매듭 부분이 작으므로 깃과 깃 사이가 좁은 셔츠나 스포티한 '버튼다운 셔츠'에 가장 잘 어울린다. 최신 스타일은 매듭을 강하게 조이지 않고 헐겁게 마치 스카프를 묶듯 약하게 조이는 것이다.

# 더블 노트 *Double knot*

넥타이의 비밀 ②

❖ 앞서 소개한 플레인 노트보다 매듭 부위에 조금 더 볼륨을 주고 싶을 때, 또는 같은 넥타이로 변화를 주고 싶을 때 사용하는 묶음법으로, 언뜻 플레인 노트와 같아 보이기도 하지만 아는 사람이라면 금방 눈치 챈다. 주인공의 패션 센스를!

매듭 부위에 살짝 표현되는 엇갈림이 포인트로, 넥타이의 재질이나 무늬를 통해 이 엇갈림이 악센트가 된다. 플레인 노트와 달리 매듭 부분이 이중으로 겹쳐지지만 노트 자체가 생각보다는 크지 않고 오히려 적절한 크기로 맵시 있게 표현된다.

1 넓은 쪽 깃을 가는 쪽 위로 교차시 킨 후, 넓은 쪽 깃을 가는 쪽 밑으로 돌린다.

2 넓은 쪽을 다시 가는 쪽 위로 반 바퀴 돌린다.

3 넓은 쪽을 가는 쪽에 대고 완전히 한 바퀴 또 돌린다.

4 넓은 쪽을 화살표 방향의 겹침 부위 속으로 집어넣고 턱 밑으로 빼낸다.

5 턱 밑으로 빼낸 넓은 깃을 화살표 방향의 겹침 부위 속으로 통과시킨다.

6 매듭 부위를 쥐고, 다른 한 손으론 겹침 부위 사이로 빼낸 넥타이 끝을 슬슬 잡아당긴다.

7 넓은 쪽 깃에 가려진 가는 쪽 깃을 잡아당겨 매듭 부위가 목 가운데로 모여들게 하면서, 번갈아 넓은 쪽도 조금씩 당겨 매듭 모양이 잘 잡히도록 다듬어 준다.

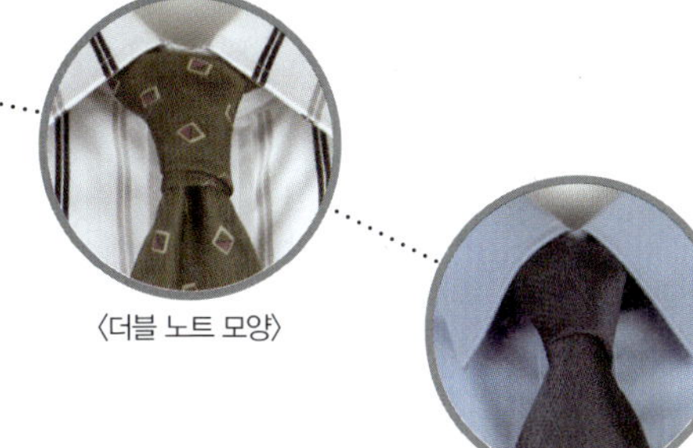

〈더블 노트 모양〉

〈플레인 노트 모양〉


평범한 플레인 노트와 달리 은근한 패션 감각을 보여주는 멋쟁이들의 넥타이 묶음법이다. 넥타이의 색상이나 무늬가 매듭 부위에서 살짝 엇갈려 표현되게 하는 것이 키포인트. 일반적인 넥타이 묶음은 매듭에서 넥타이의 넓은 쪽을 뽑아내면 저절로 풀어지는데, 더블 노트의 경우는 넓은 쪽을 뽑아내도 단번에 풀리지 않는다. 중간에 매듭이 한 번 더 만들어져 있기 때문이다. 따라서 더블 노트를 하고서 넥타이를 풀 때는 갑자기 당기거나 너무 힘을 가하면 넥타이에 손상을 줄 수 있다는 점, 유념해야 한다.

넥타이의 비밀 ③

자연스런 매듭 크기로 세련미 연출

# 에스콰이어 노트 Esquire knot

✣ 조금은 복잡해도 깔끔하고 확실한 델타 매듭. 몸이 불어난 중년 이상의 남자에게 갸름하고 날렵한 플레인 노트는 왠지 빈약해 보인다. 적당한 크기의 '좌우 대칭' 역삼각형 매듭으로 얼굴과 체격을 잘 보완해 주는 것이 에스콰이어 노트이다.

뒤에 소개하는 윈저 노트보다는 매듭이 약간 작게 완성되는 방법으로, 세미 윈저 노트(Semi-Windsor knot) 또는 하프 윈저 노트(Half-Windsor knot)라 부르기도 한다. 윈저 노트의 2회 매듭 과정을 1회로 줄인 것으로 가장 자연스런 매듭 볼륨이 연출된다.

1 넓은 쪽 깃을 가는 쪽 위로 교차시킨 후, 다시 가는 쪽 밑으로 교차시킨다.

2 넓은 쪽을 목 바깥에서 안쪽으로 통과시켜 빼낸다.

3 넓은 쪽을 가는 쪽 위로 반 바퀴 돌린다.

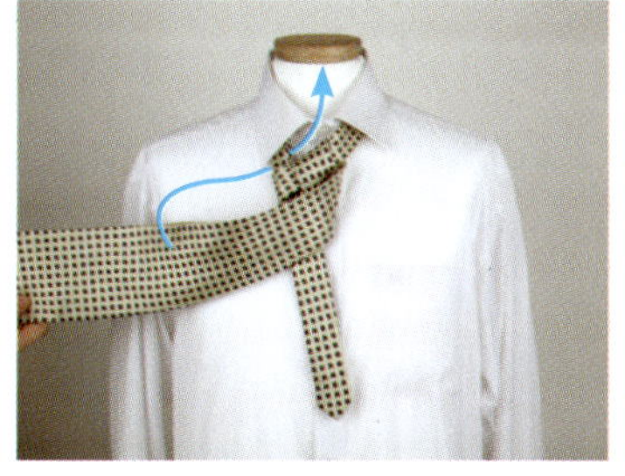

4 넓은 쪽을 겹침 부위 밑으로 집어넣어 턱 밑으로 뽑아 올린다.

5 턱 밑으로 뽑아 올린 넓은 쪽을 화살표 방향의 겹침 부위 속으로 통과시킨다.

6 한 손으로 매듭 부위를 쥐고, 다른 한 손으론 넓은 쪽을 당기면서 매듭 모양을 다듬는다.

7 폭이 좁은 쪽 끝을 잡아당겨 매듭의 모양과 위치를 잘 마무리한다.

## History

에스콰이어 노트(Esquire knot)라는 명칭은 1948년 미국의 남성 잡지인 〈에스콰이어〉가 제창한 넥타이 매듭법이라는 데에서 유래한다. 당시 이 매듭 방법을 〈에스콰이어〉에서는 윈저 노트로 소개했는데, 후세에 이르러 지금의 윈저 노트로 알려진 2중 묶음법을 '풀 윈저 노트(Full Windsor knot)'로, 에스콰이어에서 제창했던 윈저 노트를 이에 대해 '세미 윈저 노트'로 분리해 부르게 되었다.

**Tip** 매듭이 풍성하므로 천이 너무 두꺼운 넥타이는 피하는 것이 좋다. 볼륨 있는 넥타이는 윈저 노트와 비슷한 느낌을 줄 수도 있고, 심이 얇은 넥타이로 연출하면 플레인 노트의 심플함을 연상시킬 수도 있다. 이 에스콰이어 노트는 레귤러 깃의 와이셔츠에 최적으로, 양 깃 사이와 넥타이의 매듭 부분이 적당하게 매치되는 것이 특징. 매듭 부위의 좌우가 균형 잡힌 모습으로 표현됨으로써 도시의 중견 직장인들에게 잘 어울리는 연출법이다.

**사랑을 위해 왕위를 버린 윈저 공의 패션?**

# 윈저 노트
Windsor knot

❖ 격조 높은 자리에 어울리는 윈저 스타일! 오랜만에 부부동반 모임이 있는 날. 장소가 장소이니 만큼 신경 써 멋을 좀 부리기로 한다. 항상 하늘색 와이셔츠에 수수한 넥타이를 선호하는 남편에게 모처럼 깃이 크고 벌어진 순백 와이셔츠를 골라놓고 레지멘털과 페이즐리 타이를 매치시켜 본다. 윈저 노트는 넥타이 묶음법 중에서 매듭 부위가 가장 크게 완성되는 것으로, 매듭 부분이 좌우 대칭으로 폭이 넓고 볼륨이 있으며, 한 번 묶으면 느슨해지지 않는다는 점이 특징이다.

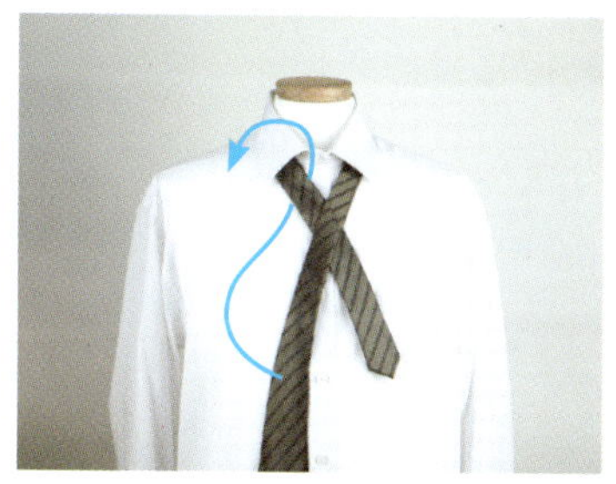

1 폭이 넓은 쪽 깃을 가는 쪽 위로 교차시킨 후, 위쪽 방향의 가는 쪽 줄 밑으로 돌린다.

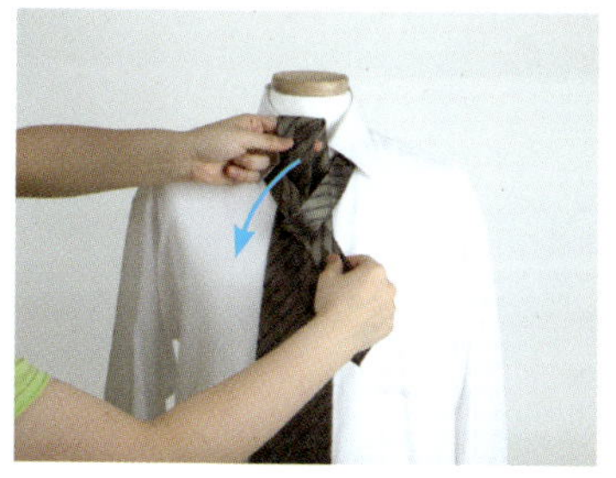

2 턱 밑으로 뽑아 올린 넓은 쪽 깃을 화살표 방향으로 빼낸다.

3 넓은 쪽 깃을 가는 쪽 밑으로 교차시킨다.

4 넓은 쪽 깃을 화살표 방향의 고리 속으로 통과시킨다.

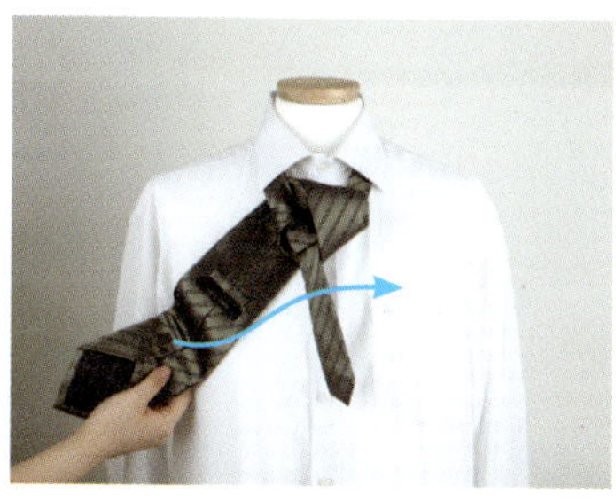

5 넓은 쪽 깃을 다시 한 번 가는 쪽 깃 위로 교차시킨다.

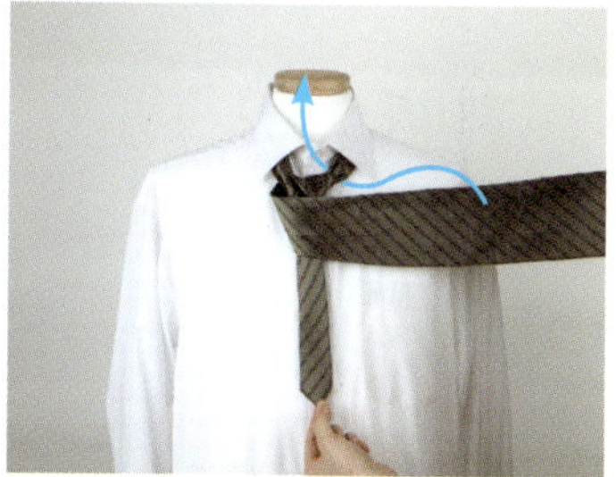

6 넓은 쪽 깃을 화살표 방향의 고리 속으로 통과시킨다.

7 6단계에서 통과시킨 넓은 쪽 깃을 턱 밑으로 지긋이 뽑아 올린다.

8 넓은 쪽 깃을 겹침 부위 사이로 통과시키되 모양이 흐트러지지 않게 주의한다.

9 폭이 넓은 쪽 끝단을 잡아당겨 매듭을 적당히 다듬은 후, 안쪽의 폭이 좁은 줄을 잡아당겨 매듭 부위의 모양과 위치를 고정시킨다.

## History

'윈저 노트'라는 명칭은 사랑을 위해 왕위를 버린 영국 왕 에드워드 8세(후일 윈저 공)의 이름에서 유래한다. 당시 남성 패션의 아이콘이던 윈저 공이 주로 이 방법으로 넥타이를 착용하여 윈저 노트(Windsor knot)라는 명칭이 널리 퍼졌다는 것이다. 그러나 윈저 노트라는 넥타이 묶음법은 1948년 미국의 남성 잡지인 〈에스콰이어〉에서 처음 소개하여 1950년대 이후, 방송매체의 뉴스 앵커나 연예인들이 애용하여 널리 보급되었다는 것이 정설이다. 영국의 윈저 공이 고안해 냈다는 것은 헛소문에 불과하다는 얘기. 윈저 공 또한 자신의 회상록인 「가족의 앨범」에서 '그 볼품없는 묶음법은 원래 내가 고안한 것이 아니다'라고 스스로 부정했다는 이야기도 유명한 일화이다.

**톡톡 튀는 나만의 개성 표현**

# 크로스 노트 _Cross knot_

❖ 고정관념을 깨는 넥타이 패션! 매일매일 반복되는 일상생활에서 지쳐갈 때 쯤, 신선한 자극이 필요해진다. 새롭게 시작하는 월요일, 평범함을 버리고 차별화된 나를 표현할 시간. 남들과는 달리 넥타이의 델타 존에 변화를 주기로 한다.

크로스 노트는 다른 넥타이 매듭법과는 차이가 뚜렷한 표현 방식이다. 플레인 노트와 비슷한 크기의 매듭이 생기지만, 매듭 표면 중간을 사선으로 가로지르는 마디가 나타난다. 이것이 단조로운 넥타이 매듭에 신선한 변화를 불어넣는 센스이다.

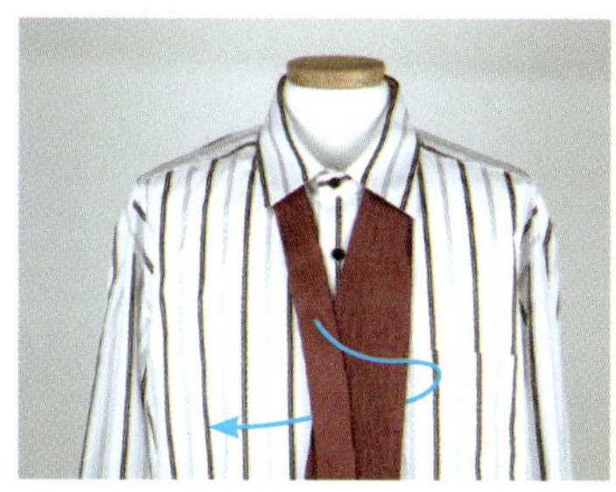

1 폭이 넓은 쪽의 길이를 미리 잘 조 정한 다음, 다른 넥타이 매는 방법 과는 달리 폭이 좁은 쪽 깃을 넓은 쪽에 대고 반 바퀴 돌린다.

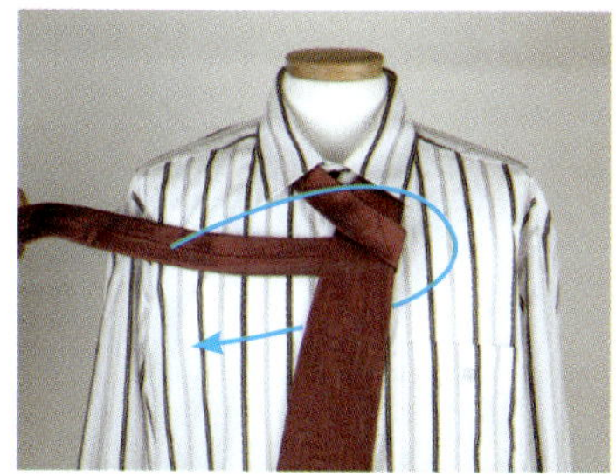

2 좁은 쪽 깃을 넓은 쪽에 대고 완전 히 한 바퀴 돌린다.

3 좁은 쪽 깃을 화살표 방향의 목줄 속으로 통과시킨다.

4 좁은 쪽 깃을 화살표 방향의 겹침 부위 속으로 통과시킨다.

5 겹침 부위 속으로 빼낸 좁은 쪽 깃 을 당기되 넓은 쪽 뒤로 숨겨지도 록 다듬는다.

6 한 손으론 매듭을 쥐고 다른 한 손 으로 안쪽의 좁은 깃을 당기면서 모양과 위치를 다듬는다.

Tip
① 심플함 속에서도 조금이라도 변화를 주고자 할 때, 나만의 개성표현으로 선택하는 매듭법이다. 매는 방법도 폭이 넓은 쪽을 사용하는 것이 아니라 가는 쪽을 사용하는 점이 특징이다.

② 크로스 노트에 적합한 넥타이는 무지 넥타이가 원칙이다. 크로스 노트로 넥타이를 착용한 경우, 시선은 넥타이 자체보다는 독특한 스타일의 매듭으로 가기 마련이다. 그러므로 복잡한 무늬나 화려한 배색의 넥타이에 크로스 노트를 활용하는 것은 적합하지 않다. 어디까지나 매듭 자체를 강조하는 넥타이 묶음법이라는 사실에 주목하자.

③ 매듭의 크기가 생각보다 가늘게 만들어지므로 깃이 큰 와이셔츠보다는 깃 사이가 좁은 캐주얼 남방이나 버튼다운 셔츠에 잘 어울린다.

**셔츠와 양복 선택이 중요**

# 나비넥타이 매기
Bow tie knot

❖ 고급 레스토랑과 파티 하면 떠오르는 나비넥타이. 서양의 경우 턱시도와 보우 타이는 격식을 차린 파티 복장이며, 우리나라에서도 특정 계층이나 특별한 분위기에서 나비넥타이를 착용하는 경우가 잦다. 고무줄에 결합된 기성품을 간편하게 착용할 수도 있지만 격식대로 착용하면 한층 더 분위기가 살아난다.

방법도 간단하다. 일반 '나비매듭'이나 '한 쪽 나비매듭'을 한 후 양쪽 끝을 안으로 접어 넣기만 하면 된다. 보우 타이에 어울리는 셔츠와 양복 선택이 중요할 뿐이다.

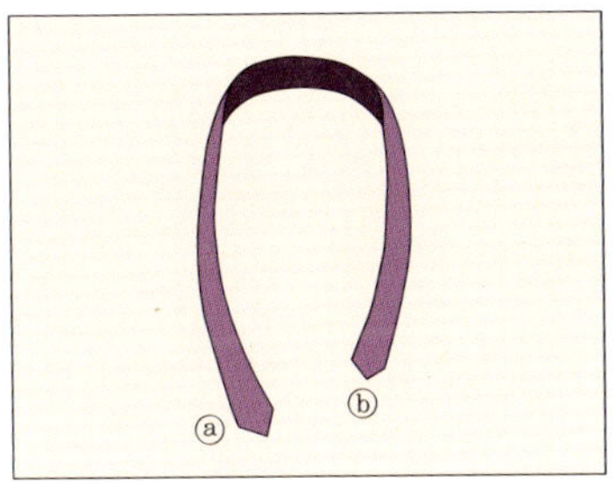

1 넥타이를 목에 걸고 자신의 오른쪽 줄을 조금 길게 늘어뜨린다.

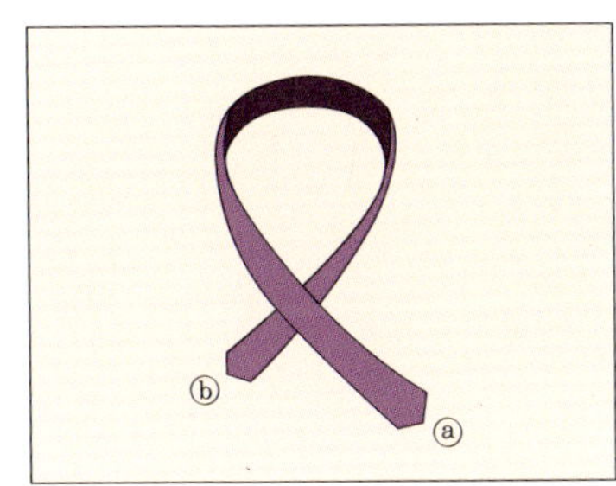

2 긴 쪽의 ⓐ를 짧은 쪽 ⓑ 위로 교차시키다.

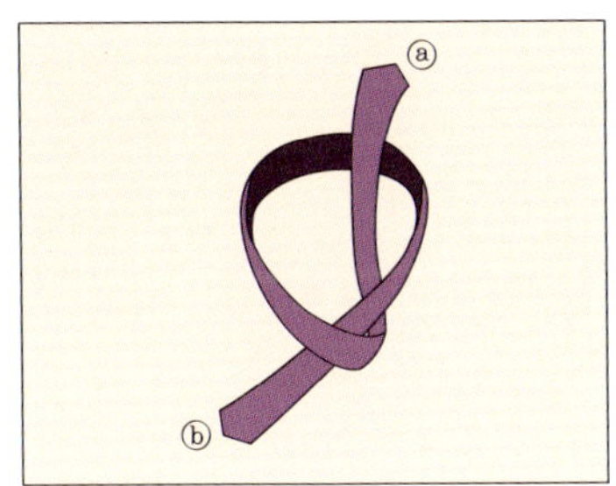

3 ⓐ를 ⓑ 밑으로 넣어 턱 쪽으로 빼낸다.

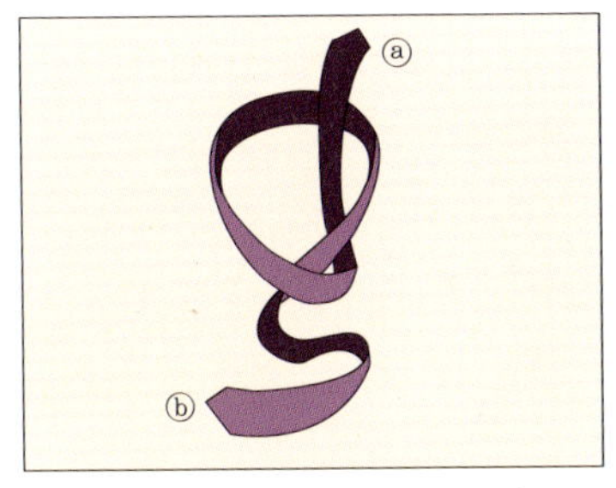

4 아래로 늘어뜨린 ⓑ가닥을 가로로 접는다.

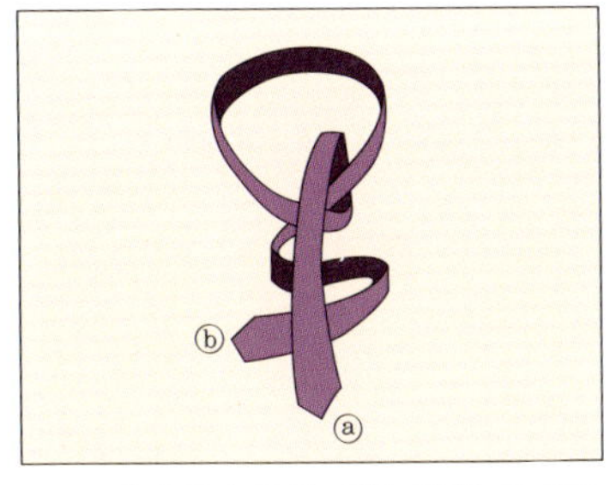

5 4단계에서 ⓐ를 매듭 부위 아래로 내린다.

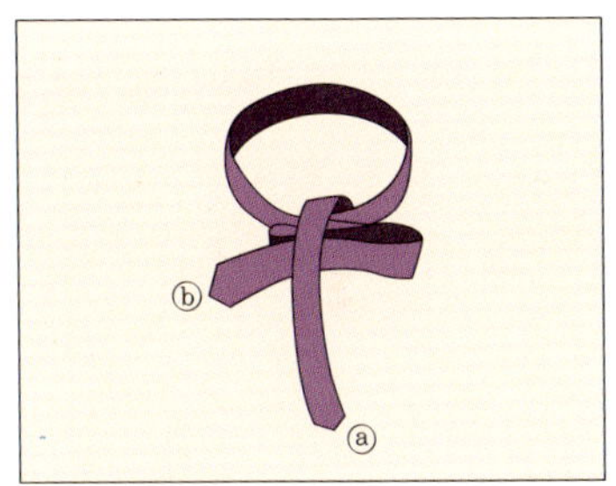

6 양 갈래로 접은 ⓑ를 목 부위에 밀착시킨다.

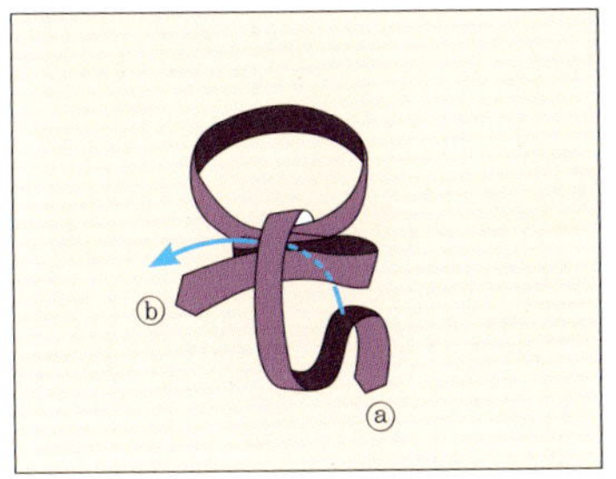

7 이번에는 ⓐ를 접어서 화살표 방향으로 집어넣는다.

8 양쪽 나비 날개 모양을 잘 다듬으면서 좌우로 당겨 조인다.

# 머플러의 외출

## 머플러의 의미는 동서양이 다르다

일반적으로 '머플러' 하면 대부분 방한용 의류의 한 종류에 속하는 '목도리'를 떠올린다. 틀렸다는 뜻이 아니다. 다만 우리들 개념의 머플러는 목과 어깨 부위의 방한 목적이 강하며, 그 소재는 울(Wool) 또는 코튼(Cotton)이거나 편성물인 경우가 많다. 이런 머플러의 기능과 형태는 동서양이 서로 다른 차이를 보인다. 먼저 그 명칭의 차이이다. 우리가 지칭하는 머플러(Muffler)를 서양에서는 대개 스카프(Scarf)라 부른다. 또 우리가 말하는 머플러는 두툼하면서도 넓고 기다란 장방형 천을 의미하고, 스카프의 경우는 여성들이 장식용으로 착용하는 얇은 정방형 천을 의미하는 것으로 구분한다. 그러나 서양에선 우리처럼 구분점이 확연치 않다.

## 머플러와 롱 코트의 매치

머플러는 먼저 목에 중심을 걸고 한 쪽은 앞으로, 또 한 쪽은 뒤에 두르는 것만으로도 충분히 그 기능과 멋을 다한다. 하지만 머플러를 액세서리처럼 활용하여 전신 코디네이션에 도전한다면 누구든 추운 계절의 패션 아이콘으로 변신할 수 있다. 우선 원피스처럼 보이는 롱 코트에 머플러 착용은 가장 기본적인 패션리더의 선택이다. 보다 엘레강스하게 보이고 싶다면 목 주변에 모피를 선택해도 좋다. 하지만 적당히 폭이 좁고 긴 형태의 머플러를 한 바퀴 목에 두른다면 외투로 착용한 코트와 잘 매치가 된다. 또한 일부러 길게 늘어뜨린 머플러는 코트 위에서 자연스레 흔들려 어떨 땐 주역인 코트보다도 더 존재감 있는 액세서리 이상의 코디 아이템이 된다.

## 니트 머플러의 선택

여러 가지 머플러 종류 가운데 포근함과 따뜻함으로 선택
되는 니트 머플러는 머플러 자체를 구성하는 소재의 두께
에 따라 서로 다른 이미지를 나타낼 수 있다. 때로는 캐주얼
하게, 때로는 페미닌하게 연출할 수 있는 것이다. 캐주얼하
게 연출하려면 성글게 짜인 니트 머플러를 선택하는 것이
좋다. 목에 두른 매듭도 가능한 한 위로 당겨 올려 목 가까
이에 위치하게 하면 더욱 효과가 살아난다. 이와는 달리 여
성적인 이미지를 한껏 풍기고자 한다면 올이 부드럽고 가는
니트 소재를 선택하는 것이 좋다. 이때의 머플러 매듭은 목
주위에 바짝 위치하게 하기보다는 조금 아래로 이동시켜 가
슴 부위에서 매듭을 지어야 그 효과가 살아난다.

## 머플러의 캐주얼 코디네이션

폭이 넓고 길이가 긴 머플러. 그러나 긴 머플러라고 해서 롱
코트 복장에만 어울리는 것은 아니다. 롱 코트가 아니더라
도 좋다. 블루진과 나일론 점퍼의 심플한 복장에도 머플러
를 목에 걸고 그저 앞으로 길게 늘어뜨리는 것만으로도 다
이내믹한 분위기를 연출할 수 있다. 그래서 머플러의 인기
는 오랜 역사만큼이나 남녀를 통틀어 변함없이 이어지고 있
다. 진화하는 머플러의 패션화는 오늘도 진행형. 그렇지만
자전거, 스쿠터를 타거나 쇼핑몰 등지에서 에스컬레이터를
이용하는 경우에는 머플러 차림에 충분히 주의를 기울여야
한다. 현대무용의 어머니로 일컫는 이사도라 덩컨의 사망
원인도 머플러 때문이었다.

**캐주얼한 복장에 어울리는 간편 스타일**

# 비방 & 베리에이션 Vivant style & Variation

❖ 누구나 활용하는 머플러 착용법을 기초로 유니크한 자신만의 스타일을 연출해 보자. 볼륨감 있는 머플러는 독특한 매듭 형태를 돋보이게 해 다양한 연출을 가능하게 한다. 비방 스타일과 그 베리에이션은 단조로운 머플러 착용을 탈피, 목 주변에 회전시켜 감 는 것만으로도 독특한 분위기를 자아낸다. 깔끔한 이미지와 머플러 자락이 거치적거리 지 않는다는 것이 장점이다. 캐주얼한 의상에 잘 어울리는 이 두 가지 스타일은 무거워 보이는 겨울철 코디네이션에 악센트가 된다. 다양한 색상을 활용해도 좋을 것이다.

1 머플러를 슬쩍 매듭지어 어깨에 걸 친 후, 아래쪽을 들어 올려 화살표 방향의 고리 속으로 통과시킨다.

2 다시 아래쪽을 들어 올려 또 한 번 화살표 방향의 고리 속으로 통과시 킨다.

3 늘어진 길이와 조임 정도를 조절하 고 마무리한다.

1 머플러를 두 겹으로 접어 목에 건 후 양쪽 끝을 함께 잡아 고리 속으 로 통과시킨다.

2 두 가닥 가운데 한 쪽 끝을 화살표 방향의 목 안쪽으로 통과시킨다.

3 끝자락을 어깨 쪽으로 비스듬히 빼 내어 마무리한다.

**Tip** 찬바람이 부는 계절, 머플러는 액세서리와 방한 효과 두 가지를 동시에 누릴 수 있다. 목 주변으로 파고드는 냉기를 차단하기 위해선 머플러를 맬 때 최초의 교차 부분을 목에 밀착시키고 손으로 눌러주면서 그 다음 과정을 진행하면 된다. 물론 매듭 부위를 느슨하 게 만들어 주어야 세련되어 보이기는 하지만 추운 계절에는 멋보다 보온이 우선일 수도 있다.

**깔끔하고 경쾌한 이미지 연출**

# 프렌치 & 넥타이 노트

.French & Necktie knot

❖ 가까운 거리, 잠시 외출을 하더라도 타인의 시선이 머물 포인트를 주고 싶다. 어떤 액세서리를 고를까 하다가 머플러를 목에 걸기로 한다.

원터 룩스의 벨류 업! 프렌치 노트와 넥타이 노트는 머플러 차림의 기본에 해당하는 묶음법으로, 깔끔하고 경쾌해 보이는 이미지를 연출한다. 니트나 다운재킷 등 자칫 무거워 보이는 추동복에 권할 만한 머플러 스타일이다. 목 주변에서 깔끔하게 매듭을 짓는다면 시선을 위쪽으로 끌게 되고 날렵하게 보인다.

## Ⓐ 프렌치 노트

1 머플러를 목에 둘러 양쪽 자락을 교차시킨 후 ⓐ자락을 접어 올려 목 부위로 통과시킨다.

2 ⓐ자락을 화살표 방향의 ⓑ자락 밑으로 돌려 올린다.

3 ⓐ자락을 화살표 방향의 고리 속으로 통과시킨다.

4 너무 조이지 말고 가볍게 다듬어 준다.



## Ⓑ 넥타이 노트

1 교차시킨 머플러의 ⓑ자락을 조금 길게 잡은 후, ⓐ자락 위로 돌려 목 부위로 빼낸다.

2 ⓑ자락 끝을 남성들 넥타이 매듯이 화살표 방향의 겹침 부위 속으로 통과시킨다.

3 매듭 부위를 다듬고 두 가닥의 길이를 잘 조절해 준다.

**얇은 소재의 머플러가 좋아요**

# 보우 타이 & 조렌
Bow tie & Jolene style

❖ 날씨는 추워도 데이트 약속에 마음이 설렌다. 어떤 머플러로 어떻게 멋을 부려볼까. 추워만 생각해 그냥 목에 두르기보다는 귀여운 분위기를 연출하기 위해 머플러를 리본처럼 묶어 보기로 한다.

보우 타이 스타일과 하프 리본 모양의 조렌 스타일은 머플러로 여성미를 나타내는 가장 좋은 방법이다. 전체적으로 흘러가는 듯한 부드러운 실루엣이 특징으로 귀여운 분위기를 나타내 주기 때문이다.

**1** 위쪽 ⓐ자락을 화살표 방향의 목 부위로 뽑아 올린다.

**2** ⓑ자락 중간을 접어 점선 형태의 고리를 만들어 준다.

**3** ⓑ의 고리에 ⓐ자락을 감싸 올린 후, ⓐ자락의 중간을 접어 화살표 방향의 고리 속으로 통과시킨다.

**4** 양쪽 고리를 서로 당겨 모양을 조정한다.

Ⓑ 조렌 스타일

**1** 목에 건 머플러 자락을 교차시킨 후, 길게 늘어뜨린 ⓑ자락을 화살표 방향으로 빼낸다.

**2** ⓑ자락의 중간 지점을 접은 후 화살표 방향의 겹침 부위 속으로 집어넣는다.

**3** ⓑ자락의 접은 부위를 완전히 빼내지 말고 적당한 위치에서 멈춘다.

**4** 매듭 부위를 살짝 조여 좌우 정리를 하면서 다듬는다.

> **Tip**
> 보우 타이 스타일이나 조렌 스타일은 매듭 부위가 목 가운데에 오므로 너무 두툼한 머플러보다는 소재가 얇은 편이 연출하기 쉽다. 조렌(하프 리본) 스타일은 좌우 비대칭의 매듭이므로 일반적인 보우 타이 스타일보다 쿨한 인상을 주며 활동성을 느끼게 한다.

**보온과 액세서리 효과 동시 충족**

# 니트 머플러

❖ 추운 겨울철, 니트 머플러는 남녀 모두에게 필요한 방한용품이다. 적당히 두르기만 해도 보온 효과를 누릴 수 있지만 몇 가지 센스를 발휘하면 훌륭한 액세서리가 되기도 한다. 니트 머플러 두르는 방법은 크게 세 가지. 스탁타이(Stocktie)는 가장 기본형에 속하며, 간단하고도 실용적인 터틀 노트(Turtle knot)는 목 주위에 볼륨이 생겨 따뜻해 보이는 것은 물론 어떠한 상의를 받쳐 입어도 잘 어울리는 장점이 있다. 루프 노트(Loop knot)는 콤팩트한 매듭 형태로 지적인 인상을 준다.

## Ⓐ 스탁타이

1 어느 한 쪽을 길게 늘어뜨린다.

2 긴 쪽을 접어 사진과 같이 목 쪽으로 통과한다.

3 접힌 부분을 아래로 살짝 늘어뜨려 예쁘게 펴 준다.

## Ⓑ 터틀 노트

1 머플러를 앞쪽에서부터 감아 목 뒤로 한 바퀴 돌린다.

2 긴 쪽 자락을 짧은 쪽 위로 돌려 화살표 방향으로 집어넣는다.

3 느슨하게 한 번 매듭을 짓는다.

4 양쪽 끝을 적당히 당겨 정리를 해 준다.

Tip

터틀 노트(Turtle knot)는 대부분의 상의에도 잘 어울리지만, 후드가 부착된 코트를 착용할 경우는 짧은 길이의 머플러를 선택해야 밸런스가 맞아 깔끔하게 보인다. 뒤쪽에 소개하는 루프 노트(Loop knot)는 몸집이 큰 사람에게도 잘 어울린다. 온화한 분위기를 원한다면 상대적으로 얇고 부드러운 것을, 샤프한 인상을 원한다면 약간 빳빳한 느낌의 머플러가 적합하다.

1 목에 건 머플러의 한 쪽을 조금 길게 늘어뜨린다.

2 긴 쪽을 잡고 가슴 부위에서 고리를 만든 후 끝단을 화살표 방향으로 집어넣는다.

3 완전히 조이지 말고 또 하나의 고리를 만들어 둔다.

4 3단계에서 만들어진 고리 속으로 나머지 한 쪽 가닥을 집어넣는다.

5 매듭을 적당히 조이고 위치와 모양을 잘 마무리한다.

Tip

따뜻하게 느껴지는 니트 머플러는 소재의 두께에 의해 서로 다른 이미지를 연출할 수 있다. 때로는 캐주얼하게, 때로는 페미닌하게 연출이 가능하다. 캐주얼하게 표현하려면 성글게 짜인 니트 머플러를 활용하는 것이 좋다. 매듭도 가능한 한 위로 당겨 올려 목 가까이에 위치하도록 한다. 여성적인 이미지를 풍기려면 부드럽고 가는 니트 소재를 사용하되, 매듭을 목 주위에서 조금 아래로 이동시켜 가슴 부위에 위치하도록 만들면 효과적이다.

# 머플러와 스카프, 숄과 망토

일반적으로 우리나라에서 말하는 '스카프(Scarf)'의 뜻은 주로 여성들이 사용하는 정방형의 천을 의미한다. 이에 비해 '머플러(Muffler)'는 목도리라 부르며 목에 감는 것을 상정한 가늘고 길며 두툼한 천을 뜻한다. 그런데 영어권에서는 이 머플러를 스카프라고 부르는 경우가 많아 표현의 차이가 생긴다. 이밖에도 경계가 다소 모호한 종류가 더 있다.

**숄**(Shawl) │ 어깨에 걸치거나 머리에 쓰기 위해 착용하는 방한 목적이 큰 의류의 한 종류이다. 카시미르 지방의 전통 남성복을 그 기원으로 하는데, 주로 사각형 또는 삼각형 모양을 취하고 있다.

**망토**(Manteau) │ 프랑스어에서 차용한 표현으로 영어권에선 거의 케이프(Cape)라 부른다. 소매가 없이 몸통만 있는 형태의 외투이다. 과거 영국의 비즈니스맨들이 즐겨 착용한 복장이었으며, 1960년대에는 구미의 간호사용 방한복으로, 제2차 세계대전 전후의 일본에서는 학생복에 채용되기도 했지만 현재는 착용하는 예가 거의 없어졌다.

**스톨**(Stole) │ 어깨걸이를 뜻한다. 롱 스카프와 유사하다. 정확하게는 '아프간 스톨' 또는 '아프간 머플러'이다. 가톨릭 종교 의식에 착용하는 것은 '스톨라(Stola)'라고도 부른다. 사제가 미사를 행할 때 사용하는 목에 건 띠를 말한다.

*A lithograph plate showing a variety of ways of wearing shawls in early 19th-century France. from Le Costume Historique(1888)*

# 스카프의 변신

### 스카프는 색상과 무늬로 말한다

스카프로 자기 자신을 멋지게 연출하기 위해선 색상과 무늬를 자신의 신체 이미지에 맞추는 것은 물론 착용한 의상도 염두에 두어야 한다. 먼저 색상 선택. 자신의 체격이 큰 편에 속하면 짙은 색, 체격이 작은 편에 속하면 옅은 색 위주로 선택하는 것이 기본 원칙이다. 착용한 의복과 동일 계통의 색상이나 질감의 스카프를 선택하면 차분해 보이는 인상을 풍기며, 대조되는 색상을 택하면 화려한 이미지를 표출한다. 은은하고 우아한 분위기를 원할 때는 옅은 바탕 색상에 옅은 무늬나 물방울무늬가 적합하다. 화사하고 화려한 분위기 연출에는 짙은 색 바탕에 꽃무늬나 페이즐리 문양과 같은 전통무늬가 섞인 것이 좋다. 줄무늬나 체크무늬는 활동적인 느낌을 준다.

### 스카프는 크기로 말한다

일반적인 스카프는 한 변의 길이가 36인치(88cm). 전통적으로 제작되고 있는 스카프의 기본형이다. 어깨를 감싸듯이 두를 수 있는 정사각형 모양으로, 비즈니스 스타일에도 포멀한 스타일에도 두루 어울리는 소품이다. 그런데 마치 손수건 크기의 쁘띠 스카프(Petit scarf) 종류가 있다. 한 변의 길이가 22인치(53cm)에 불과하다. 캐주얼한 스타일에 잘 어울리고, 뭔가 허전한 느낌일 때 스타일을 단숨에 업그레이드 시켜주는 패션 아이템으로 인기 있는 미니 사이즈이다. 이에 비해 직사각형인 롱 스카프는 폭이 88cm와 53cm 두 종류로, 길이는 140~180cm 정도에 달한다. 소재에 따라 적시적소에 활용할 수 있는데, 캐주얼에서 정장 차림에 이르기까지 분위기에 맞는 연출이 가능하다.

## 스카프는 원래 남성 아이템이었다

애스컷 타이나 지금의 넥타이가 생겨나기 이전, 중세 유럽 병사들이나 신사들의 목 부위를 장식한 소품은 가늘고 긴 형태의 스카프였다. 하지만 묶는 방법의 까다로움과 적잖은 시간 소모가 문제였다. 그때그때 착용을 위해선 먼저 적당한 폭으로 접어야 하고, 그 후 정성 들여 묶어야 하는 절차가 여간 번거롭지 않았다. 그래서 매번 일일이 접을 필요가 없고 필요한 만큼의 길이를 정한 재봉 형태의 넥타이가 등장한 것이다. 그러나 넥타이가 남성 전유물로 대체되고, 스카프가 여성 전유물처럼 인식되고 있는 지금에도 스카프는 여전히 남성들의 화려한 액세서리로 활용되고 있다. 분위기에 맞춰 스카프를 과감히 애스컷 스타일로 착용할 경우 섹시한 남성미를 표현할 수 있기 때문이다.

## 실크 스카프의 취급 요령

실크 소재의 스카프를 잘 사용하고 잘 보관하는 비결은 무엇보다 불규칙한 주름이 잡히지 않도록 하는 것이다. 잘못 사용 또는 보관하여 주름이 생긴 스카프를 펴기 위한 과도한 다림질은 오히려 스카프를 손상시키는 결과를 초래할 뿐이다. 따라서 불규칙한 주름이 잡히는 것을 방지하기 위해선 스카프를 보관할 때 각각의 사이즈에 맞춰 행거에 걸어 두거나 깔끔하게 잘 접어 두어야 한다. 또한 실크 소재의 최대의 적은 햇빛과 습기다. 실크 스카프는 땀에 의한 습기를 머금고 햇빛에 오래 노출되면 누렇게 변하기 쉽다. 따라서 보관 장소는 햇빛과 습기가 들지 않는 곳이어야 한다. 이런 점에 유의해 실크 스카프를 사용한 후에는 일단 그늘에 말리는 등 습기를 제거한 후에 보관해야 한다.

**컬러풀한 스카프, 매듭은 단순하게**

# 블랭 & 베리에이션 Velin style & Variation

❖ 계절이 바뀌는 봄, 가을. 자연도 사람도 변신을 꾀하는 계절이다. 새로운 블라우스를 생각하는 것도 좋지만 한 장의 스카프만으로도 또 다른 나를 연출할 수 있다.
스카프를 삼각형으로 접어 어깨에 걸치고 양끝을 넥타이 식으로 매듭짓는 단순한 방법이 블랭 스타일이다. 그러나 매듭의 위치를 살짝 바꾸거나 좌우를 언밸런스하게 연출하는 것만으로 세련된 이미지가 표현된다. 여기에 변화를 살짝 가미하는 베리에이션은 밝은 색상이나 여러 가지 색상이 혼합된 디자인의 스카프가 효과적이다.

 블랭 스타일

1 스카프를 대각선으로 접어 삼각형을 만든 후 어깨에 걸친다.

2 한 쪽 끝을 조금 길게 하여 서로 교차시킨 후, 긴 쪽을 들어 화살표 방향으로 통과시킨다.

3 살짝 매듭을 지은 다음, 다시 한 번 화살표 방향으로 통과시킨다.

4 두 번째 만들어진 매듭을 아주 살짝 조인다.

5 가볍게 더 조이면서 매무새를 다듬어 준다.

B 베리에이션 언밸런스

1 한 쪽 끝을 길게 해 서로 교차시키되 블랭 스타일과는 반대로 한다.

2 블랭 스타일의 3~5단계 작업과 같은 방법으로 두 차례 매듭을 짓는다.

3 매듭을 잘 다듬은 후, 매듭과 스카프 전체를 어깨 방향으로 살짝 돌린다.

**색상과 크기 따라 화려하게 또는 심플하게**

# 카우보이 스타일 *Cowboy style*

❖ 스카프는 로맨티시즘! 계절과 날씨에 따른 낭만적인 분위기를 한껏 연출해 보자. 어느 때보다 화려하고 과감하게, 아니면 평소보다 에스닉한 디자인을 선택해 보자. 카우보이 스타일은 스카프를 가슴 앞에 두른 후 목에 돌려 매는 방식이 마치 카우보이가 머플러를 두른 모습을 연상시킨다 하여 붙여진 명칭이다. 스카프의 컬러와 사이즈에 따라 화려하게도 심플하게도 연출할 수 있는 스타일이다. 이른 봄철이나 늦가을, 아침·저녁으로 부는 쌀쌀한 바람으로부터 목 주변을 보호하기에도 딱 알맞다.

1 스카프를 삼각형으로 접어 가슴에 드리운 다음, 양쪽 끝을 목 뒤로 한 바퀴 돌려 내린다.

2 가슴을 덮고 있는 부분의 주름을 정돈하고 양쪽 자락의 길이도 조절한다.

3 가볍게 한 번 묶는다.

4 다시 한 번 매듭을 지어 가볍게 묶는다.

4-1 쁘띠 스카프라면 한 번 매듭으로 마무리를 해도 좋다.


스카프는 봄 패션의 대표적인 아이템. 화사한 색상을 선택해 봄기운에 맞도록 연출해야 세련미가 나타난다. 하지만 스카프의 기능성도 무시하지 말자. 카우보이 스타일은 환절기 찬바람으로부터 목 주변을 보호하는 효과도 있다. 카우보이 스타일에서 작은 스카프를 사용하면 보다 귀여운 모습으로 마무리가 되므로 간단한 T셔츠 차림에 악센트를 줄 수 있고, 재킷의 안쪽에 착용해도 잘 어울린다. 한 가지 주의할 점은 매듭을 너무 타이트하게 조이지 말 것. 본인이 괴로운 것은 물론이거니와 다른 사람이 보아도 답답해 보인다.

**남성에게도 어울리는 유니 스타일**

# 애스컷 스타일 *Ascot style*

❖ 애스컷 스타일은 셔츠와 더불어 사용한다. 셔츠 위에 착용해도 좋지만 셔츠의 깃 안쪽으로 넣으면 샤프한 인상을 연출하고 스카프 자체도 흐트러지지 않는다. 세련된 모습으로 마무리되므로 화려한 모임은 물론 사무실에서도 착용할 수 있다.

여성만이 아니라 남성이 착용해도 어울린다. 실제 남성용 애스컷 타이가 따로 있어 파티 참석이나 포멀한 분위기 연출을 위해 사용되지만, 스카프 한 장으로도 세련된 셔츠 스타일을 완성할 수 있다.

1 바이어스로 접은 스카프를 목에 걸친 후 긴 쪽을 짧은 쪽에 대고 한 바퀴 돌린다.

2 ⓐ를 ⓑ 위로 한 번 더 넘긴다.

3 ⓐ를 화살표 방향의 고리 속으로 통과시킨다.

4 넥타이를 매듯 ⓐ 끝단을 화살표 방향의 겹침 부위 속으로 통과시킨다.

5 이번엔 ⓑ 끝단을 화살표 방향의 고리 속으로 돌려 앞으로 빼낸다.

6 이대로 착용할 경우는 매듭 부위를 핀으로 고정하는 것이 좋다.

6 -1 끝자락을 셔츠 안으로 집어넣어도 좋다.



스카프를 남성이 애스컷 스타일로 착용한다면 색다른 이미지를 연출할 수 있다. 중년 남성에게 어울리는 것은 물론, 청년 층이 선택해도 훌륭한 패션 아이템이 된다. 오히려 젊은 층에게서 유연한 분위기가 나타나기도 한다. 애스컷 스타일의 포인트는 묶음 부위가 너무 두툼해지지 않도록 비교적 작은 스카프(쁘띠 스카프)를 사용하는 데에 있다.

1 스카프를 뒤집어 편다.

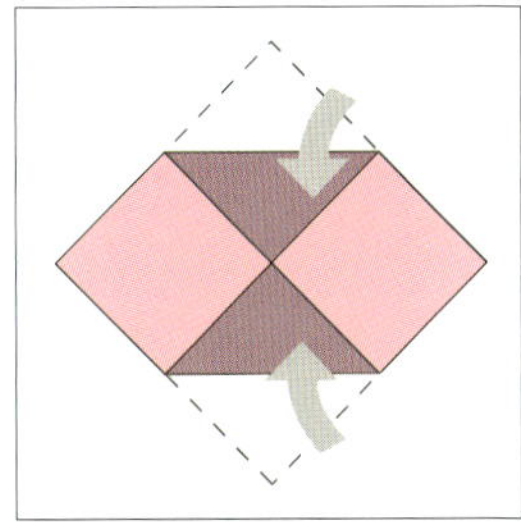

2 중심의 대각선 방향(바이어스 방향)을 향해 모서리를 한 번 접는다.

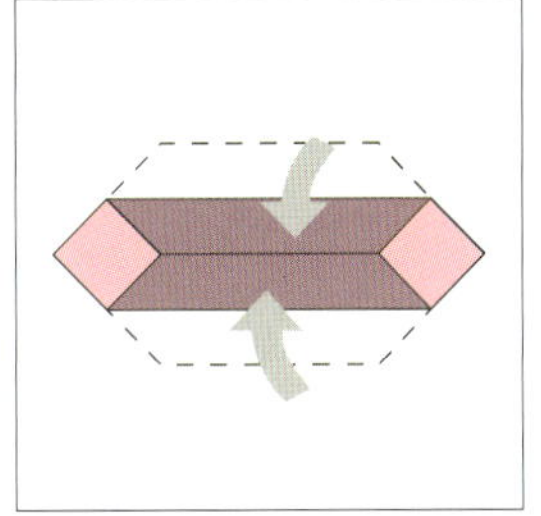

3 점선에 따라 한 번 더 접는다.

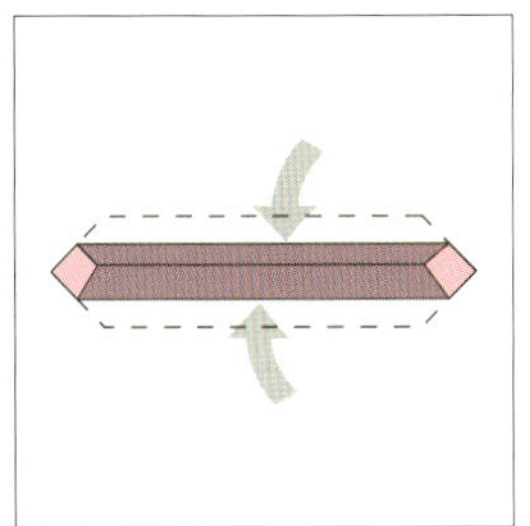

4 다시 한 번 더 접어 길게 만든다.

**롱 스카프 연출, 립스틱만큼이나 변화를!**

# 보우 타이 & 플루리
*Bow tie & Fleuri style*

❖ 얇고 긴 타입의 롱 스카프는 때로는 캐주얼하게, 때로는 포멀하게 착용할 수 있는 여성 패션의 전유물. 포인트는 볼륨이 너무 커지지 않게 매듭지어 심플한 복장에 맞추는 것이다. 롱 스카프는 간단하면서도 인상적인 코디가 가능한 패션 아이템으로, 립스틱의 색깔을 바꾸는 것처럼 다양한 디자인의 스카프로 자신의 세련미를 돋보이게 할 수 있다. 착용 방법은 보우 타이 스타일과 플루리 스타일이 대표적이다. 파티 분위기에도 사무실 분위기에도 두루 어울린다.

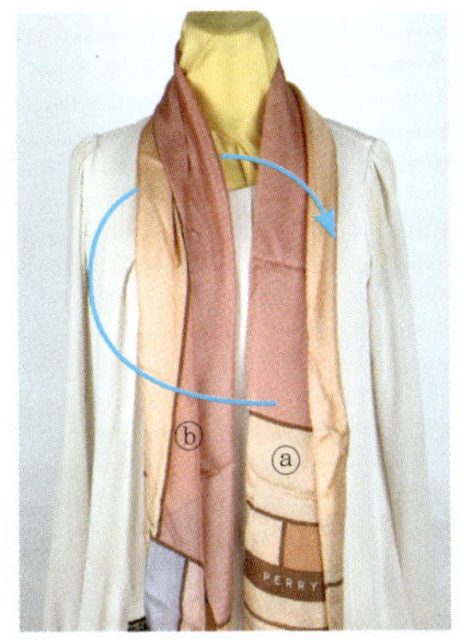

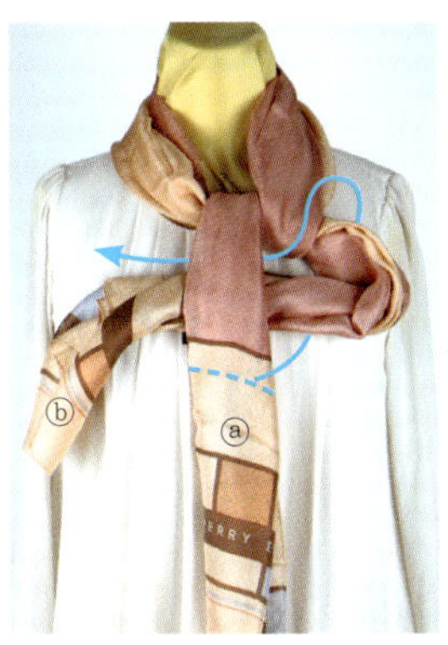

**1** 스카프를 목에 걸치고 한 쪽 자락(ⓐ)을 옆 자락(ⓑ)에 대고 한 바퀴 돌린다.

**2** ⓑ자락의 중간 부분을 점선과 같이 접어 고리를 만든다.

**3** ⓐ가닥의 중간 부분도 접어 화살표 방향으로 집어넣는다.

**4** 양쪽 고리를 당겨 나비 넥타이처럼 대칭이 되도록 잘 정리해 준다.

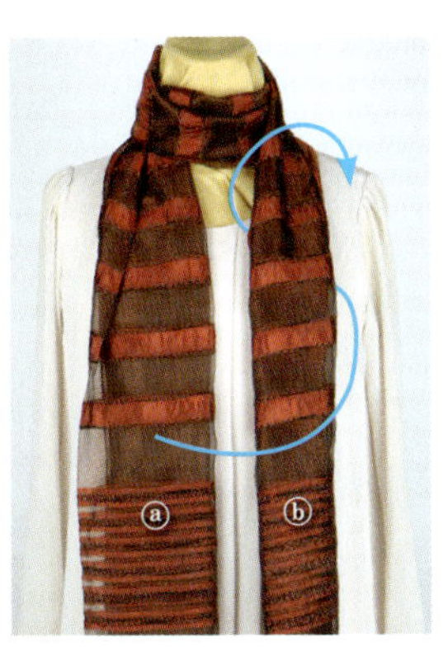

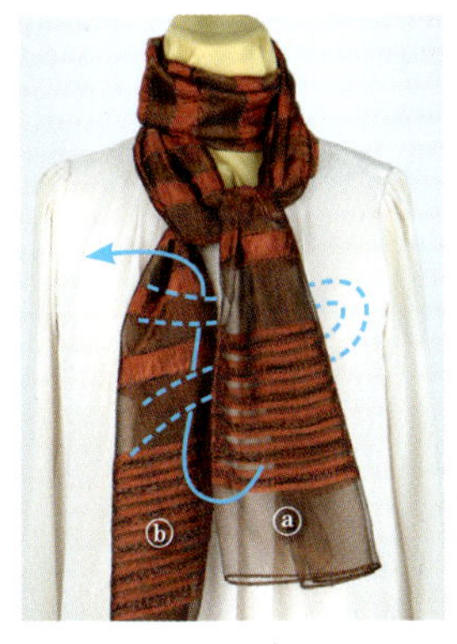

**1** 목에 걸친 스카프의 긴 쪽(ⓑ)을 들어 목에 한 바퀴 감는다.

**2** ⓐ자락을 ⓑ자락과 교차시켜 가볍게 반매듭을 짓는다.

**3** ⓑ자락을 접어 점선 형태의 고리를 만든 후, ⓐ 자락을 그 밑으로 넣어 '한 쪽 리본 묶음'을 한다.

**4** 매듭을 조이고 드레이프를 정리해 준다.

---

**Tip**

롱 스카프의 소재는 실크·시폰·코튼 등 여러 가지다. 캐주얼한 연출을 위해 착용하는 경우가 늘어나면서 코튼 소재가 인기를 모으기도 한다. 코튼 소재에 담긴 동양적인 아름다움에 의해 세대를 넘어 많은 여성들이 선호하는 추세다. 이 같은 롱 스카프는 비슷한 방식일지라도 착용자 스스로 어레인지한 방법을 고안해 보는 것도 나름대로의 즐거움이다.

# 나만의 신발 살리기

## 젊은 신발 '스니커' 전성시대

운동화의 대명사처럼 불리고 있는 스니커(Sneaker)는 '몰래 다가간다'는 뜻의 Sneak에서 파생되었다. 단단한 밑창이 부착된 가죽구두 전성시대에 유연한 소재로 만들어 발소리가 들리지 않는 신발이라는 의미로 만들어진 이름이다. 1916년에 처음 등장했는데, 몰래 다가간다는 의미에 거부감을 느낀 사람들은 '테니스 슈즈'라고 불렀고, 영국에서는 지금도 '트레이너(Trainer)'라고 부른다. 스니커는 1970년대 말부터 젊은이들 사이에서 폭발적인 인기를 끌었고, 이후 운동화 하면 스니커 일색이 되었다. 1990년대에는 스니커만을 다루는 전문 패션 잡지도 등장하였으니 젊은이들에게 스니커의 인기가 어느 정도인지를 가늠할 수 있다.

## 스니커에 부는 패션 바람

스니커의 특징은 끈을 묶도록 되어 있다는 점이다. 최신 하이테크 스니커 중에는 손으로 묶는 번거로움을 생략하기 위해 끈을 내장시킨 후 특수한 기구로 조일 수 있게 만든 제품도 있지만, 대부분은 착용자 스스로 끈을 묶도록 되어 있다. 손으로 신발 끈을 직접 묶는 일을 귀찮게 여기는 경우도 있겠지만, 끈이 부착된 신발은 미세 조절이 가능하므로 착용감을 높이고 쾌적함을 도모할 수 있는 것이다. 게다가 신발 끈은 원래의 조절 기능을 벗어나 개성 표현을 위한 수단으로 그 용도가 증대됨으로써 감각적인 페셔니스타들이 늘고 있는 추세다. 다양한 색상으로, 개성 있는 매듭법으로…. 스니커는 이미 오래 전부터 패션 아이템이었다.

## 이제는 운동화도 전문화 시대

'운동화'는 구두와 반대되는 개념을 지닌 신발의 대명사이다. 또한 운동할 때 신는 신발의 종류와 개념도 더욱 세분화·전문화 되고 있다. 험한 산길의 가혹한 자연조건에 적응할 수 있는 전문 등산화, 건설 현장과 같이 위험 요소가 도사리고 있는 장소에서 착용하는 안전화가 그것이다. 뿐만 아니다. 스포츠·레저 붐을 타고 축구화·야구화·농구화·골프화·테니스화·조깅화(런닝화)가 전문 운동화 종류로 진화된 이래, 에어로빅 붐을 타고 스니커가, 조깅 붐을 타고 런닝화가 인기를 모았던 것처럼 이제 걷기여행 붐을 타고 워킹화가 새로이 주목받고 있는 추세다. 이들 기능성 신발의 출현은 또한 그에 적합한 끈 매듭을 요구하기도 한다.

## 기능성 신발일수록 매듭법 중요

걷기 여행 붐과 함께 최근 유행하는 워킹화의 특징은 크게 두 가지. 무거운 등산화의 단점을 줄인 경량화, 착지 시 충격 흡수가 좋지 않은 런닝화의 단점을 극복한 충격 흡수 완화가 그것이다. 그러나 등산화·런닝화·워킹화를 포함한 모든 기능성 신발의 공통점은 끈 매듭에 특히 주의를 기울여야 한다는 점이다. 멋으로 착용하는 스니커는 매듭의 기본에 충실하지 않아도 크게 문제될 거 없지만 기능성 신발의 경우는 너무 쉽게 끈이 풀어지거나 느슨해지면 자칫 안전사고를 불러일으킬 수 있기 때문이다. 그렇다고 끈을 무조건 꽉 조이면 신발의 기능이 떨어질 수밖에 없다. 신발 종류에 따른 올바른 매듭법은 멋을 살리고 기능도 살리는 것이다.

**운동화는 운동만 하는 신발이 아니다**

# 팬시 레이싱 Fancy lacing

❖ 끈을 사용하는 신발은 신고 벗기에 편리하도록 기능성을 부여한 것이다. 그러나 최근의 신발 끈은 기능성에만 국한되지 않는다. 이미 운동화, 스니커가 청소년들의 패션 아이템이 된 지 오래다. 기능성만이 강조된 운동화 끈에 장식적인 효과를 가미하고 나름대로의 개성을 표현하는 수단으로 나타난 것이 바로 팬시 레이싱이다.

흰색이나 검은색에서 탈피, 화려하고도 원색적인 형광색이나 파스텔 톤의 색상, 또는 기하학적인 무늬가 새겨진 끈을 사용하여 시선을 모으는 독특한 방법이 동원된다.

1 준비한 신발 끈의 양끝을 각각 맨 아래 구멍에 대고 안으로부터 밖으로 통과시킨다. 끈의 길이는 양쪽이 동일해야 한다.

2 구멍을 통과한 양끝을 각각 가로줄 밑으로 넣어 서로 교차시키면서 살짝 당긴다.

3 각각의 끝을 다음 구멍 안으로부터 밖으로 빼내어 ×자 줄 밑으로 통과시켜 다시 교차시킨다.

4 마지막 구멍까지 같은 방법을 반복하고, 최후의 매듭은 나비묶음으로 마무리한다.

1 신발 끈의 양쪽 끝을 맨 아래 구멍에 대고 안에서부터 밖으로 통과시킨 후, 양쪽 끈의 길이가 동일하도록 조절한다.

2 끈의 양쪽 끝을 각각 바로 위쪽 구멍에다 대고 밖에서부터 안으로 통과시킨다.

3 양쪽 끈을 서로 교차시킨 후, 겉으로 드러난 양쪽 세로줄 밑으로 통과시킨 다음에 ②와 같은 방법으로 바로 위쪽 구멍에 꿴다.

4 마지막 구멍까지 같은 방법을 반복하고, 손쉬운 방법으로 최종 매듭을 짓는다.

1 양쪽 끝을 맨 아래 구멍에 대고 안쪽에서부터 바깥쪽으로 통과시킨다.

2 한 쪽의 끈을 바로 위쪽 구멍에 꿴 후 반대편 구멍으로 이동시키되, 안쪽으로부터 바깥쪽으로 통과시킨다.

3 위쪽 구멍으로 이동하되 구멍 하나를 건너뛰어 바깥쪽에서 안쪽으로 통과시킨 후, 직선으로 반대편 구멍으로 이동시키되 안쪽에서 바깥쪽으로 통과시킨다. 이를 계속 반복한다.

4 맨 처음 아래쪽 구멍에 꿴 나머지 한 쪽 가닥을 위쪽 건너뛴 구멍에 꿴 후, 같은 방법으로 진행해 나간다.

5 마지막 단계에 이르면 양쪽 끈이 같은 방향으로 나오므로 그곳에다 손쉬운 방법으로 매듭을 짓는다.

D 격자무늬 스타일

1 신발 끈의 양쪽 끝을 맨 아래 구멍에 대고 안쪽에서부터 바깥쪽으로 통과시킨 후, 양쪽 끈의 길이가 동일하도록 조절한다.

2 양쪽 끈을 좌우로 교차시킨 후 두 개의 구멍을 건너뛴, 즉 맨 밑에서부터 네 번째 구멍에 꿰되 바깥에서 안쪽으로 통과시킨다.

3 양쪽 끈을 각각 같은 방향의 바로 위쪽 구멍에 꿰되 안쪽에서 바깥쪽으로 통과시킨 후, 이번에는 아래로(신발 코 방향으로) 꺾어 내리면서 서로 교차시킨다. 그런 다음 ②단계에서 건너뛴 두 번째 구멍에 꿰되 바깥에서 안쪽으로 통과시킨다.

4 양쪽 끈을 이번에는 서로 교차시키지 말고 각각 같은 방향의 바로 위쪽(맨 밑에서부터 세 번째) 구멍으로 이동시키되 안쪽에서 바깥쪽으로 통과시킨다.

5 양쪽 끈을 다시 교차시킨 후 맨 밑에서부터 여섯 번째 구멍에 꿰되 바깥에서 안쪽으로 통과시킨다. 그리고 마무리 매듭을 짓는다.

6 신발 끈 구멍이 7개인 경우는 ⑤단계 작업에 이어 양쪽 끈을 안쪽에서부터 다시 같은 방향의 위쪽으로 이동, 결국 7번째 구멍으로 빼낸 후 매듭을 지으면 된다.

1 양쪽 끝을 각각 맨 아래 구멍에 대고 안쪽에서부터 바깥쪽으로 통과시킨다. 이때 양쪽 끈의 길이를 거의 동일하게 조절하는 것을 잊지 말아야 한다.

2 먼저 양쪽 끈을 교차시킨 후, 두 손을 바꿔 쥐고서 줄의 방향이 서로 반대 방향으로 향하도록 엮어준다. 그리고 오른쪽 방향의 끈은 오른쪽 구멍에, 왼쪽 방향 끈은 왼쪽 구멍에 꿰되 각각 안쪽으로부터 바깥쪽으로 통과시킨다.

3 교차시킨 줄을 서로 엮을 때 방향이 틀리지 않도록 주의하면서 같은 작업을 반복한다.

4 교차 부분이 가운데로 나란하도록 조정한 후, 손쉬운 방법으로 매듭을 짓는다.

F 센터리본 스타일

1 신발 끈의 양쪽 끝을 각각 맨 위쪽 구멍과 맨 아래쪽 구멍에 꿰되, 대각선이 되도록 하면서 각각 안쪽에서부터 바깥쪽으로 통과시킨다. 참고로 신발 끈의 구멍이 홀수인 경우는 신발 중앙에서 매듭이 만들어지는데, 이때는 대각선으로 빠져나온 양쪽 끈의 길이가 동일하도록 조절해 두어야 한다. 구멍이 짝수라면 매듭 지을 위치를 감안해 양쪽 끈의 길이를 적절히 조정해야 한다.

2 양쪽 끈을 각각 위에서부터 아래로, 아래서부터 위로 꿰어 나가되, 각각 바깥쪽에서 안쪽으로 통과시킨다.

3 양쪽 끈이 중앙에서 만나면 손쉬운 방법으로 매듭을 지어준다.

**워킹화의 기능성 제대로 살리려면**

# 오버랩 노트 Over wrap knot

❖ "약보(藥補)보다 식보(食補)가 낫고, 식보보다 행보(行補)가 낫다" – 허준
"자연의 정취를 느끼기에는 걷기보다 좋은 것이 없다. 멋진 풍경은 음악과도 같아서 적
당한 속도로 즐겨야 한다. 심지어는 자전거도 너무 빠르다." – 폴 스콧 모러
걷기 여행이 유행하면서 걷기 전용 신발의 필요성과 기능성이 강조된다. 워킹화의 기
능성에는 곧 올바른 끈 매듭이 포함된다. 걷는 도중에 끈이 느슨해지거나 풀어지는 일
이 없어야 하고, 언덕을 오르는 등 과격한 움직임에도 적합한 묶음법이 필요한 것이다.

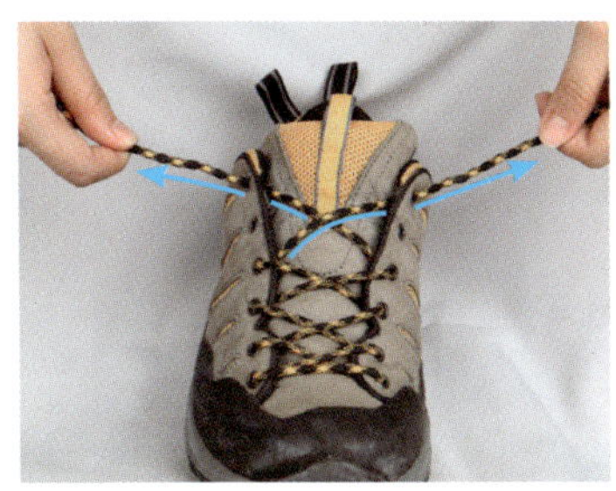

1 각각의 구멍을 바깥에서 안쪽으로 꿰어가다가 마지막 두 번째 구멍을 건너뛴 후, 맨 위쪽 구멍은 안에서 밖으로 꿴다.

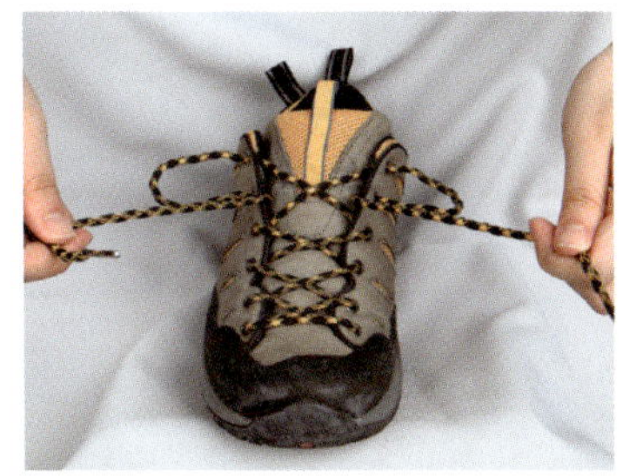

2 양쪽 끈을 건너뛴 바로 아래 구멍에 꿰되, 바깥에서 안쪽으로 통과시킨 후 완전히 당기지 말고 고리를 만들어 둔다.

3 양쪽 끈을 교차시켜 각각 방향의 고리에 집어넣되 위로부터 아래로 집어넣는다.

4 통과시킨 끈을 살짝만 당긴다. 이 단계까지는 신발을 착용하기 전에 행한다.

5 이제 신발을 신고서 양쪽 끈을 당겨 조인다.

6 어느 정도 조인 후 한 번 매듭을 짓는다.

7 풀어지지 않게 다시 한 번 매듭을 짓되 나비묶음으로 마무리하는 것이 좋다.



제주도 올레길, 지리산 둘레길 등지로의 걷기 여행이 붐을 일으키면서 새로운 기능의 신발 종류가 속속 출시되고 있다. 다름 아닌 워킹화이다. 비포장 하면 등산화 착용이 공식과도 같았지만, 경사가 극심한 산길이 아닌 일반적이 구릉에서 등산화의 착용은 오히려 발의 피로를 가중시키는 단점이 있다. 우선 워킹화는 등산화에 비해 가볍다는 점이 특징이다. 운동화와 비교하면 불규칙한 지형에 적합하도록 미끄럼 방지가 좋은 밑창이 부착돼 있으며 열과 습기를 배출해 주는 기능이 추가되어 있다.

**등산화 · 작업화 신발끈 마무리 이렇게!**

# 더블 슬립 노트 _Double slip knot_

❖ 일상용 구두나 운동화도 편안한 착용감을 위해 신발 끈 매듭에 주의를 기울인다. 가혹한 자연 조건이나 건설 현장 같은 곳에서 착용하는 신발일수록 더욱 그렇다.

착용자의 체중보다 더 큰 하중이 지속적으로 실리는 등산화나 작업화는 튼튼하고 확실한 매듭을 필요로 한다. 끈을 어떻게 매느냐에 따라 착용감이 달라짐은 물론, 착용자의 발과 발목을 보호하고 안전도 도모할 수 있다. 등산화나 작업화를 착용할 때는 더블 슬립 노트가 최우선으로, 매듭이 보다 확실하게 완성된다는 점이 장점으로 꼽힌다.

1 아래쪽 구멍은 신발의 구조에 따라 꿰고, 위쪽 부위의 후크에도 지그 재그로 엮어 올린다.

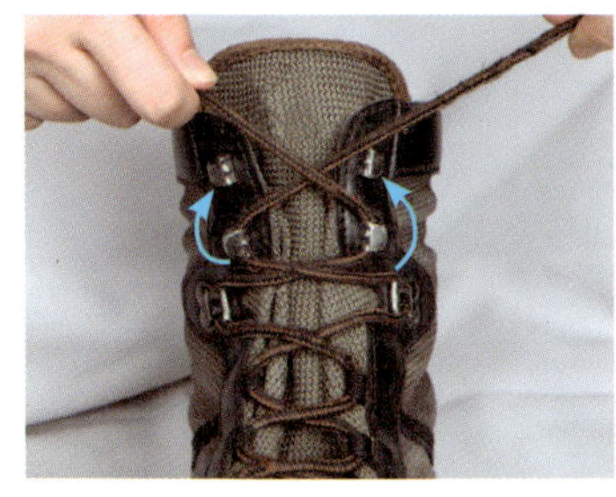

2 발목이 헐겁지 않도록 적절히 조여 나간다.

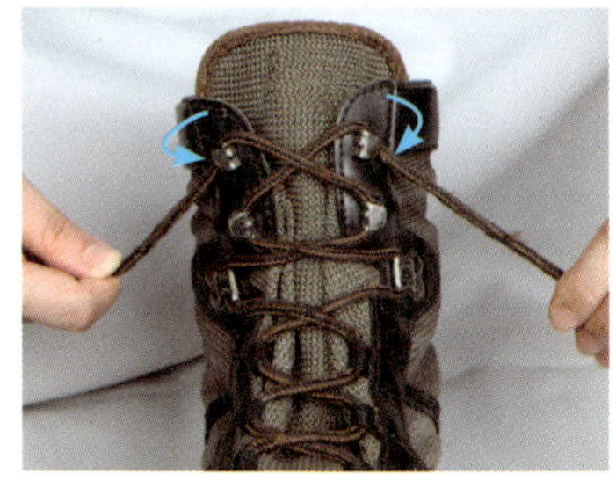

3 마지막 후크에 이르러서는 끈을 위에서부터 아래로 건다. 이 과정을 통해 발목부위가 답답해지지 않는다.

4 양쪽 끈을 교차시켜 한 번 매듭을 짓는다.

5 다시 한 번 매듭을 짓되, 이 마무리 묶음은 '나비매듭' 방식이 좋다.

6 힘껏 당겨 조인다.

7 고리 부분을 강하게 당겨 끈의 자투리가 짧아지도록 한다.

8 양쪽 고리 부분을 모아 한 번 매듭 지어 묶는다.

9 늘어진 끈을 모두 신발 안쪽으로 밀어 넣어 안전을 도모한다.

> **Tip**
> 한 번 묶어두고서 그냥 신고 벗는 운동화와 달리 등산화는 신고 벗을 때마다 끈을 풀고 조일 뿐만 아니라 중간 중간에 끈의 장력을 조절해야 하는 경우가 생긴다. 산을 오를 때와 내려갈 때에는 신발에 걸리는 압력이 달라지기 때문이다.
>
> 산을 오를 때에는 발등 부분의 끈을 확실하게 조이되 전체적으로 여유를 주어야 한다. 전체적으로 너무 단단히 조이면 발이 저리기 쉽다.
>
> 하산할 때는 끈을 당겨 전체적으로 조여준다. 특히 발목 부분을 잘 조여야 한다. 발목이 단단하게 고정되지 않으면 모든 무게가 발 앞쪽으로 집중되면서 발가락 끝을 압박해 통증이 발생하고 발목 부상을 일으키는 경우도 있기 때문이다.

# Part 2 포장

## Part 2

# 보관 · 운반 &<br>선물

# 묶음의 달인

## 매듭은 표현이요 생활이다

매듭의 역사엔 의사 전달과 기록 수단의 흔적도 발견된다. 천이나 양털로 만든 끈에 독특한 매듭을 지어 그 뜻을 전달한 결승문자(結繩文字)가 대표적이며, 나뭇가지에 끈을 묶거나 갈대를 서로 엮어 길이나 방향을 알려주는 사례도 있다. 출생과 혼례·장례 등의 전통 관습이나 종교의식에도 매듭 고유의 표현 방식이 전승되고 있다. 굳이 전문 분야가 아니더라도 매듭은 우리의 일상과 매우 밀착돼 있다. 가정생활은 물론 야외생활에서도 각종 용품과 도구를 묶고 풀어야 하는 일을 수없이 겪는다. 장식 또는 정리를 위해, 보관 또는 운반을 위해, 때로는 선물을 위해 그저 묶거나 공들여 멋을 부리기도 한다. 일상생활과 뗄 수 없는 것이다. 일생을 살며 피할 수 없는 인연처럼….

## 누구나 묶음의 달인이 될 수 있다

좋은 매듭의 조건은 우선 방법이 쉬워야 하고 결과가 튼튼해야 한다. 그러나 쉽고 튼튼한 측면만 추구한다면 굳이 원칙에 구애 받을 것 없이 무조건 풀어지지 않게 옭아매기만 하면 될 것이다. 그러나 나중 일을 생각하지 않고 다짜고짜 옭아매다 보면 예외 없이 끈을 잘라야 하는 폐단이 발생한다. 좋은 매듭이란 결국 위 두 가지 조건을 충족하면서도 필요에 따라 쉽게 풀 수 있어야 하는 것이다. 이것이 실용 매듭의 조건이며, 실용 매듭은 또 일상생활에서 그 용도가 알게 모르게 되풀이 된다. 택배 물건을 포장하거나, 집안 가득 어질러진 잡동사니를 정리하고 운반해야 하는 등, 혼자 감당하기 어려운 부분도 많다. 해결책은 한 가지. 각자의 필요와 취향을 살려 가족 모두가 합쳐 묶음의 달인이 되는 것이다.

## 끈으로 상자 묶기부터 익히자

물품을 보관 또는 운반하거나 설치하는 데 필요한 재료(끈)
는 일반 노끈과 리본 · 보자기 · 로프 등으로 크게 구분된다.
이 중에서 가장 흔히 사용되는 것이 노끈이며, 우선 노끈으
로 묶는 방법만 익히면 어떤 포장 재료에도 통용시킬 수 있
다. 또한 일상생활에 있어 가장 흔한 포장 대상은 사각 형태
의 박스 종류로, 결국 노끈으로 상자 묶기 몇 가지 방식만
익히면 절반은 '살림의 달인' 경지에 이르게 된다. 그러나 여
기 '묶음의 달인' 편에서 소개하는 상자 묶기를 비롯한 병 묶
기는 경우에 따라 상당한 힘을 필요로 하거나 작업 과정이
까다로울 수도 있어 달인의 역할은 여성이 아닌 남성, 즉 가
장의 몫으로 돌려야 마땅하다. 남자의 손끝이 여자보다 더
섬세할 수 있음을 확인하는 기회도 될 것이다.

## 어떤 소재의 끈을 사용할 것인가?

허드레 물건과 귀중한 용품을 그저 동여매거나 공들여 포
장할 경우, 사용하는 끈의 종류에 따라 그 목적이 달성되기
도 하고 무산되기도 한다. 끈의 소재가 강도를 결정짓고 분
위기를 좌우하는 것이다. 대부분 끈 종류는 천연섬유와 화
학섬유 제품으로 양분되는데, 우선 천연섬유는 종이(紙) · 면
(綿) · 마(麻) 계통이 대표적이다. 이 가운데 종이 끈은 리사이
클이 가능한 대표적인 에코 제품으로 선물 포장에 적합하
다. 면은 가장 흔한 소재이지만 구조에 의해 강도 차이가 크
다. 마는 황마 · 대마 · 마닐라마 3가지가 있는데, 가정에서
끈으로 사용하는 것은 대부분 황마 종류다. 이들에 비해 화
학섬유 계통의 끈은 아크릴 · 폴리에스텔 · 비닐론 등이 혼
방된 형태가 많다. 구두끈으로부터 어로용 로프에까지 용도
는 무한대. 그밖에 흔히 '비닐 노끈'이라 부르는 종류는 얇은
필름 형상의 끈으로 가격이 저렴한 대신 열에 취약한 것이
단점이다.

**가족 간의 정(情)을 담아 전한다**

# 상자 십자 묶기

❖ 시댁에서 보내온 햇감자와 양파. 택배 기사 아저씨가 부리고 간 분량이 한 짐이나 된다. 형제끼리 나눠 먹으라는 뜻이 담긴 것이다. 혹시나 망가질까 굵은 끈으로 박스를 감싸기로 한다.

십자 묶기는 매듭법의 기본이다. 주의할 점은 끈을 교차시킬 때 여유를 주지 않는 것이다. 마무리 매듭을 짓는 위치도 상자의 중심 부위가 아니라 모서리 지점을 택해야 한다. 매듭 방법은 단순매듭이나 나비매듭 등, 손쉬운 방법을 택하면 된다.

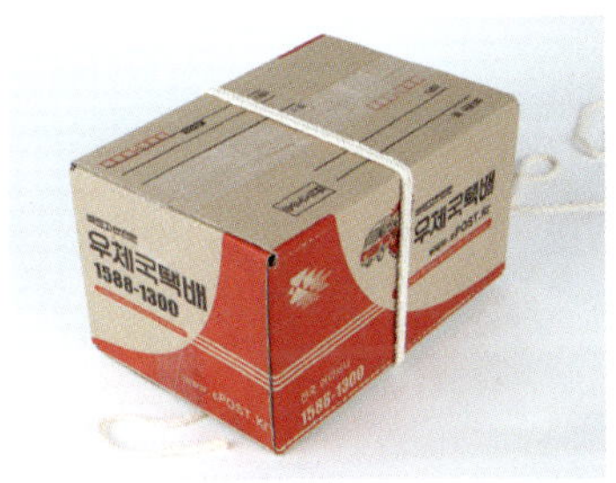

1 상자 옆구리를 두 번 감되 양쪽 끈이 밑바닥에서 교차되게 한다. 한 쪽 끈은 짧고 한 쪽은 길어야 한다.

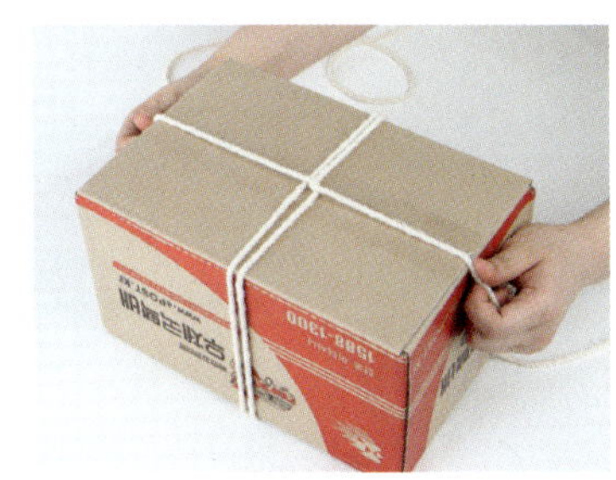

1-1 밑바닥에서 양쪽 끈이 교차되는 형태는 이와 같다.

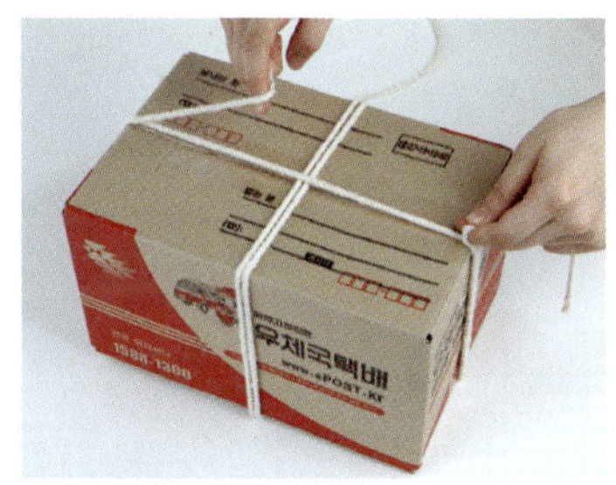

2 밑바닥에서 교차시킨 끈이 두 겹이 되도록 긴 쪽 끈을 한 바퀴 더 돌린다.

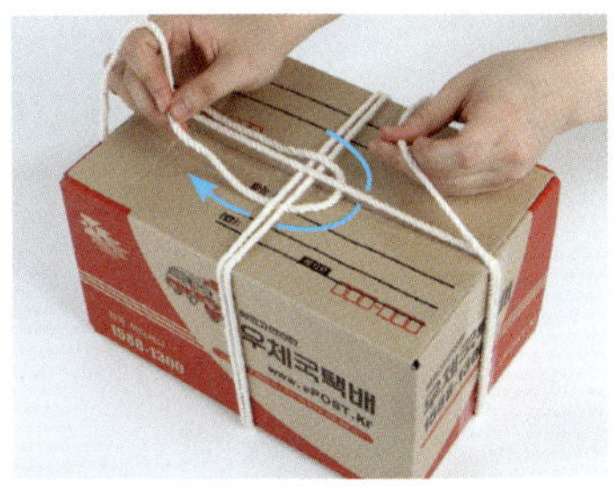

3 긴 쪽 끈을 십자 교차 지점 밑으로 돌려 빼낸다. 왼손에 쥔 줄이 당겨지지 않도록 힘을 유지한다.

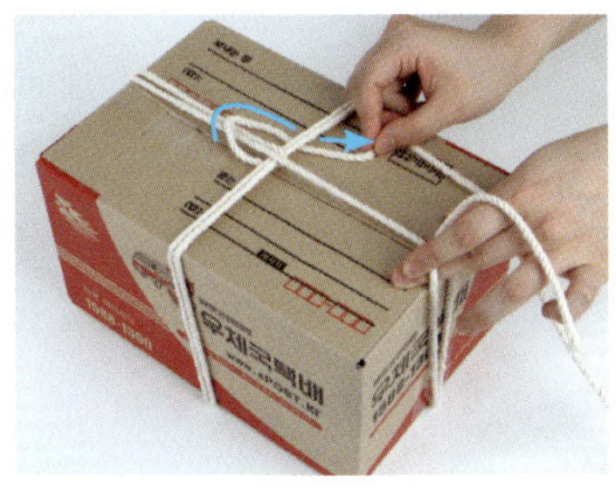

4 오른손의 긴 줄을 화살표 방향으로 교차시킨다. 이때도 계속 왼손의 힘을 유지한다.

5 양쪽 줄을 단단히 당겨 모서리 지점에서 교차시킨 후 각각 화살표 방향으로 집어넣고선 당겨 조인다.

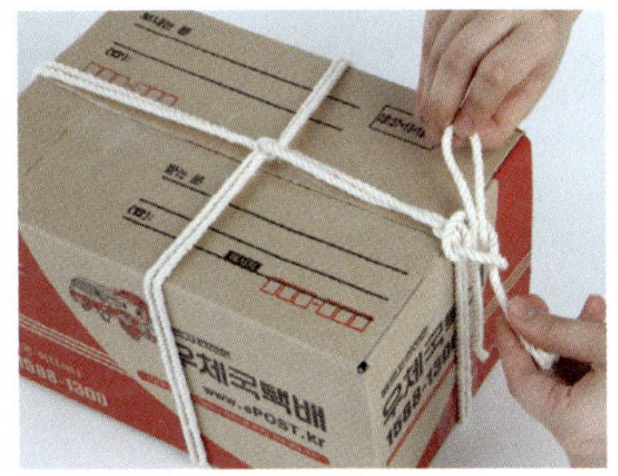

6 연거푸 두 번 매듭을 짓는다. 나비 매듭으로 마무리를 해 두면 받는 사람이 풀어보기에 좋고, 포장 끈을 재사용할 수도 있다.

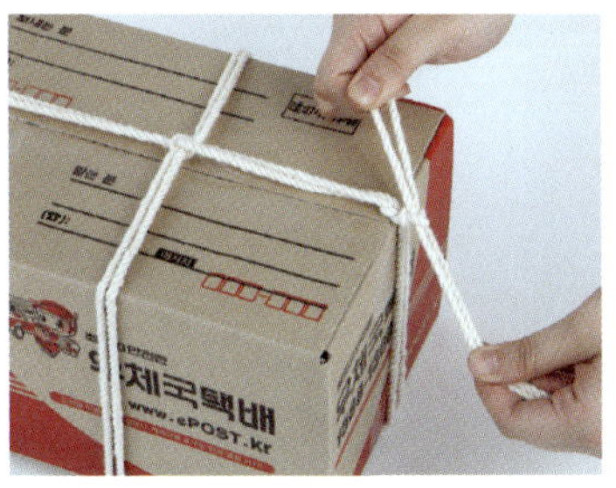

7 단단히 조여 마무리를 하되 자투리가 너무 길게 생기면 잘라 준다.

Tip

십자 묶기는 용량이 매우 크거나 아주 무거운 짐에는 적합하지 않다. 비교적 작고 한 손으로 들 만한 짐을 묶을 때 적당하다. 십자 묶기에 사용하는 끈 또한 늘어남이 없는 재질이어야 단단히 묶을 수 있고 운반 도중 늘어나지도 않는다. 여기에 사용된 면 재질의 끈은 일반 비닐 끈에 비해 무거운 상자를 단단하게 묶을 수 있다.

**궁금증 불러일으키는 보물 상자처럼…**

# 상자 마름모 묶기

❖ 집안을 정리하다 보면 자주 사용하지 않는 잡동사니 물건들이 그득하다. 버려야 할 물건들도 많지만 언젠가 소중하게 여겨질 것들도 많다. 아이들의 학교 성적표 · 상장 · 일기장 · 졸업장 · 앨범 등등. 시집, 장가 갈 때 챙겨 줘야지…

이왕이면 예쁜 상자에 담아두자. 그리고 아무렇게 묶기보다는 조금 멋을 부려 보자. 궁금증을 불러일으킬 보물 상자처럼…. 이 마름모 묶기를 익혀두면 포장 선물을 할 때도 유용하다. 포장 끈을 예쁜 리본으로 바꾸면 한결 멋있어지기 때문이다.

1 노끈의 한 쪽 끝단에 매듭지을 여유분을 남기고 상자의 측면 중앙에서 옆쪽 모서리 중앙을 향해 감는다.

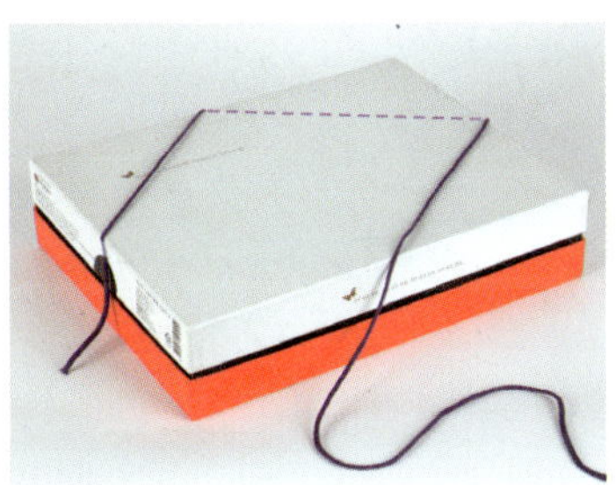

2 밑바닥을 거쳐 옆쪽 모서리의 중앙으로 끈이 나오게 한다.

3 다시 밑바닥을 거쳐 대각선 방향의 모서리로 나오게 한 후, 시작점의 짧은 줄과 교차시켜 방향을 바꾼다.

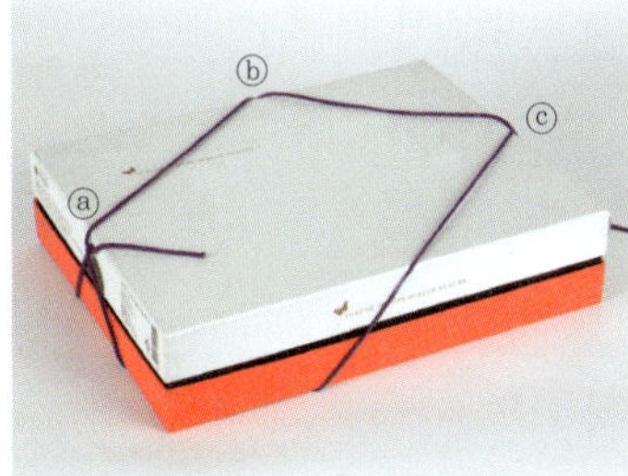

4 다시 긴 쪽 줄을 대각선으로 내린 후, 아랫면 모서리를 거쳐 ⓑ지점으로 올라오게 한 다음, 다시 ⓒ지점 모서리로 내려 밑바닥으로 집어넣는다.

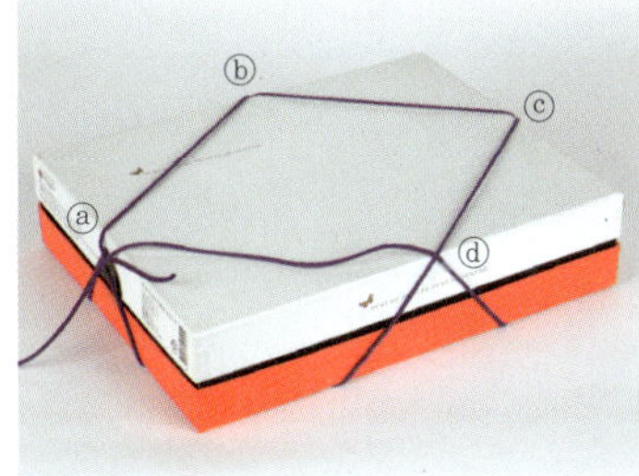

5 밑바닥으로 내린 줄을 대각선 방향의 아랫면 모서리를 거쳐 ⓓ지점으로 올린 후, ⓐ지점으로 돌아간다.

6 두 줄을 팽팽하게 당겨 나비매듭으로 마무리를 한다.



마름모 묶기는 노끈뿐만 아니라 색상이 예쁜 끈이나 리본을 이용해 선물을 위한 장식 효과를 낼 때도 자주 사용하는 방법이다.

끈의 교차가 윗면의 각 모서리 중앙에서 정확히 이루어져야 깔끔한 마름모 형상이 연출된다. 끈을 돌려 나가는 단계마다 주의를 기울이지 않으면 좋은 모양이 나타나지 않는다.

선물 포장을 하는 경우는 마무리 단계의 매듭이 상자의 위쪽 부위에 오게 하는 것이 좋다. 포인트는 반드시 나비매듭으로 예쁘게 마무리하는 것이다.

**상자 모양이 길쭉하거나 두툼하다면**

# 이중 십자 묶기

❖ 직사각형 모양의 긴 상자를 묶거나 납작한 상자를 여러 개 묶을 경우, 그냥 십자 묶기를 하게 되면 잘 정리되지도 않고 무게 중심이 잡히지 않아 운반에 어려움이 따른다. 이런 상황에서 적당한 방법이 이중 십자 묶기이다. 십자 묶기를 두 번 하는 것으로, 두 줄의 교차점이 좌우 두 곳에서 이루어진다.

작업 단계마다 계속 장력을 유지하는 것이 포인트. 특히 끈을 교차시킬 때 느슨해지지 않도록 주의를 기울여야 한다. 무거운 짐은 두 겹으로 묶는 게 좋다.

1 두 개의 상자를 포갠 후 표면적의 3등분 지점에 노끈을 대고 한 바퀴 돌려 두 줄을 서로 교차시킨다.

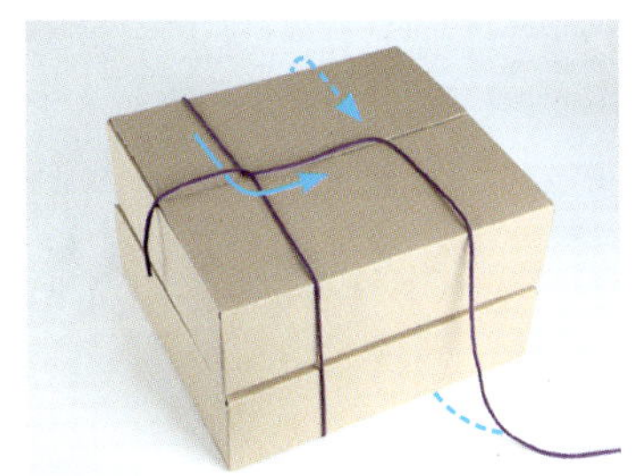

2 교차시킨 끈의 긴 쪽을 오른쪽으로 돌려 표면적 3등분 지점에서 기역(ㄱ)자로 꺾은 후, 상자 밑으로 한 바퀴 돌려 올린다.

3 상자 밑으로 한 바퀴 감아 올린 줄을 기역(ㄱ)자 지점의 줄과 교차시켜 오른쪽으로 돌린다.

4 상자를 뒤집거나 그냥 밑바닥을 더듬어(사진은 상자를 뒤집은 모습임) 세로 줄과 교차시키되, 되감기(4-1 확대 사진 참조)를 해주는 것이 좋다.

4 -1 이렇게 되감기를 해서 돌리면 줄이 느슨해지지 않고 좌우로 이동하지도 않는다.

5 같은 방법으로 왼쪽 세로 줄도 되감기를 해서 왼쪽으로 돌린다.

6 뒤집었던 상자를 다시 바로 세운 후, 양쪽 끈을 팽팽히 당겨 모서리 부위에서 매듭을 짓는다.

7 나중에 풀기 쉽게 나비매듭으로 한 번 더 묶는다.



이중 십자 묶기는 길쭉한 상자나 여러 개의 상자를 겹쳐 묶는 용도뿐만 아니라 모포나 요, 이불 같이 무겁고 부피가 나가는 물건을 묶어두는 데도 적합한 방법이다. 단단히 조이면 부피가 줄어 운반과 보관이 수월한 것이 장점이다. 아웃도어에서 침낭을 묶을 때도 활용할 수 있는 등 익혀두면 여러모로 편리하다.

**무거운 짐, 들고 가기 편하게**

# 운반 손잡이 만들기

❖ 이곳저곳 돌아다니는 물건들을 빈 박스에 쓸어 담는다. 이제는 흥미를 잃었는지 가지고 놀지 않는 막내의 장난감. 그러나 그냥 버리기에는 아직은 아깝다. 뿐만 아니다. 몸이 훌쩍 커버려 다시는 입지 못할 옷가지들 하며, 근래에 사용하지 않는 남편의 옛 낚시 도구들까지…. 벼룩시장에나 내 놓을까?

차곡차곡 박스에 담다 보니 부피가 장난 아니다. 무게는 또 왜 이렇게 무거워? 그냥 안고 운반하기에는 불편한 상자, 손잡이가 필수다. 그 방법 또한 어렵지 않다.

1 먼저 노끈을 반으로 접고선 매듭을 지어 고리를 만든다.

1-1 매듭 고리 부분을 확대한 모습.

2 긴 쪽의 노끈을 한 바퀴 돌린 후, 처음 만들어 둔 고리 속으로 통과시켜 옆으로 돌린다.

2-1 매듭 고리 부분을 통과시킨 모습을 확대한 사진.

3 오른쪽으로 돌린 노끈을 표면적 3등분 지점에서 12시 방향으로 꺾어지게 하여 한 바퀴 돌려 감은 후, 십자 매듭을 하듯 일단 교차시킨다.

4 교차시킨 노끈 끝을 세로 줄 밑으로 넣어 고리 속으로 빼내는 것으로 매듭을 짓는다.

5 가급적 고리를 만들어 매듭을 지어 두면 나중에 풀기가 쉽다.


끈으로 묶으면서 동시에 손으로 들 수 있는 손잡이를 만들어 주면 부피가 큰 상자나 들기가 힘든 형태의 물건이라도 운반하기가 편리하다. 단단한 상자나 두 손으로 들기에 무리가 따르는 물건을 운반하기 좋게 해주는 방법으로, 학교 다니는 아이들의 부피 큰 과제물을 싸 보낼 때도 유용하다. 멀리 들고 갈 짐을 싸 둘 때도 필수! 무거운 물건이든 가벼운 물건이든 혼자만의 운반 거리가 멀 경우, 손잡이는 당사자를 위한 커다란 배려이다.

정리정돈 뚝딱!

# 세 겹 고리 묶기

❖ 헌 신문지나 오래 되어 거들떠보지 않는 헌 책들. 그냥 버리려 든다면 아무런 어려움이 없다. 적당한 용기에 담거나 아무렇게 묶어 재활용 수집함에 갖다 넣기만 하면 된다. 시골 고향 가는 길, 헌 신문지나 책들을 시골에 갖다 놓으면 요긴하게 쓰일 일이 많다. 오래 된 책들을 집에 보관해 둘 때도 마찬가지다.
굳이 좋은 끈을 준비할 필요도 없다. 눈에 띄는 어떤 노끈이든 찾아 소개하는 세 겹 고리 묶음으로 정리해 두면 보기에도 깔끔하고 짐의 부피를 줄이는 데도 유용하다.

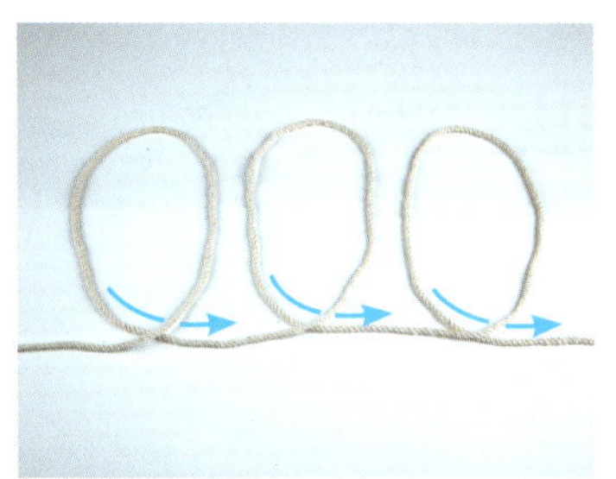

1 묶을 신문지 또는 책 다발이 들어
갈 정도 크기의 고리를 차례대로 3
개 만든다.

2 3개의 고리를 한데 겹친다.

3 겹친 고리를 두 손으로 들어 신문
지 다발에 끼워 넣는다.

4 양쪽 끈을 당겨 조인다.

4-1 다발의 부피가 작거나 무겁지
않으면 여기서 매듭을 지어 마무리
를 해도 좋다.

5 다발의 부피가 크거나 무거울 경우
는 양쪽 줄을 교차시켜 가로로 또
감아준다.

6 두 바퀴 감은 줄을 모서리에서 교
차시켜 1차 매듭을 짓는다.

7 단단히 잡아당겨 한 번 더 매듭을
짓는다.

**Tip**

오래된 신문지나 잡지 등을 정리하는 묶음법이다. 신문지를 묶을 때 대부분 십자 묶기를 하는데, 그냥 어설프게 십자 묶기로 하면 운반 도중 와르르 쏟아져 버리는 경우가 많다. 세 겹 고리 묶기를 익혀두면 그 같은 폐단을 방지할 수 있다. 게다가 방법이 의외로 간단할 뿐만 아니라 벌키한 신문지가 꽁꽁 묶인다. 양이 많지 않다면 1차 묶음만으로 충분하고 조금 양이 많다 싶으면 2차 묶음으로 진행한다.

**시골 친정어머니가 주신 고소한 선물**

# 참기름 병 붙들어 매기

❖ 오랜만에 찾은 시골 친정. 이것저것 한 아름 짐을 챙기는데, 호박과 함께 시커먼 병 2개가 놓여 있다. 어머니가 텃밭의 참깨를 털어 참기름을 짰다며 시댁 식구들과 나누어 먹으란다. 비닐 백에 넣었더니 이래도 달카닥, 저래도 달카닥! 안되겠다 싶었던지 남편이 달려와 노끈으로 두 병을 꽁꽁 묶는다. 참으로 날렵하고 섬세하기도 하지….
유리병을 묶을 때는 비닐 끈보다는 잘 미끄러지지 않고 늘어남이 없는 면 재질의 노끈이 좋다.

1 병의 아랫부분을 2~3회
　감는다.

2 매듭을 짓되 그냥 묶지
　말고 왼쪽 줄을 꽈배기
　돌리듯 3~4회 돌려준다.

3 이렇게 '외과 매듭' 방식
　으로 묶은 후 긴 쪽 줄을
　화살표 방향으로 돌린다.

4 긴 쪽 줄을 병 목 부위에
　대고 2회 가량 감은 후
　화살표 방향으로 통과시킨다.

5 줄을 강하게 당겨 탱탱
　하게 걸어 올린다.

6 병 목에 감은 줄을 사진
　과 같이 통과시켜 단단
　히 당긴다.

7 화살표 방향을 따라 두
　병 사이로 줄을 한 바퀴
　강하게 감는다.

8 병 목에 감은 가로 줄 위
　치까지 당겨 올린다.

9 병 목에 감은 가로 줄 위
　에 대고 2회 감아 돌린다.

10 단단히 매듭을 지어
　　주면 드디어 완성!



목이 길지 않은 유리병일지라도 약간 오목한 부분만 있으면 큰 어려움 없이 묶을 수 있다. 이 방법을 익혀두면 참기름이나 조선간장, 매실 원액같이 가정에서 직접 담근 식재료를 편리하고도 안전하게 운반할 수 있다.

뚜껑이 부실한 재활용 병을 그냥 가방에 담아 운반하면 십중팔구 흘러넘쳐 낭패를 겪게 되는데, 이처럼 끈으로 묶어 손에 들면 흔들려도 원심력 덕택에 새어나오는 일이 없다. 또 이 방법을 익혀두면 두 병이 아니라 세 병 네 병도 거뜬히 묶을 수 있다.

# 보자기의 마술

## 우리나라 보자기 문화의 독창성

물건을 싸는 용도의 다양성에 있어 보자기의 국적은 단연코 한국이다. 일본의 보자기 문화 또한 우리나라에서 건너갔을 것으로 추측된다. 우리의 역사와 숨결을 같이 해 온 수많은 보자기 종류 가운데 더러는 단절되었지만 더러는 우리 생활과 맥을 같이 하고 있다. 이름만 대면 용도가 짐작되고 뜻 모를 종류도 많다. 간찰보 · 경대보 · 기러기보 · 명정보 · 밥 상보 · 보부상보 · 빨랫보 · 예단보 · 이불보 · 전대보 · 제기 보 · 책보 · 폐백보 · 횃댓보 등등…. 이 가운데 '전대 보'는 문서나 물건을 전할 때 사용하던 길고 양쪽 끝이 터진 자루 모양의 보자기를 말하며, '횃댓보'는 방 안 횃대에 걸어 둔 옷가지를 덮는 데 쓴 커다란 보자기로, 지금의 행거 옷걸 이를 덮는 보자기였다.

## 덮고 깔고 가리고 싸는 우리의 보자기

우리의 보자기는 다재다능하다. 싸개 용도뿐만 아니다. 테 이블 위에 차려놓은 음식을 살짝 덮어두는 덮개로 사용하 고, 바닥에 미리 깔아 부스러기의 흐트러짐을 차단하는 깔 개 용도가 있는가 하면, 머리카락을 자를 때나 짧은 치마를 입었을 때 가리개 역할도 한다. 네 가지 용도뿐만 아니다. 뜻하지 않게 생긴 물건을 휴대하는 임시 가방으로 변신하기 도 하고, 머플러와 스카프 대용의 패션 아이템으로 변신하 는가 하면, 갑자기 다쳤을 때 상처 보호대로 변신하는 등 보 자기의 마술은 일일이 열거하기 어렵다. 게다가 손수 만들 기도 쉽다. 특별히 제봉 기술 없이도 적당한 천 조각만 있다 면 사각형으로 오리고 시접 처리만 하면 된다. 이렇게 직접 만든 보자기로 선물 포장을 한다면 그 의미가 더욱 값질 것 이다.

### 품격 높고도 환경친화적인 포장재

다양한 용도만큼이나 재활용이 가능하다는 점에서 우리의 보자기는 모든 포장재 중에서 가장 환경친화적이다. 한 번 사용하고 버리는 일회용 포장지는 그 외관이 아무리 아름답다 하더라도 그 가치를 인정받지 못하는 시대가 되었다. 굳이 보자기를 직접 만들거나 구입할 필요도 없다. 장롱 구석이나 서랍 깊숙이, 또 어딘가 상자 속에 보관되고 있을 보자기 등등 둘러보면 재활용 가능한 것들이 많다. 행여 얼룩이 지거나 더러워졌다면 옷가지를 빨 듯 세탁하여 사용하면 그만이다. 설사 겉보기에는 수수해 보일망정 받자마자 찢어버리는 여느 화려한 포장재보다 인정이 느껴지고, 한 겹 두 겹 매듭을 풀 때마다 정성이 풍겨나는 보자기. 우리의 정서에 가장 맞는 품격 높은 포장재이다.

### 보자기일수록 돋보이는 포장 품목들

이제 보자기로 마술을 부려 보자. 보자기가 아니면 포장이 어렵거나, 보자기로 포장을 해야만 돋보이는 품목들이 있다. 끈으로 묶기 어려운 둥글게 생긴 물건은 보자기로 간단히 해결된다. 수박 중에도 값비싼 무등산수박이라면 보자기 포장으로 그 진가를 드높일 수 있다. 굴곡진 항아리나 술병, 특히 호리병 종류를 쌀 때도 마찬가지다. 굴곡을 자연스레 살릴 수 있을 뿐만 아니라, 손잡이까지 만들 수 있는 '사방 싸기'를 활용하면 선물의 품격은 물론 보내는 이의 인품마저 느껴진다. 보자기 포장이라고 해서 어렵게 생각할 필요도 없다. 납작한 모양의 고급 상자는 옛날 책보 싸듯 '감아 싸기'를 하면 되고, 한과를 담은 부피 큰 상자는 '변형 사방 싸기'를 한 후 매듭 부위에서 살짝 한 번 멋을 부려주면 되는 것이다.

# 감아 싸기

❖ 스승의 날, 은사님께 드릴 선물을 고민하다가 약주 좋아하시던 기억을 떠올린다. 지난 명절 때 집에 들어온 전통주 선물세트가 그대로 남아 있으니 따로 돈 들일 필요도 없겠다. 흠집 난 포장지를 벗겨버리고 예쁜 보자기로 정성을 듬뿍 담기로 한다.

감아 싸기는 보자기 포장 가운데 아주 기초적이고도 간단한 방법이다. 처음 감쌀 때와 양쪽 끈을 당길 때 보자기 전체가 팽팽하도록 잘 조절해 주기만 하면 된다. 나비매듭을 하거나 자투리를 예쁘게 펴서 잘 마무리 해야 멋이 살아난다.

1 보자기를 펴고 그 중앙에 상자를 대각선 방향으로 올려 놓는다.

2 앞쪽 모서리를 위로 넘겨 끝단을 상자 밑으로 넣은 후, 뒤쪽 모서리를 앞쪽으로 덮어 넘긴다.

3 좌우 양쪽 끝을 들어 올려 한 번 매듭을 짓는다.

4 한 번 더 묶어 마무리를 하되, 나비매듭으로 해야 멋이 난다.

Tip  보자기는 극히 한국적이다. 오랜 세월 우리의 가재도구였으며 보관과 운반 수단이었다. 보자기는 지금도 우리의 일상생활 어디서건 사용된다. 활용 방법에 따라선 가방 역할도 한다. 기능성 또한 뛰어나다. 가방은 물건을 집어넣을 때 적절한 규격과 형태를 필요로 하지만 보자기는 그런 조건이 없다. 크면 큰 대로 작으면 작은 대로, 둥글면 둥근 대로 감쌀 수 있다.

예쁜 보자기를 잘 보관해 두면 용도가 많다. 뜯고서 버려야 하는 종이 포장지와는 달리, 보자기는 얼마든지 재활용이 가능한 환경친화적이고도 격조 높은 포장재이다. 그러나 구슬이 서 말이라도 꿰어야 보배! 보자기 싸는 요령을 터득하는 일이 전제되어야 한다.

애지중지 꿀단지, 손잡이로 마무리

# 사방 싸기

❖ 선물로 들어온 벌꿀. 오래 두고 먹기가 아까워 가까운 친척에게 선물하기로 한다. 그런데 쇼핑백에 담으니 성의가 없어 보인다. 한지로 이리저리 포장을 해봐도 어딘가 어색하다.

그냥 한지 포장을 살려둔 채 보자기로 감싸보기로 한다. 황금색 토종꿀이니 보자기 색깔도 황금색이 어울리겠지…. 최대한 겉모양도 예쁘게 하고 기왕이면 손으로 들 수 있게 손잡이도 만들어 보자.

1 보자기 가운데에 꿀단지를 올려놓
는다.

2 대각선 방향의 양쪽 끝단을 들어올
려 한 번 묶는다.

3 다시 한 번 단단히 묶는다.

4 남은 양쪽 끝단을 들어올려 한 번
묶어 준다.

5 다시 한 번 묶어 준다.

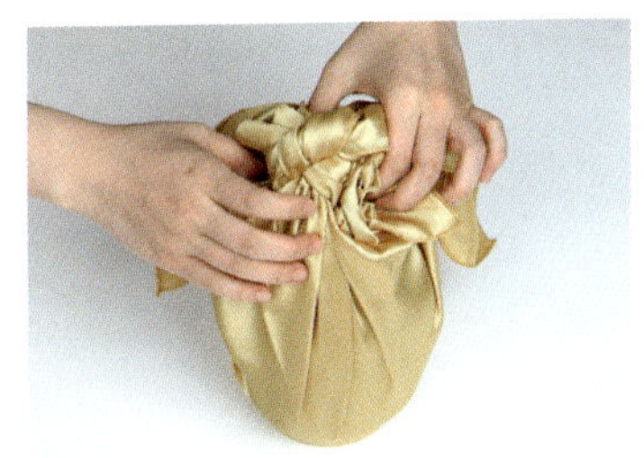

6 먼저 묶은 매듭의 자투리를 잘 챙
겨서 보자기 속으로 찔러 넣는다.

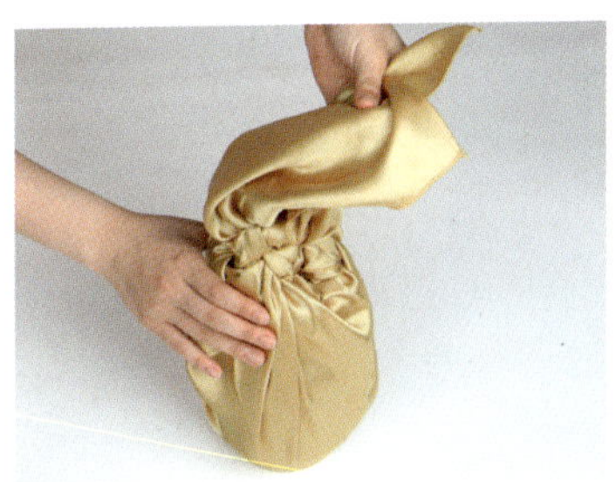

7 뒤에 묶은 매듭의 자투리를 찾아
가지런히 펼친다.

8 양쪽 자투리를 가지런히 해 매듭
위로 감듯이 돌려놓으면 손잡이 모
양이 된다.

Tip 보자기를 이용해 물건을 포장해 본 사람이라면 누구나 한 번쯤은 해봤을 사방 싸기 방법. 단순하게 보자기의 대각선 양끝을 서로 묶어주는 것이지만, 마지막 6, 7단계의 매듭 처리를 어떻게 하느냐에 따라 선물의 분위기가 달라진다.
단순하게 매듭 부위를 손으로 잡으면 운반하는 데는 문제가 없겠지만 허드레 물건처럼 보인다. 8단계의 사진처럼 매듭 자투리를 이용해 예쁜 손잡이 모양을 만드는 것이다.

**보관품이 흔들리지 않게 하려면**

# 변형 사방 싸기

❖ 유과를 좋아하는 시댁 할머니. 설날 세배 드리려 갈 때 선물로 들고 가야겠다. 재래식 시장에서 큰 돈 들이지 않고 구입한 유과를 한과 상자에 차곡차곡 담는다. 한과 선물의 포장은 아무래도 보자기가 최우선. 내친 김에 색다르게 한 번 멋을 부려 보기로 한다. 이 방식의 특징은 보자기의 귀퉁이를 대각선 방향으로 묶지 않고 이웃한 귀퉁이끼리 묶는다는 점이다. 평범한 사방 싸기에 비해 상자의 무게로 인한 처짐이 적다는 것이 장점이다. 따라서 보자기로 무거운 짐을 쌀 때도 유용하다.

1 보자기 중앙에 상자를 놓되 대각선으로 놓는다.

2 먼저 이웃한 귀퉁이 ⓐ와 ⓑ를 상자 모서리에 대고 두 번 묶은 후, ⓒ를 매듭 밑으로 통과시킨다.

3 사진2 단계에서 ⓒ를 ⓐ와 ⓑ의 매듭 속으로 통과시킨 모습.

4 사진3 단계의 ⓒ와 ⓓ를 당겨 매듭을 짓는다.

5 다시 한 번 더 매듭을 지어 마무리한다.



보자기는 실용적 가치뿐만 아니라 작품으로서의 예술적 가치도 지닌다. 오래 전의 보자기는 사용 계층과 제작 방법, 문양과 색상, 재료와 용도에 따라 다양하게 분류되었다. 궁궐에서 사용한 궁보(宮褓)와 양반 계층들이 사용한 고급 보자기들일수록 그랬다. 이에 비해 평민들은 따로 보자기를 만들 만한 천이 귀했다. 넉넉하지 못한 옷감 가운데 사용하고 남은 자투리를 모아 보자기를 만들었다. 지금의 조각보라 할 수 있는데, 그러고 보면 보자기는 옛 여인들의 자투리 옷감에서 비롯된 재활용품이기도 하다. 작은 천 조각을 모아 바느질하여 만들었다는 뜻에서 이름 붙여진 조각보는 오늘날에 이르러 자투리 천을 이용하는 데 그치지 않고 고급 원단 자체를 사용할 만큼 예술성에 비중을 두게 됨으로써, 보자기는 하나의 공예품이 되었다. 이렇듯 우리의 일상생활 속에서 태어나 발전한 보자기는 한국인의 예술적 재능이 고스란히 담긴 문화유산이기도 하다.

**무등산 수박이 생긴다면**

# 수박 싸기

❖ 흑피 수박 한 덩이를 샀다. 일반 수박보다 더 달고 씨도 적단다. 내일 저녁 큰댁 제
상 상에 올릴 제수 용품이다. 과일가게에서 주는 비닐 노끈에 그냥 담아 들고 가도 되
겠지만 뭔가 정성을 더 담을 수 있으면 좋겠다.

일반 수박이야 이럴 필요까지 없겠지만 값비싼 무등산 수박 정도면 더욱 멋을 부려봄
직하다. 너무 무거워 보자기가 찢어질까 걱정이라면 두 장을 겹쳐 사용해도 된다. 또한
이 방법은 소중하면서도 둥글게 생긴 물건을 싸는 데 활용된다.

1 보자기의 한가운데에 수박을 올려 놓는다.

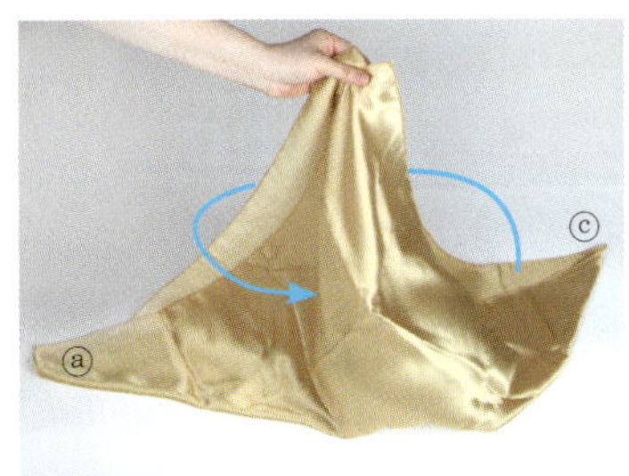

2 귀퉁이 ⓑ와 ⓓ를 들어 올린 후 ⓒ 를 화살표 방향으로 돌려 감싼다.

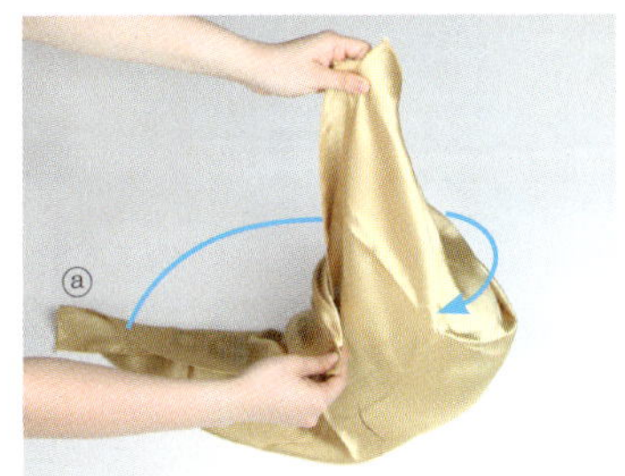

3 ⓒ를 돌려 감싼 후, 이번에는 ⓐ를 화살표 방향으로 돌려 감싼다.

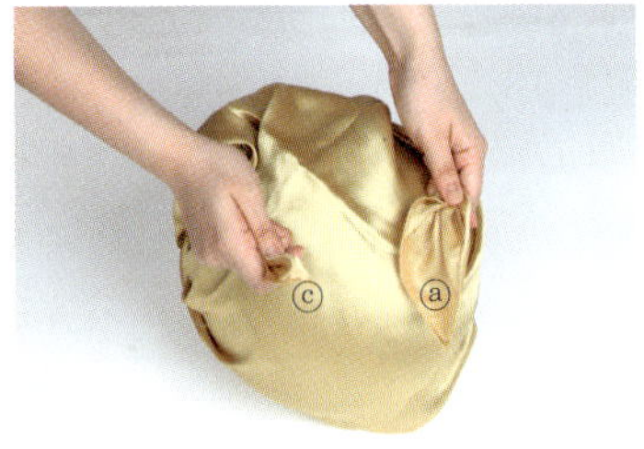

4 위로 들고 있던 두 가닥의 귀퉁이 를 내려놓은 후, 양쪽으로 돌린 두 가닥을 힘주어 잡아당긴다.

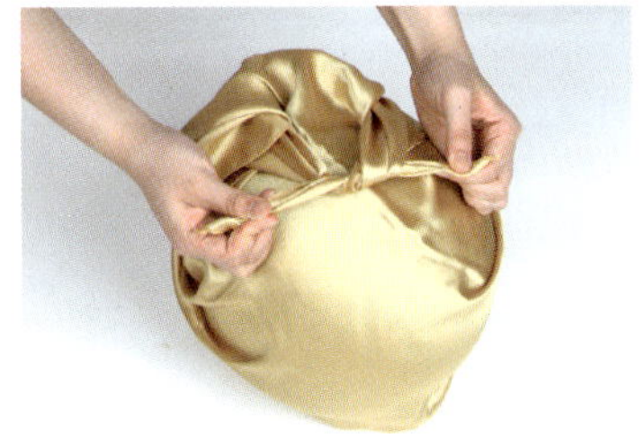

5 한 차례 매듭을 짓는다.

6 다시 한 번 단단히 매듭을 짓는다.

7 2, 3단계에서 거머쥐었던 나머지 두 가닥을 양 손에 쥐고 당긴다.

8 한 번 매듭을 짓는다.

9 다시 한 번 매듭을 짓는다.

10 8, 9단계에서 묶은 매듭 부위 가 손잡이가 된다.

**잘록한 몸매를 살리려면**

# 호리병 싸기

❖ 민속주로 유명한 안동소주를 어떻게 하면 멋들어지게 포장할 수 있을까. 안동소주 뿐만 아니라 목 부위가 오목하고도 길게 생긴 호리병이나 양주병 종류는 그냥 '사방 싸기'로 끝내면 영 볼품이 없어진다.

이 방법은 호리병의 잘록한 부분을 다시 한 번 감싸 줌으로써 호리병의 몸매를 살리는 것이다. 내용물에 따라 보자기의 색상을 맞추는 것도 중요하다. 받는 이가 매듭을 풀 때, 보내는 이의 정성을 느끼기에 충분할 것이다.

1 보자기의 중앙에 병을 놓는다.

2 대각선 방향의 보자기 양끝을 잡아 올린다.

3 병마개 위에서 한 번 매듭 짓는다.

4 한 번 더 묶은 후, 오른쪽 귀퉁이를 화살표 방향으로 돌려 감싼다.

5 나머지 보자기의 끝단을 화살표 방향으로 돌려 감싼다.

6 교차시킨 두 개의 끝단을 병의 앞쪽으로 모은다.

7 병의 목 부위에 대고 한 번 묶는다.

8 다시 한 번 단단히 묶는다.

9 아래 위의 매듭 자투리가 나란히 되게 다듬어 준다.

Tip
보자기 포장의 장점 중 하나는 내용물을 보호하는 '충격 완화' 효과를 지닌다는 점이다. 술병과 같이 부딪히면 깨지는 종류에도 보자기는 유용하다. 여기에서는 호리병을 사용했지만, 와인이나 양주 등 다른 형태의 병도 무난하게 어울린다. 특히 겉포장 없이 팔리는 와인을 선물 포장할 때도 적합하다. 내용물의 성격에 맞춰 보자기의 색상이나 재질에 변화를 주는 것이 포인트.

**결혼 기념 와인을 선물할 때**

# 두 병 감싸기

❖ 결혼식을 끝낸 신혼부부. 주변 친척 어른들을 찾아뵙고 인사드릴 차례다. 미리 생각하여 준비해 둔 선물, '와이너리'에서 손수 만든 와인을 챙긴다. 와인 병에 웨딩 차림의 부부 사진까지 라벨로 부착해 나름대로 정성을 기울였지만 그것만으로는 뭔가 부족한 느낌이다. 좋은 방법이 없을까.

걱정 뚝! 일반 보자기로도 충분히 멋을 낼 수 있다. 이 방법은 특히 보자기 포장의 장점을 살리는 것이다. 두 병을 한 손에 들고 운반하기에도 편리한 방법을 소개한다.

1 보자기 위에 두 개의 병을 대각선 방향으로 나란히 돌려놓되 간격을 약간 벌려 준다.

2 보자기 절반을 병 위로 덮는다.

3 두 손으로 각각의 병을 굴리듯 보자기를 말아 나간다.

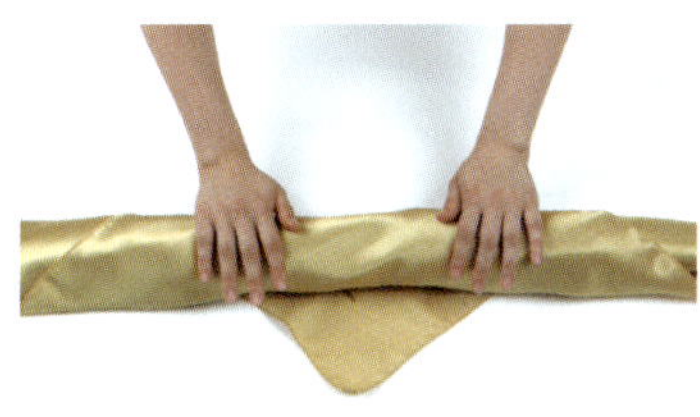

4 보자기 자투리가 남지 않을 때까지 말아 나간다.

5 조심스레 두 병을 세운 후, 양쪽 보자기 끄트머리를 서로 매듭짓기에 알맞게 여러 차례 꼬아 준다.

6 병의 마개 부위에서 매듭을 한 번 짓는다.

7 한 번 더 매듭을 짓고 자투리를 다듬어 준다. 자투리를 이용해 한 번 더 매듭지어 손잡이를 만들어 주면 금상첨화!



보자기로 물건을 싸는 일은 복(福)을 싸는 것과 같다는 믿음이 담겨 있다. 그래서 보자기로 싼 선물에 더 정이 가고 보내준 사람의 정성을 느끼게 된다. 복을 싸 둔다는 의미의 대표적인 사례가 혼례용 보자기이다. 공 들인 바느질로 만든 특별한 보자기를 이용해 각종 예물을 싸서 신랑신부의 행복을 기원하는 것이 이를 상징한다.

소개한 '두 병 감싸기' 방법은 유리병끼리의 접촉 없이 안전하고도 편리하게 운반할 수 있다는 것이 장점이다.

# 깜찍한 리본 포장

## 리본은 남녀 공용 장신구였다

오늘날 포장재로 많이 활용되는 리본 테이프는 장신구에서 출발한 것으로 보인다. 고대 이집트와 그리스의 유물, 벽화에 보이는 가느다란 천 형태의 장식품을 그 원류로 추측하는 것이다. 그러나 실증 자료에 근거하면 리본 사용은 16세기 무렵 유럽에서 널리 성행했으며 여성만이 아닌 남녀 공동의 장신구였다. 이후 로코코 시대로 일컫는 18세기 들어 리본은 여성용 장신구로 변화되었고, 여성 의복의 가슴 부위나 목에 부착되었다. 화려한 여성용 장신구로 인기를 누리던 리본은 프랑스 혁명과 더불어 의복에서 한동안 그 모습을 감추었으나 19세기 중반 들어 다시 유행이 살아나 오늘에 이른다. 이 같은 리본이 원래 남녀 공용의 장신구였다는 점에서 우리나라의 댕기가 비교되기도 한다.

## 리본 매듭의 기본은 '나비매듭'

리본의 장식 효과를 높이는 데 가장 많이 활용되는 방법은 나비매듭이다. 이를 두고 그냥 리본 매듭이라 부를 정도로 리본 장식에 있어 나비매듭의 용도는 거의 절대적이다. 따라서 'Section 07 – 깜찍한 리본 포장' 편에선 두 가지 방법의 나비매듭을 소개한다. 그런데 장식 목적의 리본은 꼭 매듭을 지어 완성하지는 않는다. 매듭은 풀어지거나 모양이 흐트러질 수 있으므로 별도의 실로 꿰매거나 플라스틱으로 성형하기도 하며, 미리 리본 속에 가는 철사를 넣어 원하는 모양으로 특별히 성형하기도 한다. 이처럼 리본 장식은 몇 가지 한정된 패턴에 머무르지 않아 분야가 넓고도 깊다. 따라서 이 섹션에서 소개하는 기본 패턴을 익힌 후 흥미가 느껴진다면 전문 분야로 도전해도 좋을 것이다.

## 장식용 리본과 공예 분야로서의 리본

선물 포장은 물론 머리핀·머리띠와 같은 액세서리로도 인기가 높은 리본은 '리본 아트'라는 전문 공예 분야로까지 발전하면서 자수·생활소품·인테리어·플라워 아트 등으로 그 영역을 넓히고 있다. 이는 다양한 리본 소재의 발달이 뒷받침한 것으로, 천연섬유로만 만들던 과거의 리본 테이프와 달리 합성섬유의 발달만큼이나 소재가 다양해짐으로써 형형색색의 리본 제작이 가능케 된 것이다. 새틴(공단)·오간디·태피터·벨벳·조제트·코듀로이 등의 재질은 물론, 직조방법이 다른 각종 직물들이 모두 리본 소재로 각광받고 있다. 리본이 얼마나 다양한지 구경하고 싶다면 전문 시장을 한 번 찾아봄직하다. 서울 동대문에 위치한 동대문종합상가 B동 5층은 우리나라 리본의 현주소이다.

## 화려한 선물 포장의 주역은 리본

리본은 선물 포장에서는 빼놓을 수 없는 아이템이다. 일반적인 상자 포장에서 꽃다발에 이르기까지 리본이 적용되지 않는 곳은 없을 정도이다. 외관의 아름다움은 물론 보내는 이의 정성을 표시하는 수단으로 활용되는 것이다. 하지만 다른 포장 재료의 묶고 보관하고 운반하는 실용성 측면과 비교하면 비효율성이 지적될 수도 있다. 장식 효과에 거의 비중을 두기 때문이다. 그러나 리본도 소재에 따른 종류가 다양하다. 분위기에 맞춰 몇 가지 소재의 리본을 함께 사용하면 같은 방법으로 묶어도 그 효과가 훨씬 달라질 수 있는 것이다. 리본 포장은 장식이 우선이라는 점을 염두에 두되, 일단 기본 묶음법을 익힌 후 보다 아름답고 세련된 리본 장식에 도전하기 바란다.

# 십자 걸기

❖ 우리 아이의 간식을 위한 홈 메이드 쿠키가 완성되었다. 이웃집 같은 또래의 친구들에게도 나눠주려고 조금 넉넉히 만들었다. 큰 선물은 아니지만 예쁘게 포장해 정성을 더 담아 전하려 한다.

리본 포장은 내용물이 너무 무겁지 않아야 하고, 뚜껑이 열리지 않도록 하기 위해서는 십자 걸기가 기본이다. 끈으로 상자를 묶듯 확실하게 조여 매듭을 짓되 리본이 뒤틀리지 않도록 주의하는 것이 포인트. 예쁜 나비매듭도 잊지 말아야 한다.

1 어느 쪽이든 상자를 리본으로 한 바퀴 감는다.

2 리본이 뒤집어지거나 꼬이지 않도록 주의해 중심점에서 교차시킨 후 한 바퀴 돌려 감는다.

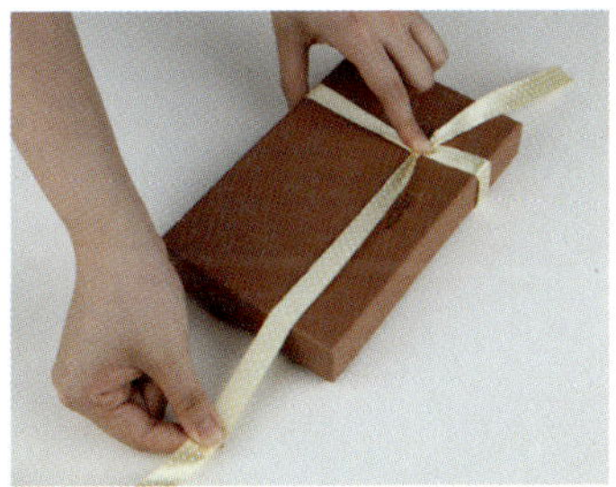

2-1 직사각형 상자는 중심점보다는 양방향 3등분 지점에서 언밸런스하게 감는 게 효과적이다.

3 양쪽 줄을 매듭 부위에 모은 뒤 짧은 쪽 줄을 매듭 밑으로 통과시켜 당겨 조인다.

4 한 번 매듭을 짓는다.

5 다시 한 번 매듭을 짓되, 나비매듭 형태로 멋을 낸다.

6 정확히 열 십(十)자가 되도록 다듬어 준다.



십자 걸기는 리본을 사용하는 방법 중의 기본기에 속한다. 그리고 언밸런스하게 묶어 장식 효과를 드높일 수도 있다. 상자의 정 가운데가 아니라 어느 한 쪽으로 치우쳐 매듭을 지으면 그 효과가 훨씬 돋보인다.
리본 구입은 가까운 문구점에서 가능하다. 더 다양한 종류, 특별한 재질의 리본을 직접 찾아 나만의 리본 장식을 하고 싶다면 동대문종합상가 5층을 찾으면 된다. 대단위 리본 매장들이 밀집되어 있다.

# 경사 걸기

❖ 리본을 활용한 경사 걸기는 십자 걸기와는 전혀 다른 분위기를 나타낸다. 그만큼 손을 더 움직여야 하지만 그렇다고 어려운 방법은 아니다.

상자의 규모가 다소 크거나 납작한 형태의 상자에 더욱 어울리는 방법인데, 단순히 상자의 뚜껑이 열리지 않게 하거나 운반을 위한 목적보다는 선물을 보다 아름답게 포장하려는 의도로 시도하는 것이다. 화려한 장식 효과는 물론, 받는 이가 선물을 쉽게 풀어볼 수 있다는 점도 장점이다.

1 상자 한 쪽 모서리 위에서부터 밑으로 경사지게 리본을 건다.

2 리본의 양끝을 반대편 모서리 위로 모아 올려 한 번 묶는다.

3 조금 당기면서 나비매듭을 한다.

4 모양새를 다듬어 준다.

 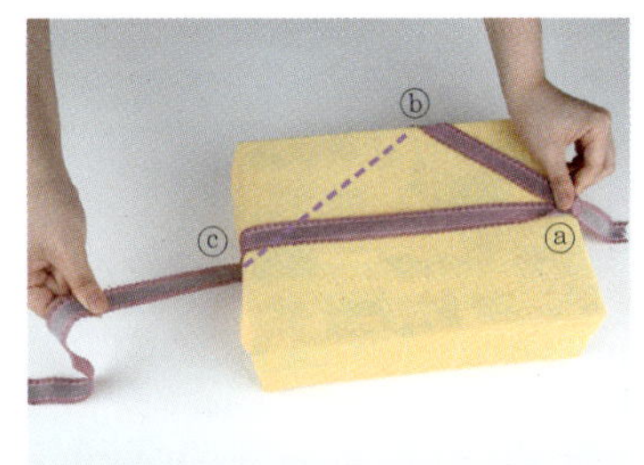 

1 상자 가운데로 리본을 한 바퀴 감아 모서리에서 교차시킨다.

2 긴 줄을 대각선 방향의 ⓑ지점 모서리로 넘긴 후, 다시 대각선 방향(점선 방향)의 ⓒ지점으로 빼낸다.

3 ⓒ지점에서 ⓓ지점으로 넘긴 줄을 상자 밑으로 해서 ⓐ지점으로 빼내 올린다.

4 양쪽 줄을 당겨 일단 한 번 매듭을 짓는다.

5 긴 쪽을 이용해 나비매듭을 하되 네 겹으로 접어 이중 나비매듭을 한다.

6 양쪽 대각선이 나란히 되도록 다듬어 준다.

# 삼각 걸기

❖ 화이트데이에 받은 사탕 꾸러미는 내용물에 앞서 겉으로만 보아도 오싹하리만큼 달콤함이 풍긴다. 한 바퀴 두 바퀴, 핑크빛 땡땡이 무늬의 리본이 사탕만큼이나 달콤하게 느껴지는 것은 왜일까?

'삼각 걸기'는 일명 '화살촉 걸기' 또는 'V자 걸기'라고도 부른다. 심플하면서도 세련된 분위기를 자아내는 포장 방법이다. 삼각형의 밸런스를 잘 맞춰주는 것이 포인트. 상자 위로 리본 감는 횟수를 늘려 색다른 모양을 연출해도 좋다.

1 한 쪽 모서리 근처에서 리본 테이프를 한 번 경사지게 감는다.

2 모서리 지점에서 두 줄을 교차시킨 후 다시 한 번 경사지게 감는다.

3 짧은 줄을 화살표 방향으로 집어넣고 돌린다.

4 짧은 줄을 교차 지점 밑으로 한 바퀴 돌린 모습.

5 두 줄을 팽팽하게 당기면서 한 번 묶는다.

6 긴 쪽 줄을 여섯 겹으로 접어 나비매듭을 해 준다.

7 양쪽 자투리 줄을 잘라내고 마무리한 모습.

7-1 트리플 나비매듭 모습. 이 부분이 포인트이다.

**Tip**

3월 14일의 화이트데이(White Day)는 우리나라 · 일본 · 타이완에만 있는 현대 젊은이들의 이벤트이다. 2월 14일의 성 밸런타인데이(Saint Valentine's Day)는 연인들이 서로의 사랑을 확인하는 날이지만, 이 날은 여성이 남성에게 선물을 주는 날이라는 식의 발상이 일본의 젊은이들 사이에서부터 우리에게까지 확산되었다.

화이트데이의 기원에는 여러 가지 설이 있는데, 1965년 일본의 마시멜로 제조업자가 만들었다는 설이 유력하다. 처음엔 '마시멜로데이'로 불리다가 화이트데이로 바뀌었다. 이후 초콜릿 제조업체들도 화이트 초콜릿 판촉전을 전개, 상업적으로 이용되기 시작한 화이트데이는 남성이 마시멜로, 화이트 초콜릿, 사탕 등을 사랑하는 여성에게 선물하는 날이 되었다.

# 이중 나비매듭

❖ 오늘은 초코 컵케이크를 만들며 파티쉐 기분을 내 본다. 완성된 케이크가 작품 수준이라고는 할 수 없지만, 맛이 좋으면 그만이지 뭐! 그럴듯한 상자에 넣고 살짝 리본으로 멋을 내 본다. 그러고 보니 전문 제과점 분위기가 살짝 풍겨 난다.

리본을 묶을 때는 당연히 나비매듭이 제격이다. 하지만 단조로운 나비매듭에 머물지 말고 이중(더블) 나비매듭으로 마무리하면 분위기가 한결 화려해진다. 예쁘게 만들어진 매듭 리본을 구입해 철사나 실로 부착해도 효과 만점이다.

1 단순하게 상자를 한 바퀴 감싼다.

2 매듭을 짓되 한 쪽 끝이 길게 남도록 한다.

3 길게 남긴 쪽을 이용해 네 겹으로 접는다. 접는 길이는 리본의 좌우 폭에 해당하는 길이로 한다.

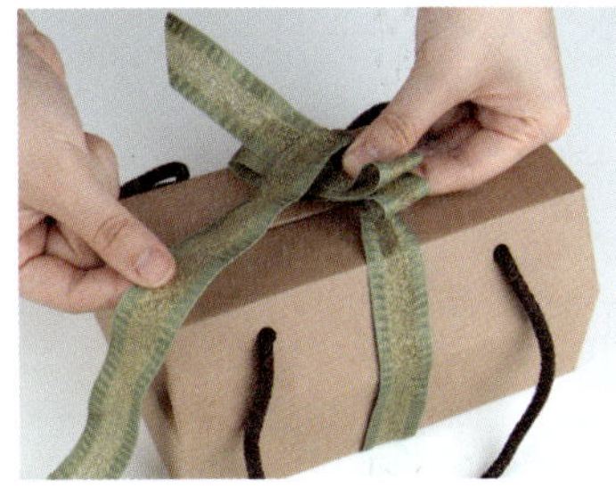

4 반대편 끝단을 이용해 접어놓은 리본의 중앙을 위로부터 감싼다.

5 밑으로 한 바퀴 돌려 빼낸 후, 중간을 접어 화살표 방향으로 끼워 넣는다.

6 좌우로 잘 당겨 조인다.

7 리본 자투리를 경사지게 잘라내고 마무리한다.


전문 제과점 상품처럼 멋있게 연출하기 위해 예쁜 종이 케이스가 필요하다면, 서울 중구 주교동에 위치한 방산시장을 찾으면 된다. 청계천 쪽 입구 부근에 각종 제과제빵 재료는 물론, 포장 용품을 소매하는 상점들이 늘어서 있다. 규격도 색상도 여러 가지다. 케이스는 당연히 손잡이와 세트로 구성되어 있다.

아이들 스스로 묶고 풀 수 있게

# 한 쪽 나비매듭

❖ 우리 아이 구슬주머니. 모시 천에 홍화 물을 들여 손수 만들어 주었더니 구슬놀이가 끝나면 스스로 잘도 집어넣는다. 매번 묶어 달라고 졸라대 조금 귀찮기는 하다. 그러니 스스로 풀 수 있게 한 쪽 나비매듭을 해 주고, 내일은 묶는 방법도 가르쳐줘야겠다.
한 쪽 나비매듭은 날개가 한 쪽에만 만들어지게 하는 방법이다. 노끈을 묶을 때도 스카프를 묶을 때도 어디에서나 활용되는 것으로, 단순매듭과 동일한 구조에 끄트머리를 당기기만 하면 금방 풀어지는 편리함이 있다.

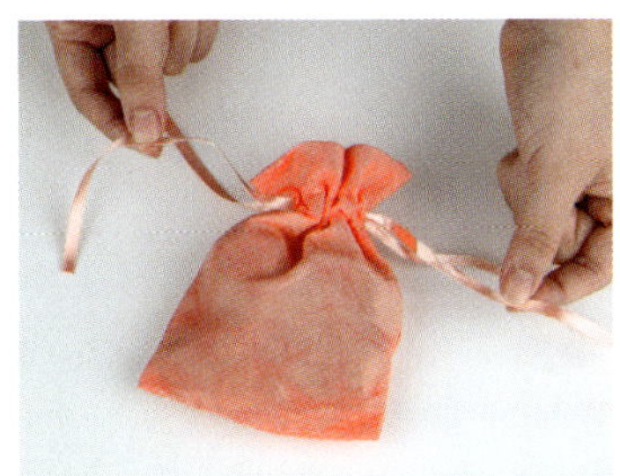

**1** 한 쪽 편의 주머니 끈을 당겨 입구를 오므린다.

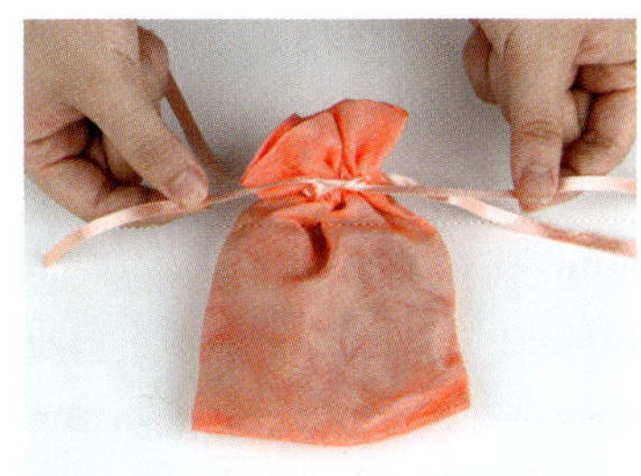

**2** 한 번 묶는다.

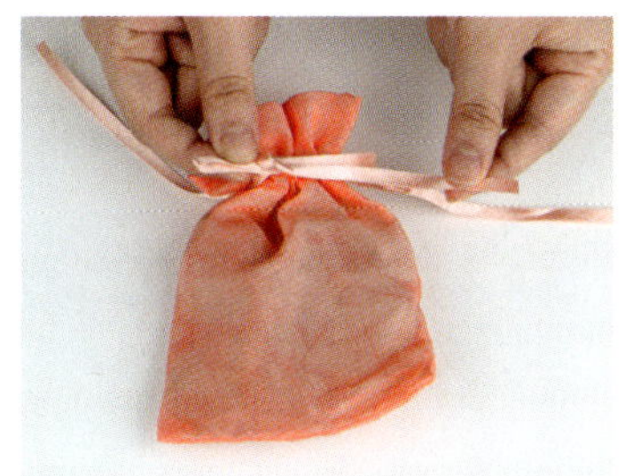

**3** 한 쪽 끈을 접고 그 위로 반대쪽 끈을 돌려 감아 한 쪽 나비매듭을 한다.

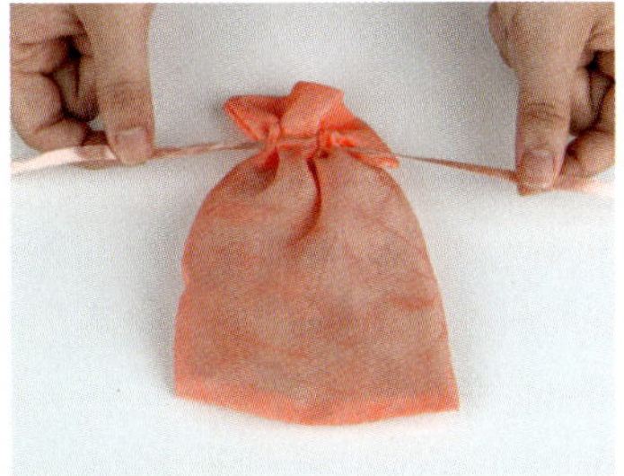

**4** 뒤쪽도 마찬가지다. 먼저 양쪽 줄을 잡아당긴다.

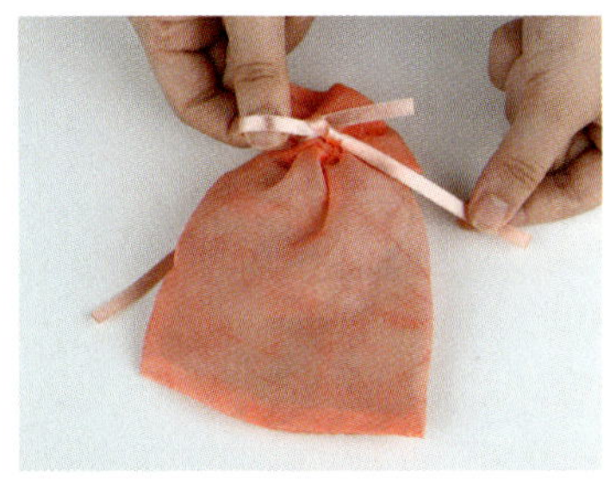

**5** 한 번 묶어 준 후, 앞쪽과 똑같이 한 쪽 나비매듭을 해준다.

**6** 자투리 줄을 그대로 두고서 마무리한다.

**6**-1 색깔이 다른 주머니를 여러 개 만들어 두면 쓰임새가 많다.



천연염료란 자연계에서 추출한 색소를 말한다. 대부분 식물에서 얻지만 광물이나 동물에서 얻기도 한다. 치자물 · 감물 · 쪽물 등이 흔히 접할 수 있는 식물성 천연염료이다. 천연염료 중에는 아무런 약품처리 없이 물에 우려 곧장 염색을 할 수 있는 종류도 있지만, 대부분은 매염제(소금 · 백반 · 잿물 등)를 첨가해 염색이 잘 되게 하거나 더욱 선명한 색상을 얻기도 한다.

붉은 색 계통은 홍화 꽃잎, 꼭두서니 뿌리, 지치 뿌리 등이 대표적이고, 노란 색 계통은 치자, 울금(강황)이 대표적이다. 파란 색 계통은 인디고 염료로 유명한 '쪽'이 있다.

**직접 만들어 달면 기쁨 두 배, 정성 두 배**

# 간단하고 예쁜 리본 만들기

❖ 리본 포장은 테이프의 매듭만으로 그 장점을 살리는 데 한계가 있다. 단순히 예쁘게 감싸고 매듭을 짓는 데 그치지 말고 리본 특유의 화려한 색상과 다양한 모양을 살려야 한다. 마무리한 후 예쁜 리본 하나를 덧달아 주면 그야말로 금상첨화!

가게에서 기성품을 구입해 덧달 수도 있지만 리본 테이프만 준비돼 있으면 가정에서도 누구나 손쉽게 만들 수 있다. 그리하여 포장은 아빠가, 리본 만들기는 아이가, 리본 달기는 엄마가 맡으면 재미있고 행복한 시간이 될 것이다.

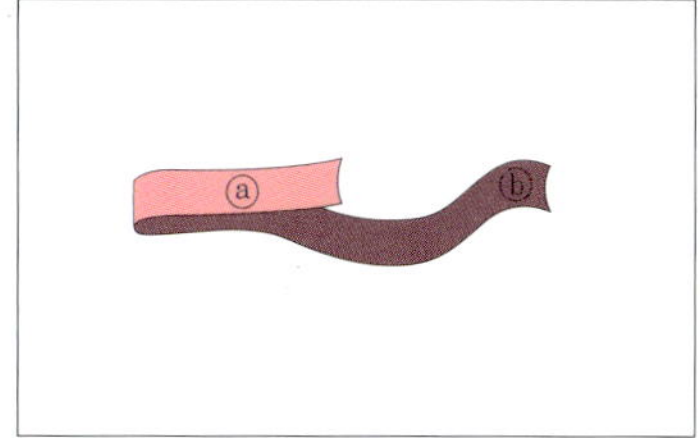

**1** 리본 테이프의 적당한 위치에서 한 번 접는다. ⓐ가닥의 길이가 리본의 양 날개 전체 길이가 된다.

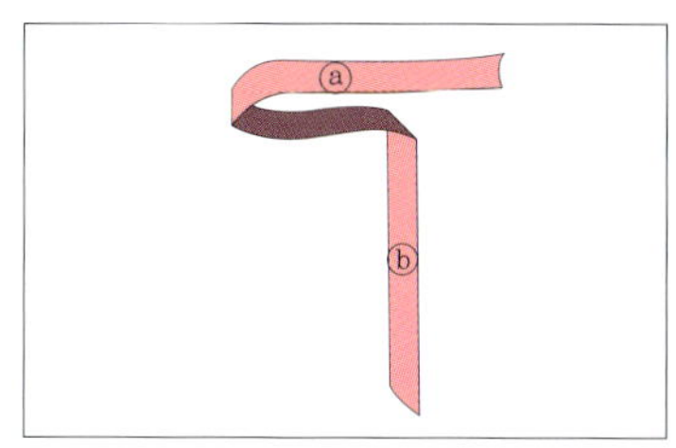

**2** 이번엔 ⓑ가닥을 접되, ⓐ가닥 2분의 1 지점 밑에서 직각으로 접는다.

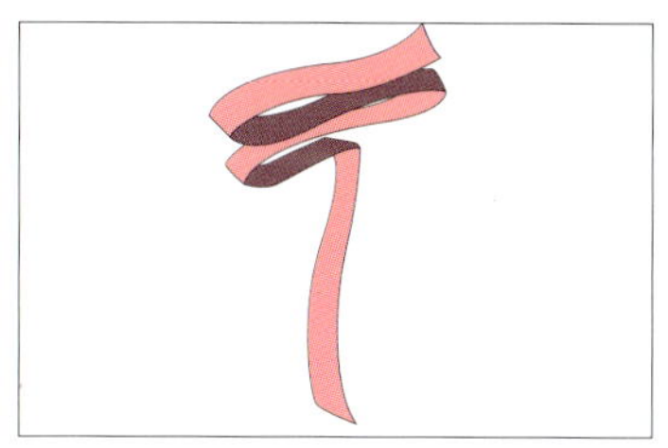

**2-1** 그림1 작업에 앞서 미리 ⓐ가닥을 여러 겹 접어놓고 시작하면 더블, 트리플 나비 리본이 된다.

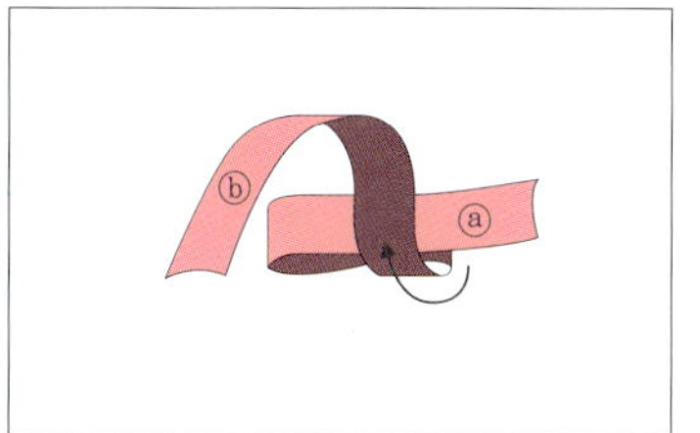

**3** ⓑ가닥을 ⓐ가닥 위로 올려 한 바퀴 감는다.

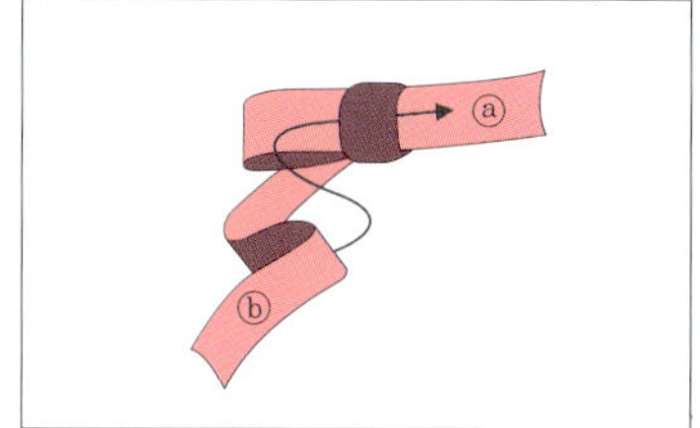

**4** 남아 있는 ⓑ가닥을 리본 날개 길이만큼 접어 화살표 방향의 고리 사이로 끼워 넣는다.

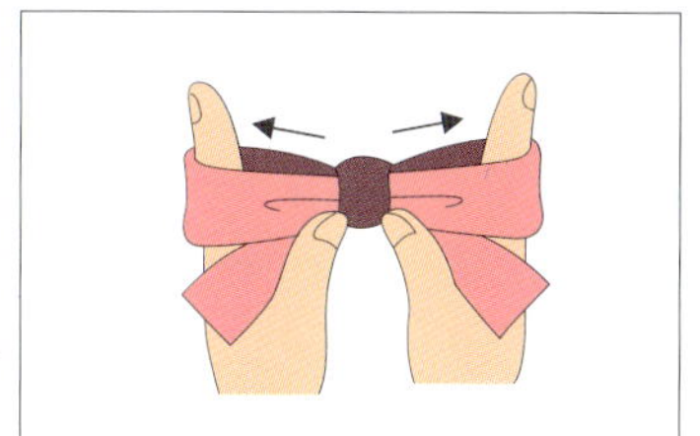

**5** 양쪽 날개 부분에 손가락을 넣어 좌우로 벌려 조이면서 모양을 다듬어 준다.

Ⓑ 철사를 이용한 나비 리본

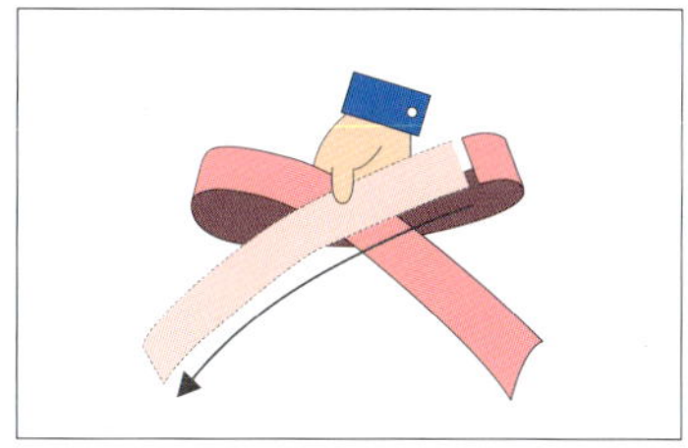

**1** 리본 테이프의 적당한 지점을 축으로 하여 그림처럼 엑스(X)자로 교차시킨다.

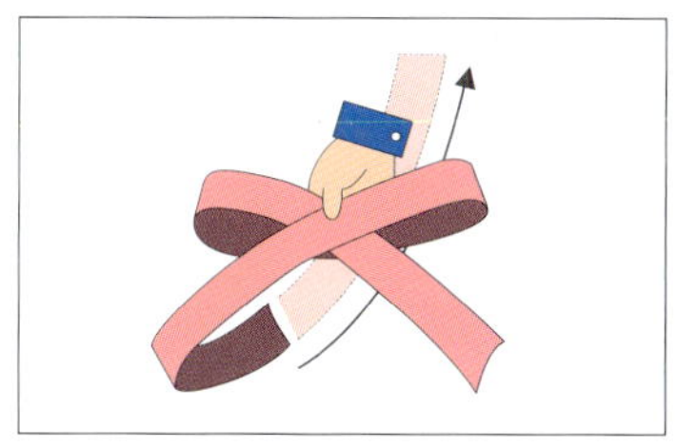

**2** 손에 쥔 교차 부분을 축으로 하여 다시 한 번 날개를 만들어 준다.

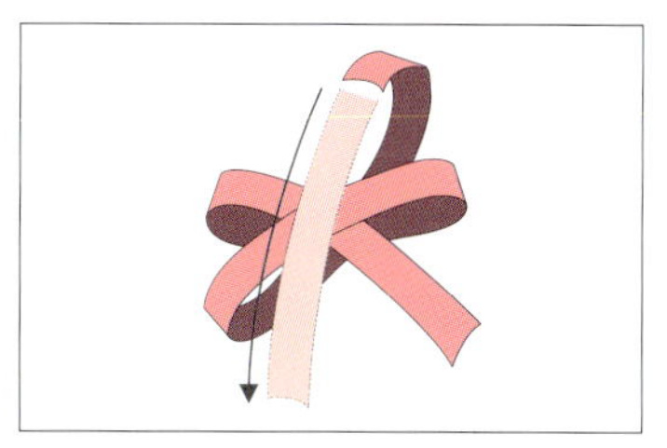

**3** 교차시킨 부위를 손으로 꼭 누른 채 4개의 날개 길이를 잘 조절한다.

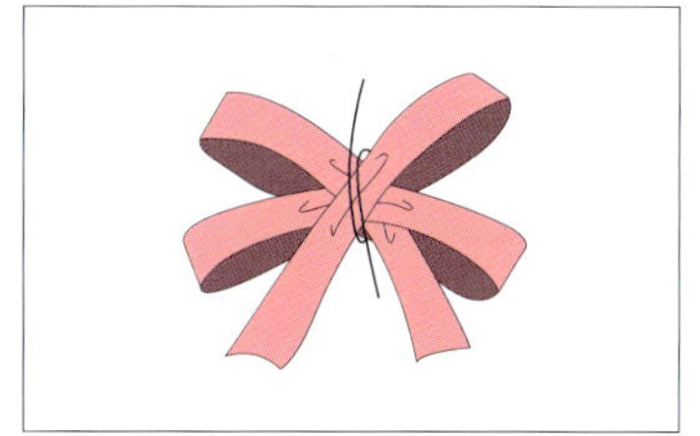

**4** 날개가 좌우 대칭이 되도록 잘 정리하면서 교차점에 가는 철사를 감아 조인다.

**5** 날개를 가지런히 펴 주면 완성! 철사의 자투리를 이용해 포장 테이프에 매달면 된다.

 깃털 리본 *Pompon Bow*

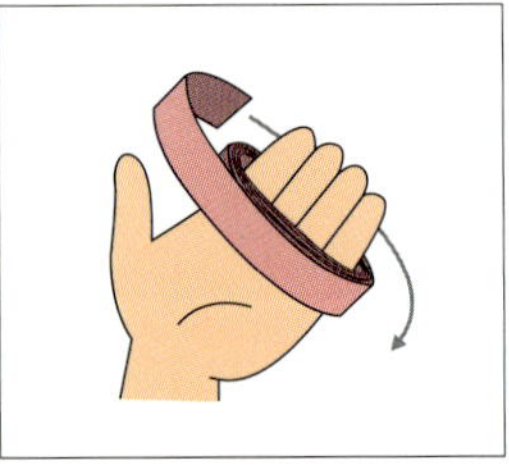

1 리본 테이프를 손가락에 대고 여러 차례 감는다.

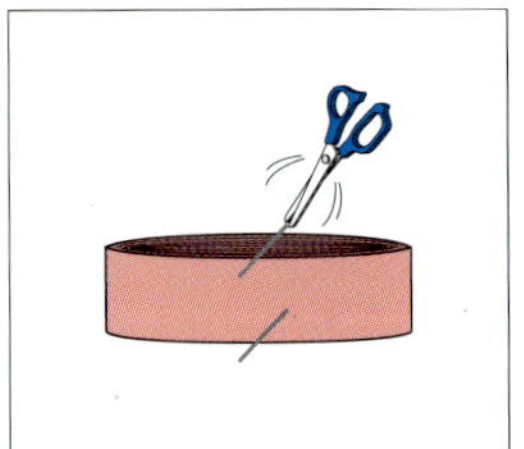

2 손가락을 빼내고 리본 다발의 중앙에 그림과 같이 가위집을 넣는다.

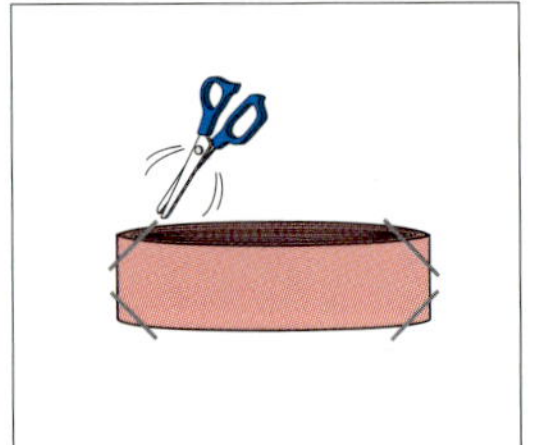

2-1 그림2처럼 하지 않고 양쪽 모서리 아래위를 대각선으로 자른 후

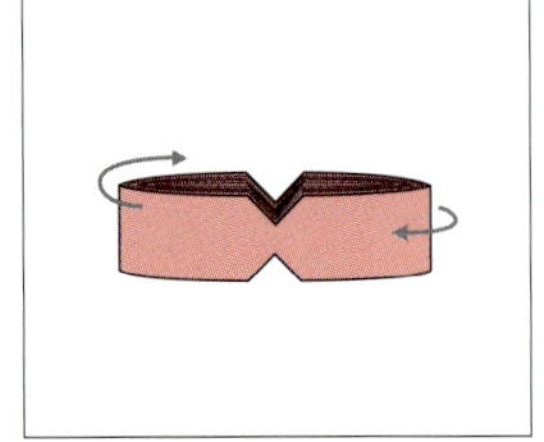

2-2 리본 테이프 다발을 돌려 자른 부위가 함께 모이도록 해도 좋다.

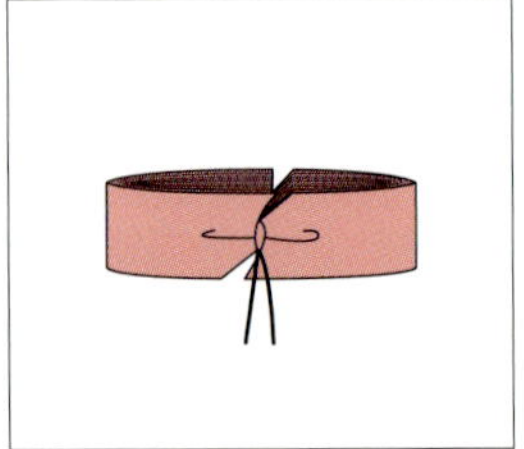

3 중심의 가위집에 가는 철사나 실을 감아 꽉 붙들어 맨다.

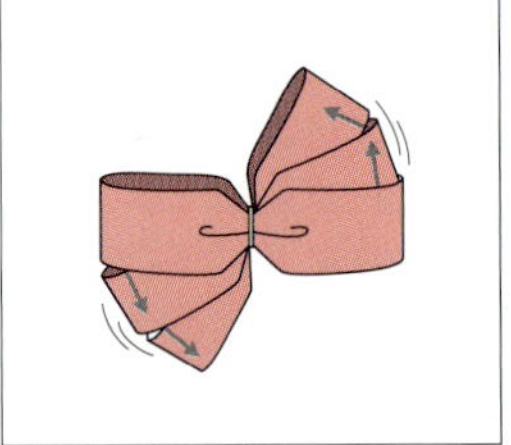

4 날개를 하나씩 꺼내어 펼치되 날개의 뿌리 부분을 한 번씩 비틀면 서로 겹쳐지지 않는다.

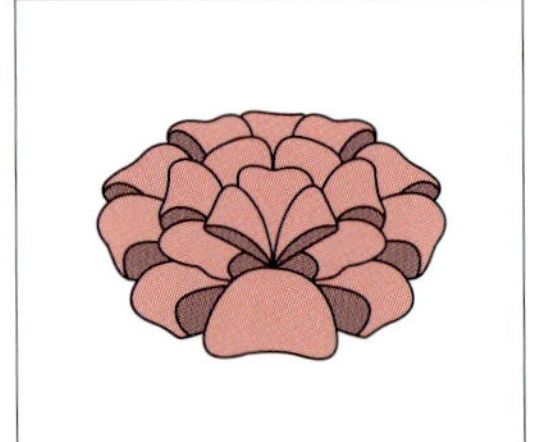

5 각각의 날개를 가지런히 펴 잘 다듬어 준다.

D 물결 리본 *Wave Bow*

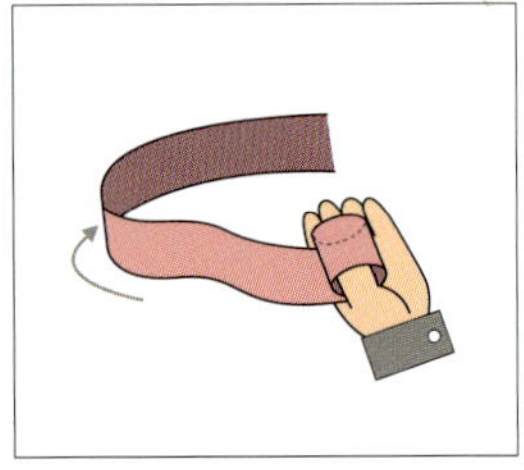

1 리본 테이프의 끝을 엄지손가락에 대고 한 바퀴 감는다.

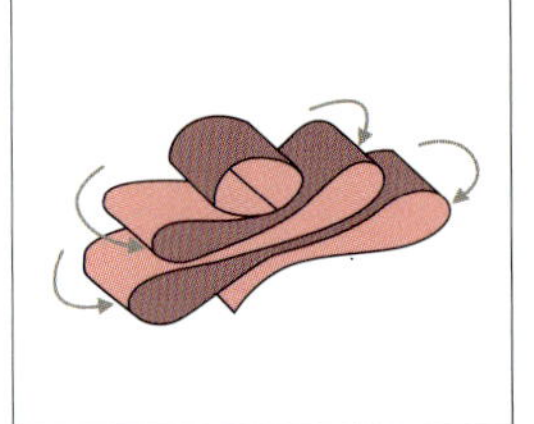

2 엄지와 검지 사이로 테이프를 교차시키며 접어 나가되 고리 길이가 더 커지게 한다.

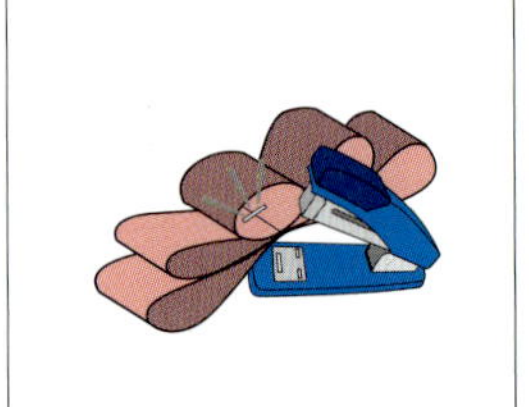

3 엄지로 누르고 있던 부분을 스테이플러로 찍어 고정시킨다.

4 중앙에 가는 리본 테이프를 감아 묶어 완성시킨다.

# 서양의 리본과 우리나라의 댕기

리본(Ribbon)은 끈 모양으로 만들어진 직물의 통칭이다. 대부분이 가늘고 긴 형태의 테이프처럼 생겼다. 주로 머리나 의복 장식, 또는 선물을 포장할 때 사용되지만 캠페인 같은 상징적인 표현에도 활용된다. 유방암 예방 캠페인을 상징하는 '핑크리본'과 온라인 프리 스피치 캠페인을 상징하는 '블루리본' 등이 대표적인 사례다.

이 같은 리본은 언제부터 사용되었을까? 고대 이집트와 그리스의 유물, 벽화 등에 유사한 장식품이 보여 이미 이때부터 리본이 사용된 것으로 추측되지만 정확한 실증 자료는 없다. 리본의 확실한 전성기는 16~17세기. 당시 유럽에서는 의복의 일부인 장신구로 남녀 모두가 두루 사용하였다. 이후 18세기 들어 리본은 여성용 장신구로 발전하면서 여성들의 목과 가슴 부위에 포인트를 두는 액세서리가 되었다.

유방암 예방 캠페인을 상징하는 '핑크리본'.

화려한 장신구로 인기를 누리던 리본은 프랑스 혁명과 더불어 의복에서 한동안 그 모습을 감추었으나 19세기 중반 들어 다시 유행이 살아나면서 오늘에 이른다.

리본이 서양의 장신구라면 우리의 장신구 중에는 댕기가 있다. 댕기는 원래 땋은 머리 끝에 드리우는 장식용 끈으로, 삼국시대부터 조선시대에 이르기까지 널리 사용되어 온 장신구이다. 서양의 리본과는 성격과 변천 과정이 약간 다르지만 남녀 공통의 액세서리였다는 점에서는 같은 의미를 지닌다.

조선시대의 도투락 댕기.

# Part 3 전통

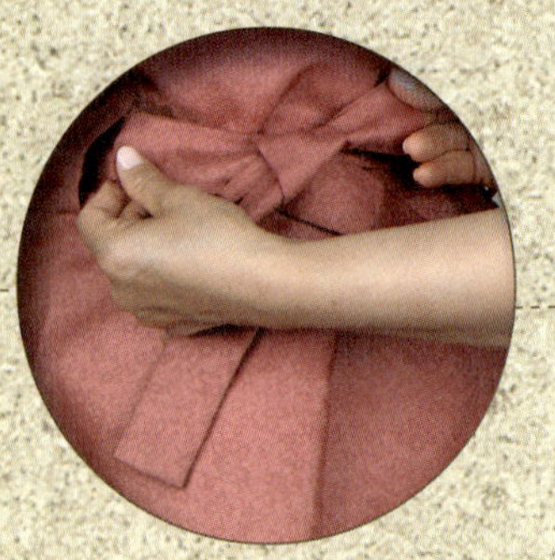

Part 3

# 한복과 혼례

## Section 08 :: 우리 한복, 곱게 바르게

① 치마끈 바르게 매기

② 여자 저고리 고름 매기

③ 남자 바지 허리끈 매기

④ 남자 바지 대님 매기

⑤ 남자 저고리 제대로 입기

⑥ 두루마기 바르게 입기

## Section 09 :: 혼례 함 미리보기

① 채단 준비와 싸기

② 매듭 없는 함 싸기

# 우리 한복, 곱게 바르게

## 우리가 입고 자랑해야 할 한복

우리의 전통미를 상징하는 한복. 특히 여성 한복은 세계적으로도 그 아름다움을 인정받는다. 직선과 곡선이 어우러져 화려하고도 단아한 자태를 풍기는 치마와 저고리는 우리 고유의 전통 의상이다. 팔을 끼워 넣어 입는 저고리는 상체를 작게 보이게 하고, 허리에 감아 입는 치마는 하체를 풍성하게 보이도록 만들어 균형을 잡아준다. 우리나라 여성의 체위는 물론 어떤 나라 여성들 체형에도 무난하게 어울린다. 「대장금」에서 「동이」에 이르기까지 우리나라 사극(史劇)이 외국에서 인기를 끄는 배경엔 분명 한복의 영향도 크게 작용할 것이다. 그러나 우리의 전통 한복은 '제대로' 입어야 자태가 살아난다. 고전적인 격식의 의미가 아니라 한복의 멋을 살리는 최소한의 가치와 기준을 이해해야 하는 것이다.

## 한복 치마저고리의 구조와 변천

한복을 바르게 곱게 차려입기 위해선 한복의 구조를 이해해야 한다. 한복은 서양 의복과는 구조가 많이 달라서 부위별 명칭도 독특하다(그림 참조). 과거에는 일상적으로 부르던 명칭이지만 요즘은 생소하게 들릴 수도 있다. 저고리 가운데 고름과 소매 아랫부분의 배래선은 유행의 흔적을 보인다. 고름의 경우는 원래 의복을 정돈하는 기능이었으나 점차 그 길이가 길어지면서 장식의 비중이 높아졌고, 소매 아랫부분 외곽선인 배래선 또한 아주 둥근 형태를 이루다가 거의 직선 형태로 좁아지는 시절도 있었다. 치마의 변천 또한 예외가 아니다. 조선시대 영조 20년경까지는 긴 저고리와 함께 치마를 허리에 둘렀다. 갈수록 저고리 길이가 짧아지면서 위로 올라가기 시작한 치마는 드디어 가슴에 허리끈을 두르게 되었다.

## 좌우가 바뀌면 곤란한 남자 바지

남자 바지는 얼핏 앞뒤가 구분 되지 않는 것처럼 보인다. 하
지만 엄연히 앞과 뒤가 구분되어 있다. 바지는 큰 사폭이 오
른쪽, 작은 사폭이 왼쪽으로 가도록 입는 것이 올바른 방법
이다. 허리끈을 맬 때도 아무렇게 두르면 바지의 매무새가
살지 못한다. 헐렁한 바지 허리 부분을 앞으로 당겨 왼쪽으
로 접되, 왼쪽의 마루폭과 사폭의 시접선이 왼쪽 허벅지 중
앙을 지나는 정도가 가장 적합하다. 그런 다음 허리끈을 매
는 것이다. 그런데 최근의 한복은 완전 예외다. 대량 생산되
는 개량 한복은 물론 전문 한복집에서 맞춘 한복 중에도 아
예 허리끈을 바지 허리에 부착시켜 놓거나 고무줄을 넣은
경우도 있다. 이런 형태의 한복은 허리끈뿐만 아니라 대님
조차 단추나 스냅 처리를 해 편의성을 부여하는데, 아무리
간편해서 좋을지언정 품위와 자태가 떨어진다는 점은 염두
에 두자.

## 한복 착용 방식의 핵심은 매듭법!

한복의 장점은 많다. 우선 입고 벗기가 편하다. 몸을 넉넉하
게 감싸주는 풍성함이 체형의 결점도 가려준다. 치마 · 저고
리 · 바지 모두가 납작하게 접혀 보관하기에 좋고 공간도 많
이 차지하지 않는다. 키 작은 반닫이로 충분하다. 그렇다면
한복의 단점은? 착용 절차가 복잡하고 실용적이지 못하다
고 한다. 그래서 평상복 아닌 예복의 개념이 되고 있다. 심
지어 한복 착용을 생활화하자는 명분 아래 '개량'이라는 수
식어를 단 일부 옷들은 대님은커녕 고름마저 생략되고 있
다. 아무리 편의성도 좋지만 고름 없는 옷을 어찌 한복이라
부를 수 있을까…. 문제는 매듭법! 허리끈과 대님, 고름 매는
방법은 한복을 자주 입지 않으면 잊어버리기 마련이다. 이
책의 용도가 바로 여기에 있다.

**속 여밈이 발라야 저고리가 산다**

# 치마끈 바르게 매기

❖ 우리 고유의 한복은 곡선미가 뛰어난 옷으로, 여성들이 입는 치마의 경우 허리 부분에서 잘게 주름을 잡아 볼륨감을 살림으로써 풍성하고도 우아한 매력을 뿜어낸다. 이 치마는 끈을 뒤쪽에서 엇갈려 돌린 후 가슴 앞쪽에서 묶는데, 한가운데에서 묶으면 저고리가 들뜨므로 약간 왼쪽으로 치우쳐 매듭을 한다. 노리개를 달 때는 치마끈에 직접 묶기도 하지만 무게로 인해 치마끈이 풀어지는 경우가 있다. 그래서 요즘 치마에는 사진에 보이는 것처럼 별도의 고리를 만들어 놓기도 한다.

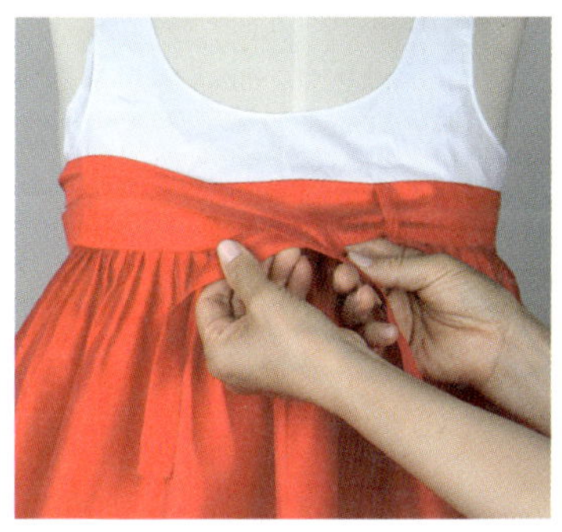

1 치마끈을 가슴 앞쪽에서 교차시키되, 약간 왼쪽으로 치우치게 한다.

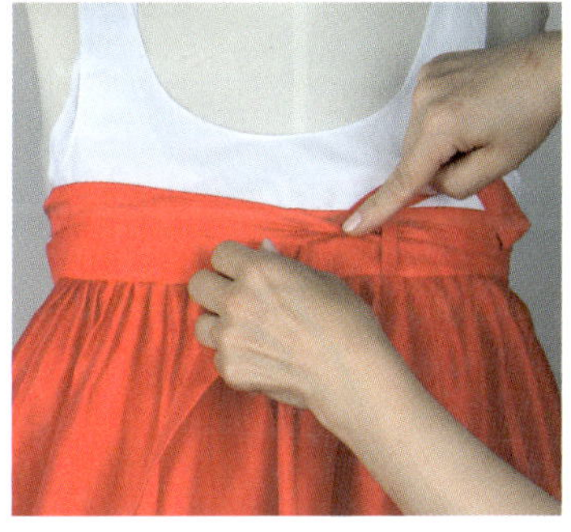

2 한 번 묶은 다음, 매듭 부분이 부풀어 일어나지 않도록 손 끝으로 눌러 준다.

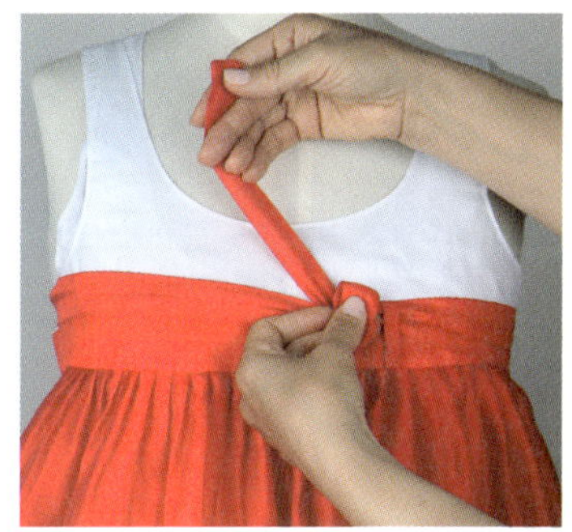

3 아래쪽 끈을 한 번 접어 고리를 만들고, 다른 한 손으로 위쪽 끈을 잡아 올린다.

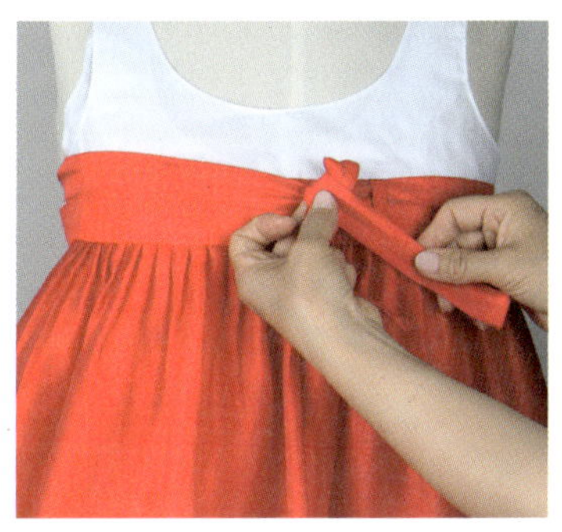

4 위쪽 끈을 돌려 고리를 감는다. 나비매듭 과정이다.

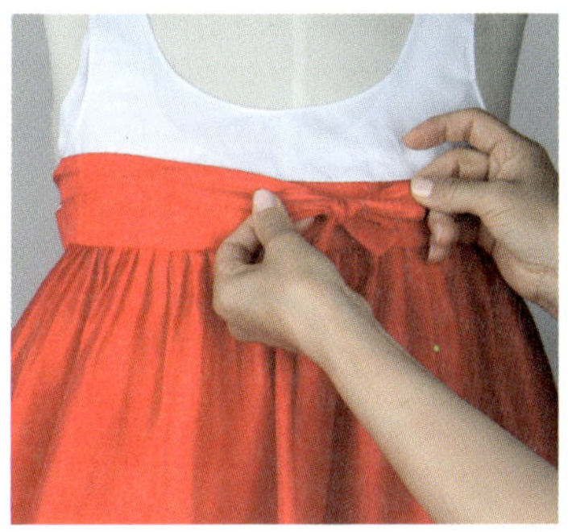

5 양쪽으로 단단히 잡아당기고 모양을 바로 잡는다.

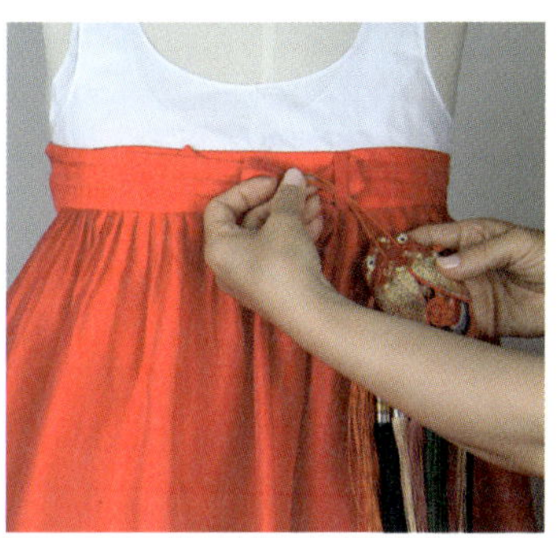

6 노리개를 달 경우에는 치마끈에 직접 묶거나 전용 고리를 이용한다.

## History

### 마님과 기생은 치마 여밈 방향이 달랐다?

'양반가에서는 치마를 왼쪽으로 여며 입고, 천한 기생은 오른쪽으로 여며 입는다'는 이야기가 있다. 이는 진실일까?

조선시대에는 치마를 여미는 방향으로 양반과 천민의 신분을 구분하는 풍습이 있었다. 그러나 이 풍속은 정해진 법도는 아니었다. 집단에 따라 지역에 따라 다른 양상을 보였다. 당시의 당파와 지방색이 작용한 것이다. 경북 안동을 중심으로 하는 양반가의 여성은 치마를 오른쪽으로 여며 입은 데 비해, 충남의 양반가는 왼쪽으로 여며 입었다.

남인은 오른쪽으로 치마를 여몄고, 서인의 경우 노론은 왼쪽으로 소론은 오른쪽으로 여며 입었다. 이 같은 풍속은 정치 세력의 부침과도 밀접한 관계가 있어서 의복의 표현으로 패를 가르는 사례는 동서고금을 통해 자주 나타난다.

그렇다면 오늘날의 치마는 어떨까? 제작 공정상 치마의 주름을 한 방향으로 잡고 있어 거의 왼쪽으로 여며 입도록 만들어져 있다. 맞춤 한복의 경우 치마 주름을 반대로 잡아달라고 요청하지 않는 한 대부분 왼쪽으로 여며 입도록 만들고 있으니, 여밈 방향에 대해 특별히 신경을 쓸 필요는 없겠다.

# 여자 저고리 고름 매기

❖ 한복, 특히 여성 한복은 직선과 곡선이 어우러진 우아함과 화려함으로 세계적으로도 그 가치를 인정받는 특별한 전통의상이다. 상체의 저고리는 작게, 하체의 치마는 풍성하게 하여 변화와 조화의 극치를 이룬다.

이러한 한복은 저고리의 고름을 바르고 예쁘게 매는 것이 포인트. 아무리 고급 옷감으로 치장했을지라도 옷고름을 잘 살리지 못하면 한복의 아름다움이 살아나지 않는다. 소개하는 두 가지 방법 가운데 나름대로 손쉬운 방법 하나만 익히면 된다.

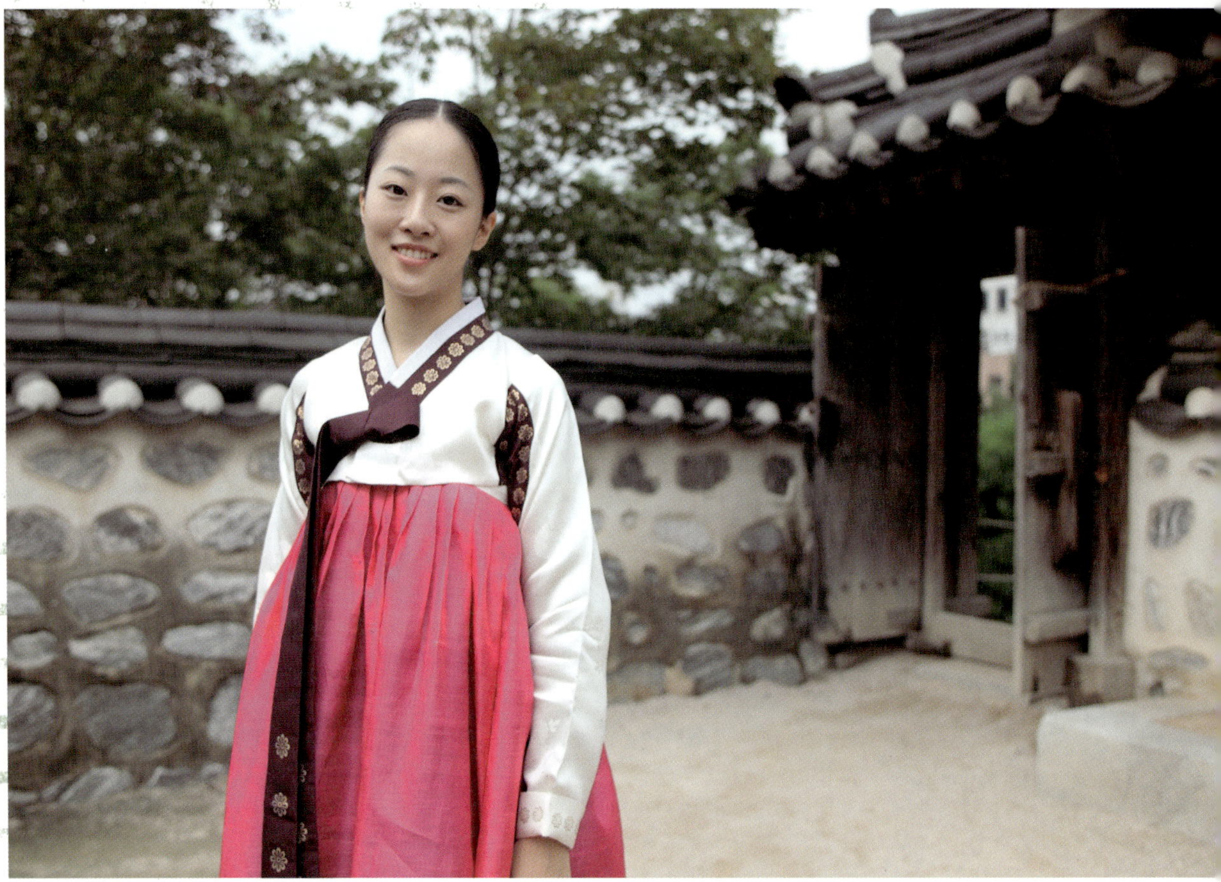

1 고름이 구겨지지 않도록 잘 펴고서 시작한다.

2 긴 고름 위로 짧은 고름을 교차시 킨 후 화살표 방향을 따라 통과시 킨다.

3,4,5 짧은 고름이 위로 나오 도록 한 번 매듭을 짓는 과정이다.

6 5단계에서 위로 향한 고름(짧은 고 름)을 한 번 비틀어 고리를 만든다.

7 아래쪽 긴 고름을 적당한 위치에서 접어 고리 안으로 집어넣는다.

8 좌우 양쪽을 살며시 맞당겨 적당히 조인다.

9 매듭 부위와 고리 모양을 가지런히 다듬어 준다.

**1,2,3** A 방식과 마찬가지로 긴 고름을 속에 두고 한 번 묶어 짧은 고름이 위로 향하게 한다.

**4** 아래 쪽 긴 고름을 짧은 고름 위(겉)에 대고서 적당한 크기로 접는다.

**5** 속에 있는 짧은 고름을 들어올려 화살표 방향으로 돌린다.

**6** 짧은 고름을 화살표에 따라 접은 긴 고름 밑으로 끼워 넣는다.

**7** 흐트러지지 않도록 주의하면서 밀어 넣는다.

**8** 접은 긴 고름 부위를 한 손으로 잡아주면서 짧은 고름을 계속 빼낸다.

**9** 양쪽을 살며시 맞당겨 적당히 조인다.

**10** 매듭 부위와 고리 모양을 잘 정돈해 준다.

# 옛 여성들의 속옷은 무려 7가지

예와 멋과 전통을 함께 갖춰 입는 옷, 한복. 입는 방법을 제대로 알아야 한다. 한복은 속옷과 겉옷을 제대로 갖춰 입었을 때 비로소 맵시가 살아나기 때문이다.

여자의 경우를 살펴보자. 상의 저고리 안에 입는 속저고리인 속적삼은 옷의 맵시를 살려주는 한편 땀의 흡수도 도와주는 역할을 한다. 오늘날은 이 속적삼을 생략하는 경우도 있지만 겉저고리의 맵시를 살리기 위해서는 착용하는 것이 좋다. 하의인 치마는 과거의 경우 예닐곱 가지의 속옷을 입어야 했다. 다리속곳, 속속곳, 속바지(고쟁이), 단속곳, 너른바지, 무지기, 대슘치마 등이 그것이다. 옛 여성들, 특히 왕족과 사대부 계층의 여성들이 얼마나 복식에 까다로웠는지를 미루어 짐작할 수 있는 증거이다. 하지만 현대에 와서는 대부분 생략하고 속바지와 속치마만을 착용하는 정도로 간략화 되었다.

남자의 경우 과거에는 상의에 속적삼, 하의에 속고이를 입었지만 1920년대 서양 문물과 함께 유입된 현대식 내의(러닝 셔츠, 팬티)의 영향으로 대부분 이들로 대체되었다.

**아무리 바빠도 제대로 차려 입자**

# 남자 바지 허리끈 매기

❖ 우리나라 남성 한복의 특징은 바지다. 이는 북방 기마민족 의복의 특징으로, 치마 형식으로 차려 입은 다른 농경민족들과는 구분이 된다. 지금의 바지에 비해 착용이 불편하긴 해도 활동성이 강조된 복장이었다.

원래 한복에는 허리띠와 대님이 따로 있어 각기 묶어서 착용하도록 돼 있다. 대님도 그렇지만 허리띠는 사용이 불편해 현대식 허리 벨트를 사용하는 경우가 많은데, 우리의 전통을 입는다는 뜻에서 한복의 허리끈 사용법을 익혀두도록 하자.

1 큰 사폭이 오른쪽으로 가게 입은 후, 작은 사폭 시접선이 왼쪽 허벅지 중앙을 지나는 정도에서 접어 잡는다.

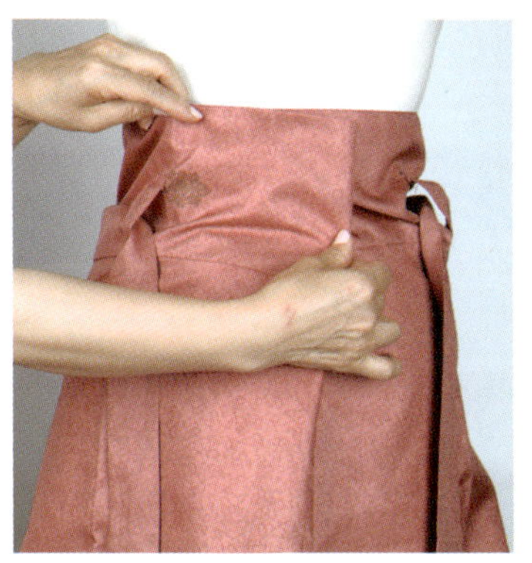

2 접은 지점을 한 손으로 누른 채 여분을 왼쪽으로 돌려 겹친다.

3 허리띠를 팽팽하게 당겨 앞에서 교차시킨다.

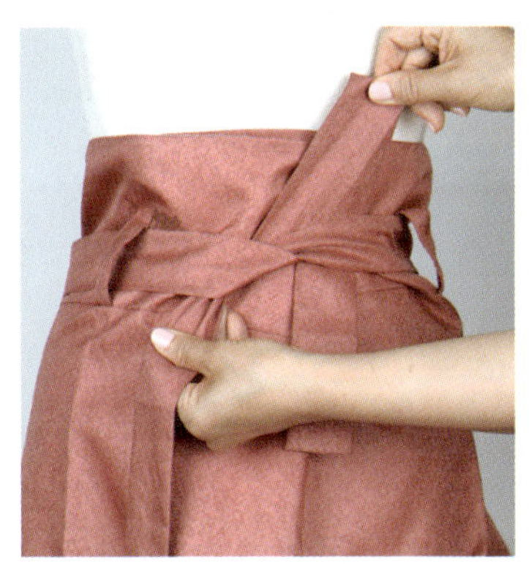

4 한 번 묶는다.

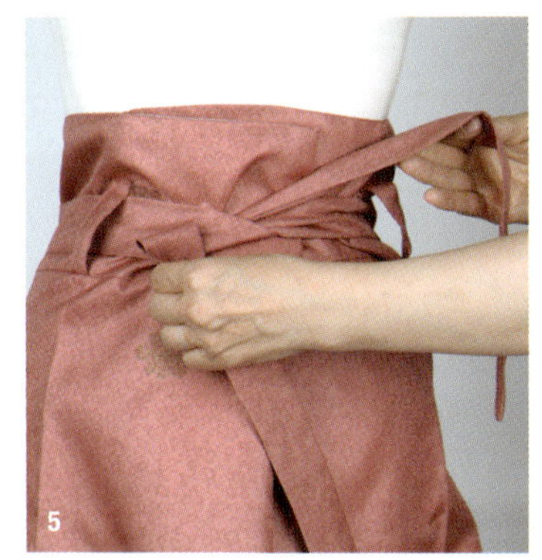

5,6,7 나비매듭으로 다시 한 번 묶는다.

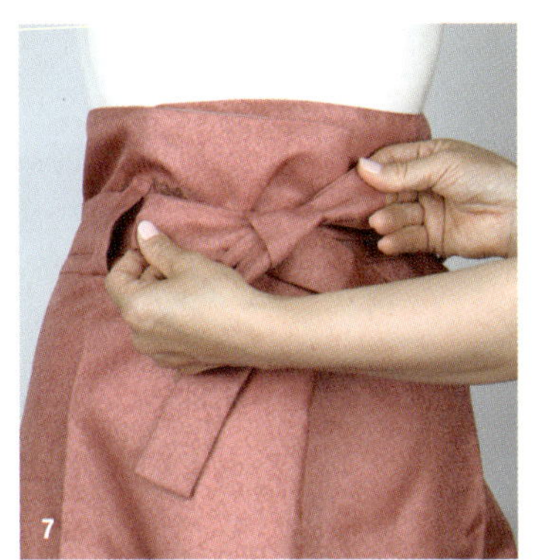

8 매듭 부위를 다듬어 준다.

8-1 매듭이 풀어지지 않도록 허리 단을 접어 내리기도 한다.

# 남자 바지 대님 매기

❖ 우선 '대님'은 지금의 젊은이들에겐 이름조차 생소할 수도 있다. 한복 바지의 가랑이 끝이 나풀거리지 않게 발목에 졸라매는 끈을 말한다.

방법이 다소 까다로워 요즘의 개량 한복은 단추나 스냅을 부착해 대님을 대신하는데, 편리하긴 해도 격식에 어울리지 않는다. 대님을 맬 때는 바지의 사폭과 마루폭의 시접 선에 유의해야 한다. 선을 잘 맞춰 대님을 매야 바지가 뒤틀리지 않고 한복 바지의 태가 살아나는 것이다.

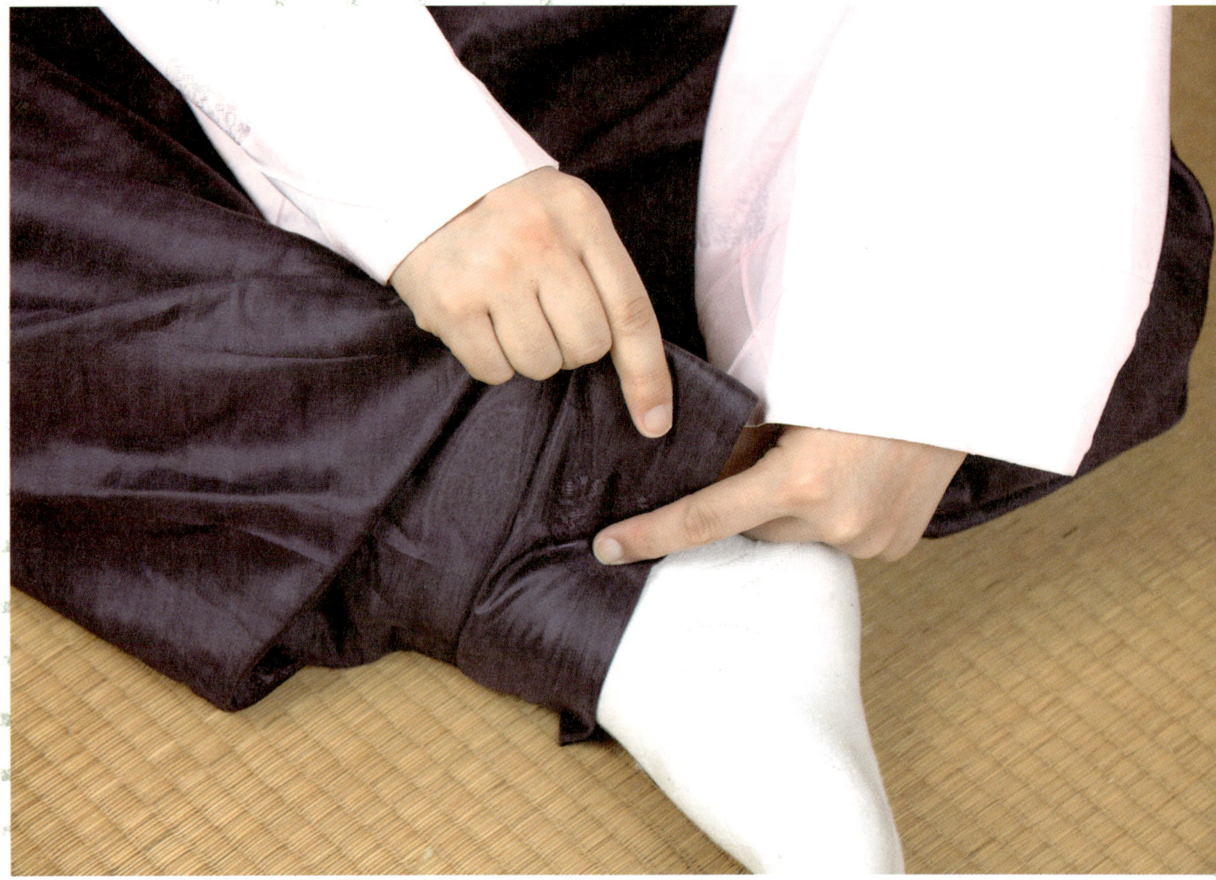

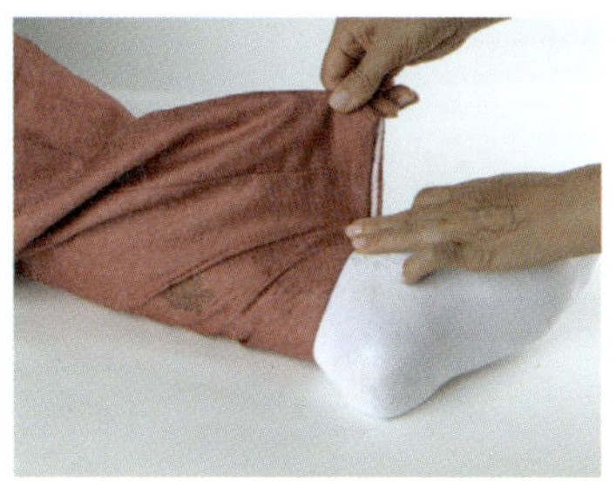

1 발 안쪽 복사뼈 끝에 마루폭 선이 맞닿도록 한다.

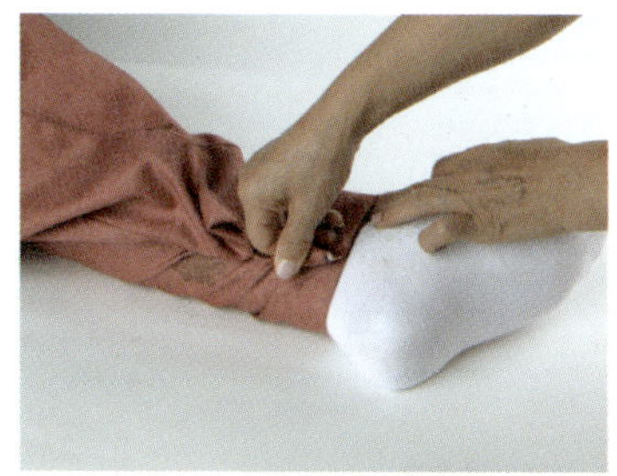

2 단을 접어 발목을 감싼다. 개개인의 발목 굵기에 따라 손가락으로 폭을 조절해야 한다.

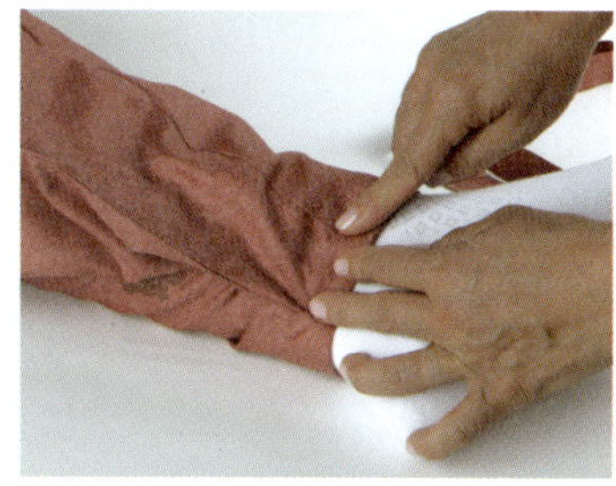

3 마루폭 선이 복사뼈 끝에 위치하게 잡고서 대님을 준비한다.

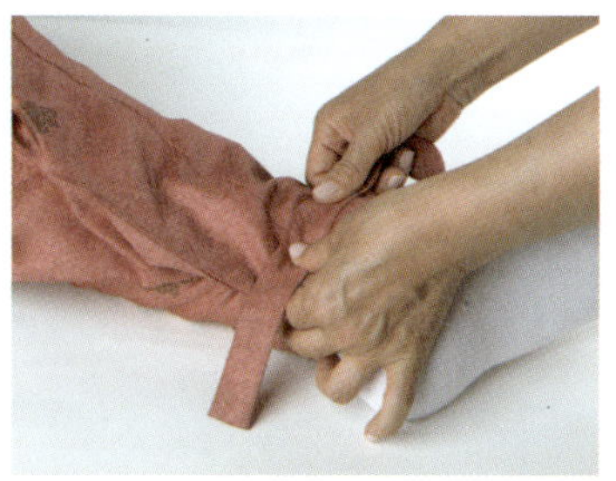

4 대님 길이를 잘 조정해 발목에 갖다 댄다.

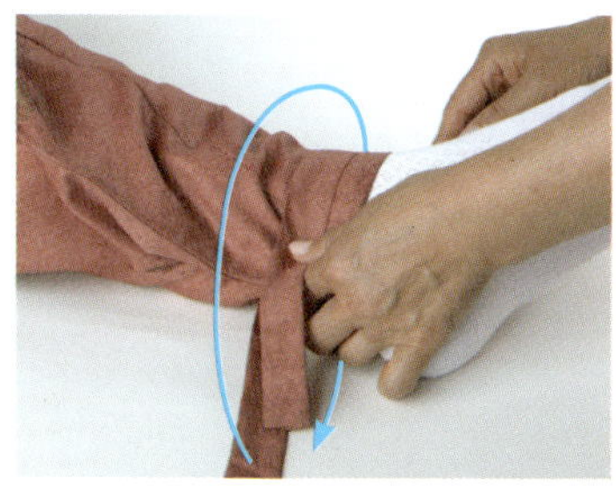

5 발목에 한 바퀴 돌려 감는다.

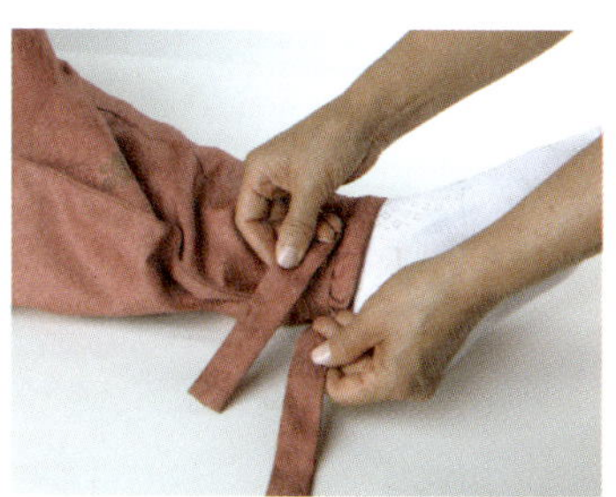

6 보통 두 바퀴를 감는다. 발목이 굵거나 가는 정도에 따라 더 감거나 덜 감을 수 있다.

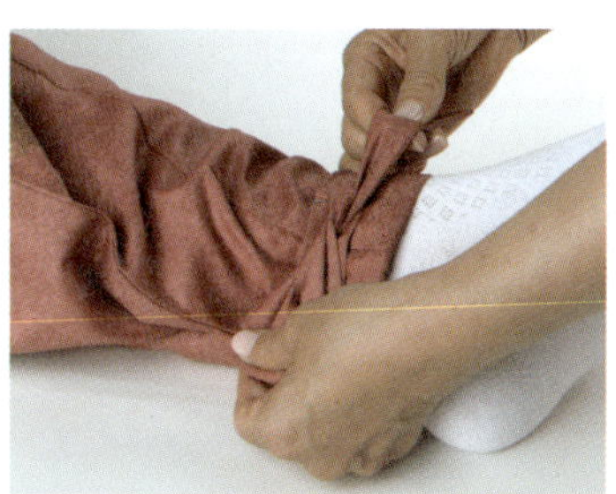

7 복사뼈 부근에서 한 번 매듭을 짓는다.

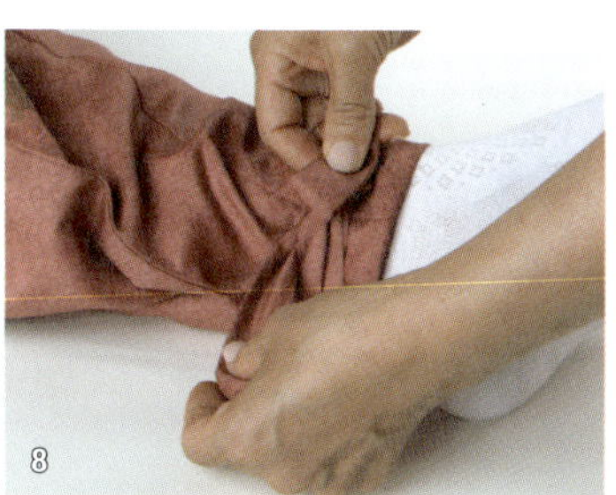

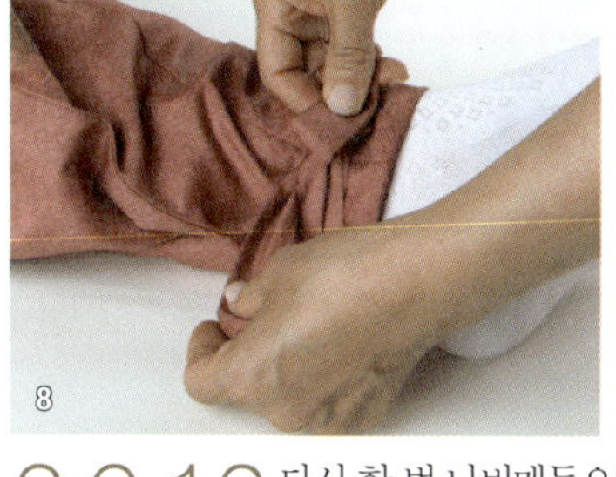

8,9,10 다시 한 번 나비매듭으로 완전히 묶는다.

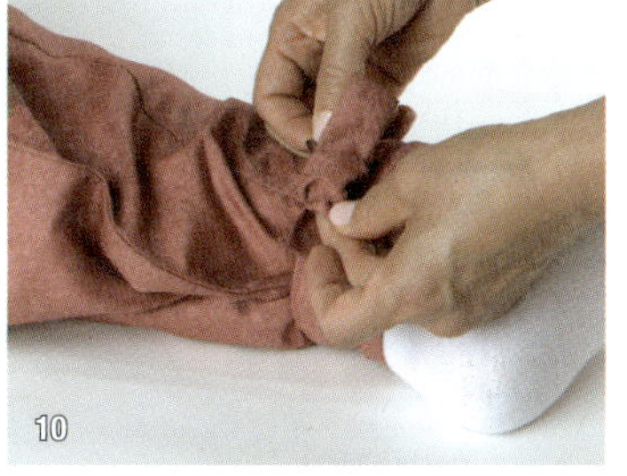

11 완성된 모습. 자투리 끝단이 길게 나오지 않게 하는 것이 좋다.

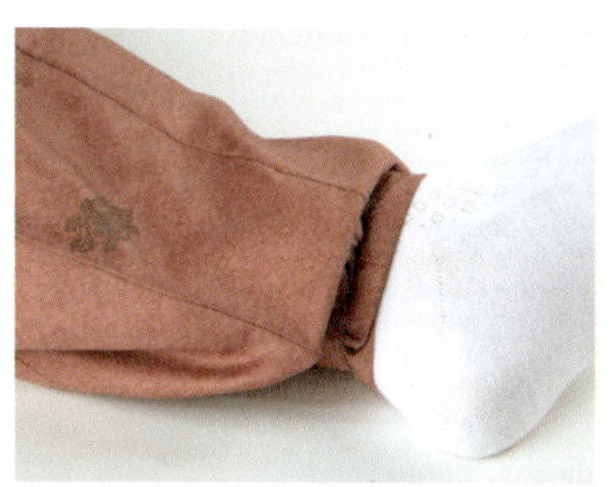

12 바짓단을 당겨 내린다.

# 남자 저고리 제대로 입기

❖ 남자용 한복 저고리는 모양이 여자 저고리와 비슷하다. 차이점은 여자용 저고리보다 치수가 크다는 점, 그리고 소매의 배래선이나 도련이 곡선으로 되어 있지 않고 직선적이며 평평한 형태를 이룬다는 점이다. 또한 치수가 넉넉하여 압박감을 주지 않고 착용 시에 풍성하게 보이며 매우 편하다는 특징이 있다.

여자 저고리와 마찬가지로 남자 저고리 또한 옷고름을 잘 매는 게 중요하다. 겉고름 못지않게 안고름에도 신경을 써야 한다.

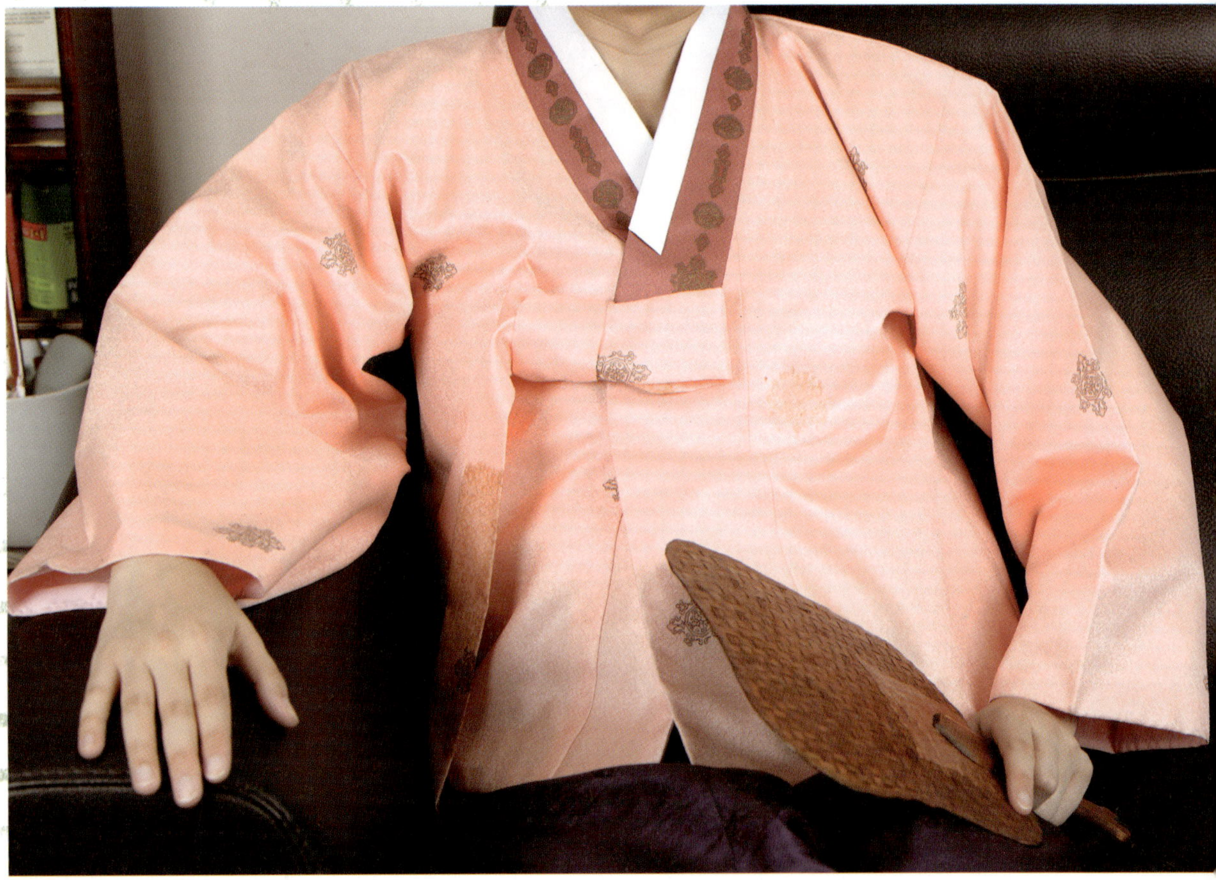

1 먼저 안고름부터 시작한다.

2~5 일반적인 나비매듭으로 마무리하면 된다.

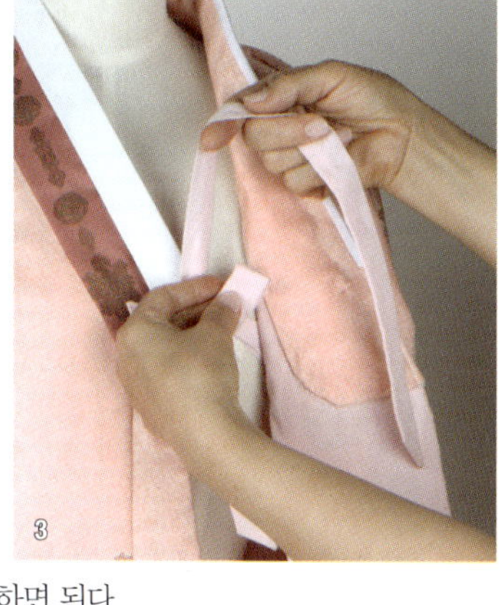

6 안고름이 잘 마무리 된 모습.

7 여자 저고리 고름 매는 것과 마찬가지로 겉섶의 긴 고름을 밑(속)으로 교차시킨다.

8,9 짧은 고름이 위로 가도록 한 번 매듭을 짓는다.

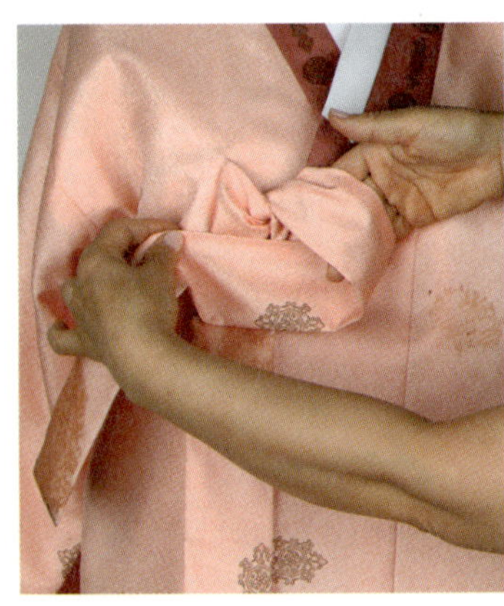

**10** 위로 올린 짧은 고름을 한 번 비틀어 고리를 만든다.

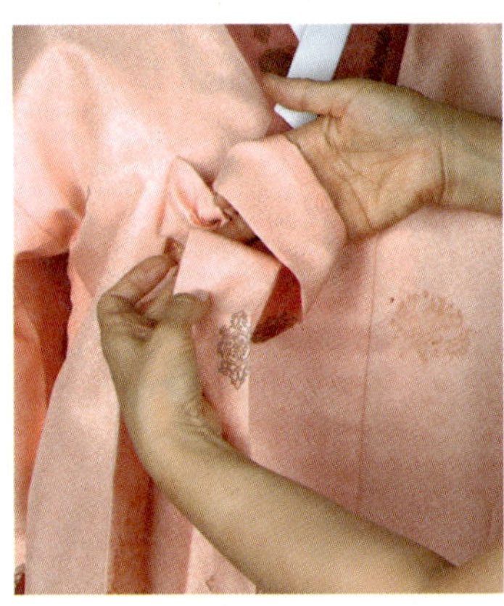

**11** 긴 고름을 적당한 위치에서 접어 고리 속으로 집어넣는다.

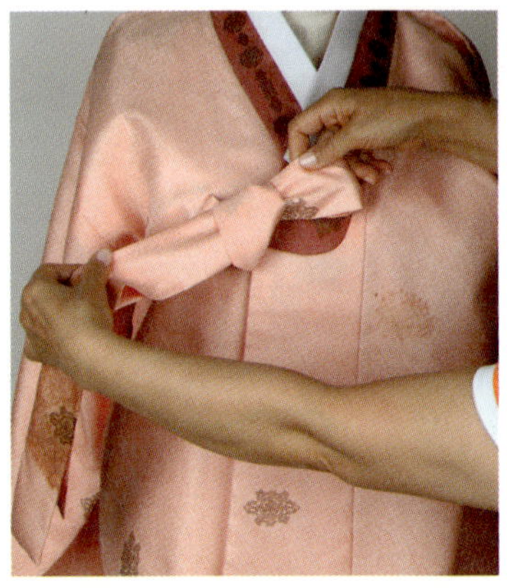

**12** 긴 고름으로 만든 고리와 각각의 고름 끝을 서로 당겨 적당하게 조인다.

**13** 가지런히 다듬어 준다.

# 우리 복식으로 변한 조끼와 마고자

조끼는 남성용 한복의 한 가지로 여기고 있지만, 실제 우리나라 고유의 의상은 아니다. 누가 먼저 입기 시작한지는 전해지지 않으나 1900년대 이후 양복이 생활화되기 시작하면서 서양 의복(영국의 웨이스트 코트 또는 미국의 베스트)을 본 따 만들어 입기 시작한 것이다.

조끼라는 말을 사용하는 나라는 우리나라와 일본뿐으로 어원은 포르투갈의 'Jaque', 프랑스의 'Gilet'로 추정한다. 또는 우리의 '저고리'나 일본어인 '촛키(直着)'에서 파생된 것이라는 주장도 있다. 이 조끼는 저고리 위에 입는 겉옷으로 주머니가 달려 있어 일용품을 넣기에 편리하고 미관상으로도 손색이 없어 현대 남성들의 한복 차림에 큰 비중을 차지한다.

마고자는 마괘(馬褂)라고도 부르는데, 저고리 위에 덧입는 덧저고리라고 이해하면 된다. 마고자 역시 우리 고유의 의복이 아니다. 만주인들의 옷으로, 1887년 흥선대원군이 만주 보정부(保定府)에서의 유거생활에서 풀려나 귀국할 때 입고 온 이후 널리 퍼진 것으로 알려진다. 방한복의 하나로 보온성이 좋고 입어서 풍성하여 많은 남자들이 애용했는데, 이후 이 남자용 마고자를 본 따 여성용도 등장하게 되었다.

저고리 고름 매는 방법과 동일하게

# 두루마기 바르게 입기

❖ 두루마기는 옷자락이 무릎 아래까지 내려오는 겉옷으로 주로 외출할 때 입는 옷이다. '주의(周衣)'라고도 불렀으며, 조선시대에는 '포(袍)'라고 부르는 여러 가지 겉옷이 있었지만 이는 중국 복식의 영향을 받은 것으로 오늘날의 두루마기와는 다른 것이었다. 우리나라 남성의 겉옷은 양 옆구리가 터져서 세 폭이 따로 떨어진 것과 '무'가 있어서 봉합된 종류가 있다. 두루마기는 후자로, 두루두루 다 막혀 있다는 데서 두루마기의 이름이 유래되었고 전한다.

1 앞에 소개한 저고리 착용과 똑같은 방법으로 안고름을 먼저 맨다. 역시 나비매듭이어야 풀기가 쉽다.

2 두루마기를 여민다.

3~6 앞에서 소개한 저고리 고름 매는 것과 똑같은 방법으로 두루마기의 고름도 맨다.

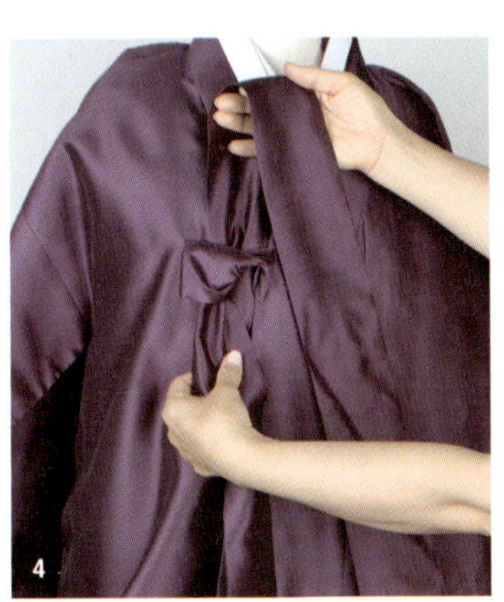

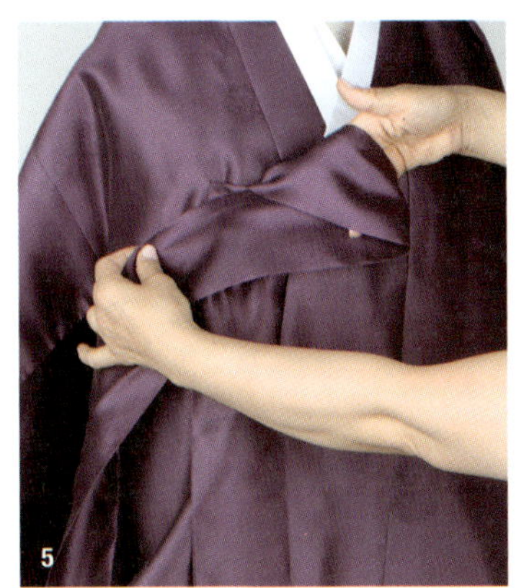

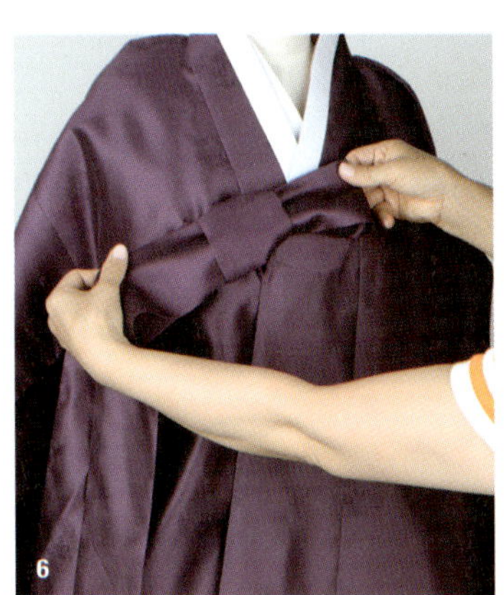

7 가지런하게 매듭을 다듬어 준다.



오늘날 형태의 두루마기는 영조 14년(1738년)에 있었던 백의금령(白衣禁令) 이후에 나타났다. 사대부 계층에서는 집안에서, 서민층에서는 외출 시에 외투로 착용했는데, 갑오경장(甲午更張) 이후 조정의 예복이 간소화되면서 두루마기가 예복으로 자리를 잡게 되었다.

이후 현대에 이르기까지 두루마기는 남성 의복 예장의 필수가 되었다. 불필요하다는 생각에 바지와 저고리만 입고 다니는 것은 전통 예법에 크게 벗어나는 일이다.

# 혼례함 미리보기

## 함 속엔 무엇이 들어갈까?

함(函)은 결혼식을 앞둔 양가 가운데 신랑 집에서 신부 집으로 보내는 예물 상자이다. 원래는 나무 궤짝에 채단(綵緞)과 혼서지(婚書紙)를 넣어 결혼 전날에 보내던 것인데, 오늘날에 이르러서는 결혼 며칠 전 또는 일주일 전에 보내는 일이 많아졌다. 구체적으로 함 속에는 오방주머니와 청홍 비단의 채단, 예물과 혼서가 들어간다. 지방마다 조금씩 다르게 구성되긴 하지만 대체로 상자 바닥에 한지를 먼저 깔고 오방주머니를 위치에 맞게 놓은 뒤 그 위에 채단을 올린다. 다음에는 쌍가락지를 포함, 시어머니가 며느리에게 물려주는 패물을 올린 후 일단 함의 속뚜껑을 닫는다. 마지막으로 혼서지는 속뚜껑 위에 얹고 함 뚜껑을 덮는다. 최근에는 함으로 가방을 사용하는 경우도 많지만 그 순서와 절차만큼은 이해하는 게 좋겠다.

## 오방주머니 이야기

함에 집어넣는 서로 다른 색상의 다섯 개 주머니를 '오방주머니'라 부른다. 음향오행의 방위에 맞춘 것으로 생각할 수도 있으나 실제 오방색(노랑·파랑·빨강·하양·검정)과는 일치하지 않는다. 또한 주머니 안에 곡식을 넣어 보내는 경우도 있어 '오곡(五穀) 주머니'라는 말도 사용하는데 이 또한 쌀·보리·콩·조·기장의 다섯 가지 곡식과는 달리, 그 내용물이 지방마다 그리고 가문마다 조금씩 다르다. 그러나 그 속에 담는 염원은 같다. 노란 색 주머니에는 노란 콩을 넣어 며느리의 부드러운 성품을, 파란 색 주머니에는 찹쌀을 넣어 부부의 백년해로를 기원한다. 분홍색 주머니에는 목화씨를 넣어 자손번성을, 연두색 주머니에는 향나무나 숯을 넣어 절개와 순결을 염원한다. 빨간 색 주머니에는 팥을 넣어 잡귀나 부정을 막는다.

## 나무 기러기의 의미

결혼의 상징물 중에는 나무로 만든 기러기가 있다. 과거 전통 혼례에서는 신랑이 나무 기러기를 가지고 신부 집으로 갔다. 그 의미가 깊다. 기러기는 믿음을 지키는 새로, 제 짝을 저버리는 일이 없고 짝이 죽으면 다른 짝을 구하지 않으며, 더욱이 한 쪽이 죽으면 다른 쪽도 따라 죽는 새로 여겼기 때문이다. 또한 날아다닐 때도 항상 선두를 중심으로 나란히 줄을 맞춰 날고, 앉아 있을 때도 상하가 엄격해 손위의 뜻을 어기는 법이 없는 등, 기러기는 질서를 알고 위아래를 가릴 줄 안다고 생각했다. 이와 같이 기러기는 부부간의 신의를 지키는 덕목과 부인이 남편을 따른다는 상징성도 갖춘 동물로 여겼다. 이에 결혼 생활의 본보기로 삼고자 나무로 기러기를 만들어 혼례의 으뜸 예물로 사용하게 되었다고 전한다.

## 함진아비의 오징어 가면

함이 들어가던 날, 함진아비가 마른 오징어로 만든 가면을 쓰고 나타나 신부 집 앞에서 떠들썩하게 한바탕 구경거리를 만들곤 했다. 지금은 보기 힘들지만 90년대에만 해도 흔한 풍경이었다. 원래 미혼자는 함진아비로서의 자격 미달. 신랑 친구 중에서 덕이 있고 화목한 가정을 꾸리되 아들을 낳은 사람이어야 했다. 그리고 언제부터인가 함진아비의 얼굴에 마른 오징어로 가면을 만들어 씌우는 풍속이 생겼다. 그런데 그 이전에는 함진아비의 얼굴에 숯검정을 칠했다고 한다. 그 의미는 경사에 있어서 액막이, 즉 귀신을 쫓는 의미를 가졌다. 오징어 가면 역시 그 같은 벽사(辟邪)의 의미로 풀이할 수도 있고, 함을 들인다는 경건함 속에서 생기는 긴장 요소를 조금이나마 털어버리려는 해학적인 의미로 해석되기도 한다.

혼례 함 미리보기 ①

함(函)에는 무엇이 들어갈까?

# 채단 준비와 싸기

✣ 신랑 부모가 신부 댁에 보내는 함에는 오방(五方)주머니, 청홍 비단의 채단(采緞)과 예물, 혼서지(婚書紙)가 들어간다. 먼저 채단은 청홍의 옷감을 한지로 싸는데, 음양의 조화를 고려해 청색 옷감은 홍색 한지로, 홍색 옷감은 청색 한지로 싼다.
함을 쌀 때도 마찬가지지만 실타래로 채단을 쌀 때는 묶음을 만들지 않는다. 매듭을 짓는 것 같지만 그냥 엮어 두는 것으로, 당기면 쉽사리 풀어진다.
신랑신부의 앞길이 엉키지도 꼬이지도 말고 술술 잘 풀리라는 의미이다.

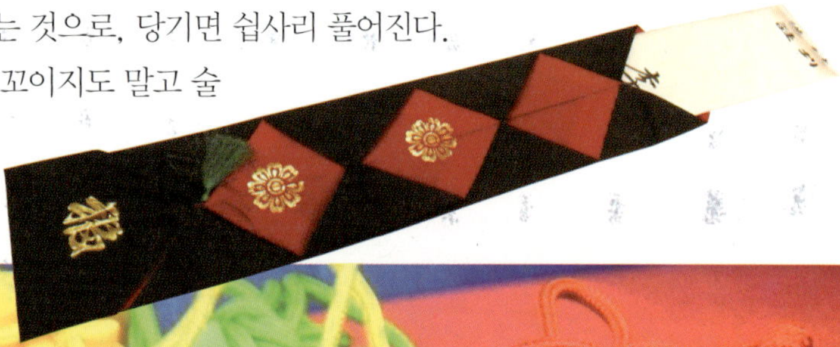

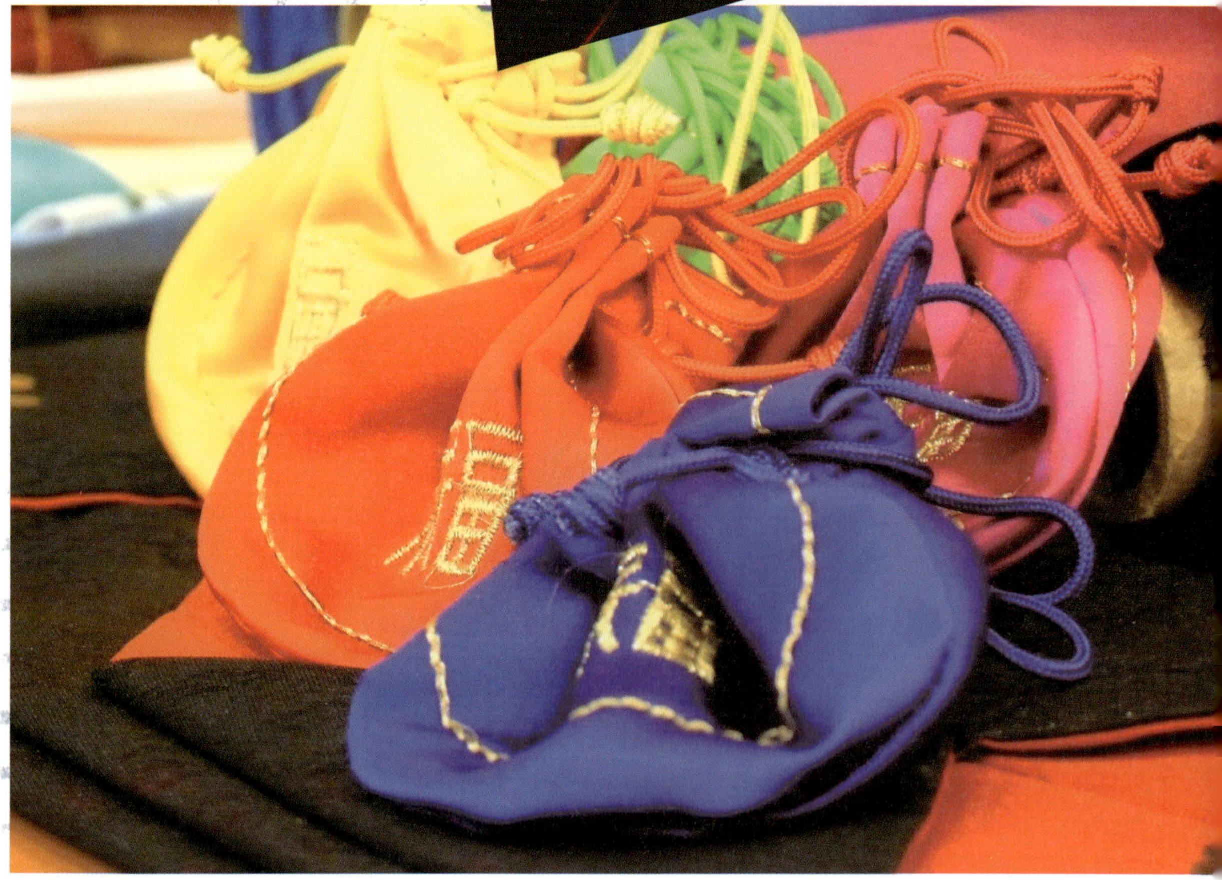

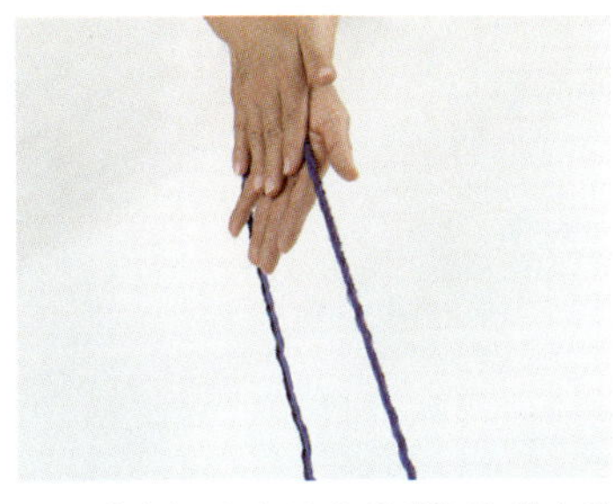

1 채단을 싸기 위한 청실홍실 실타래를 헝클어지지 않도록 살짝 비틀어 준다.

2 한지로 싼 채단에 실타래를 건다. 청색 옷감은 홍색 한지를, 홍색 옷감은 청색 한지를 사용한다.

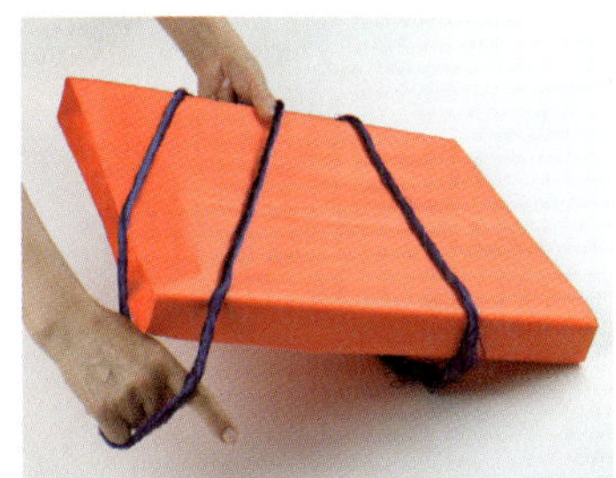

3 실타래를 비틀어서 다시 한 번 걸어 준다.

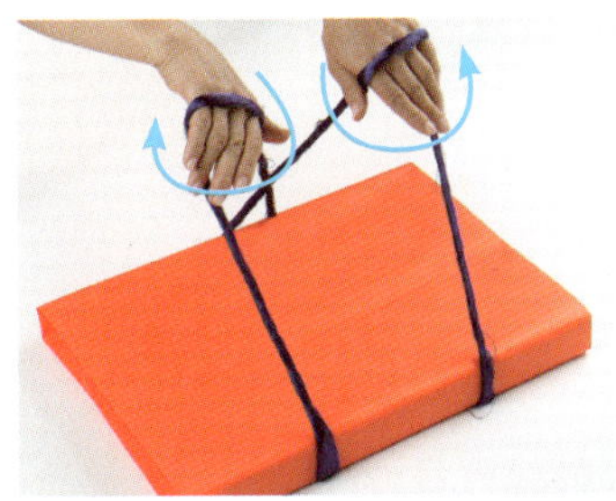

4 양쪽 손등을 실타래에 걸고 손목을 돌려 고리를 만든다.

5 양손의 엄지와 검지로 고리를 통해 실타래를 쥔다.

6 엄지와 검지에 쥔 실타래를 좌우로 서로 교차시킨다.

7,8 교차시킨 실타래가 고리 안쪽으로 지나도록 잡아당겨 양쪽으로 살며시 빼낸다.

9 홍색 옷감을 싼 청색 한지 또한 홍색 실타래를 사용해 같은 방법으로 엮어 준다.

혼례 함 미리보기 ②

매사 엉킴 없이 백년해로 하라고…

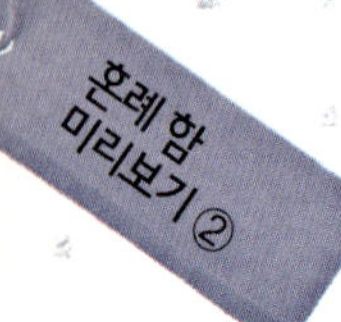

# 매듭 없는 함싸기

✣ 함의 내용물은 지방마다 차이는 있지만 대체로 다음과 같다. 먼저 한지를 깔아 오방 주머니를 놓고 그 위에 채단을, 다음으로 쌍가락지와 시어머니가 며느리에게 물려주는 패물을 올려놓는다. 혼서지(婚書紙)는 함의 속뚜껑을 닫은 후 그 위에 올린다. 함은 전통적으로 나무로 된 것을 사용했는데 요즘은 튼튼한 종이상자나 여행용 가방을 사용한다. 앞서 소개한 채단과 마찬가지로 함 싸기의 특징은 묶지 않는다는 점이다. 매듭을 짓지 않고 사슬을 만들 듯 엮음으로써 끈을 잡아당기면 술술 풀어지게 만든다.

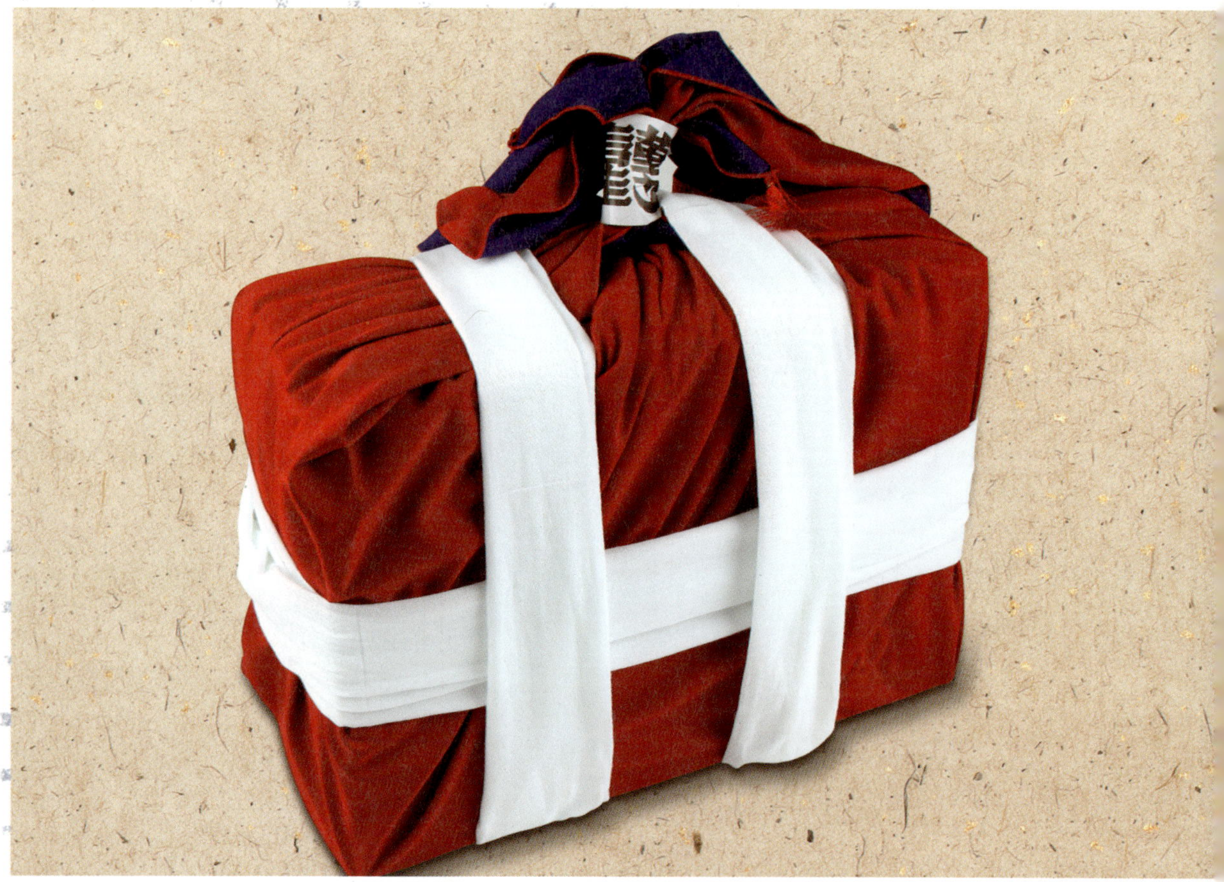

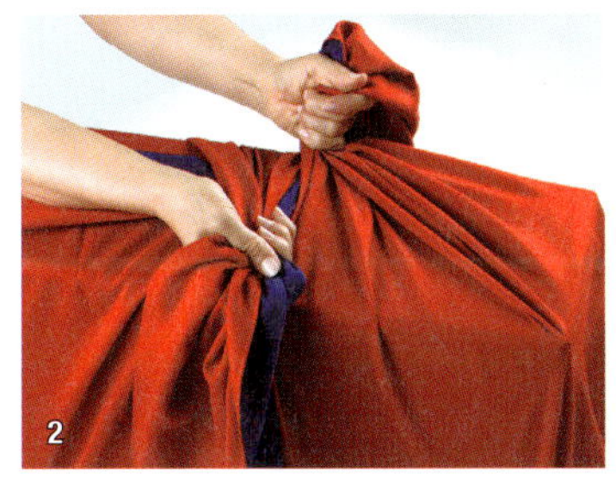

1,2 먼저 청홍 보자기로 함을 싸되 홍색이 겉으로 오게 한 후, 양쪽 끝을 붙잡아 올려 교차시켜 놓는다.

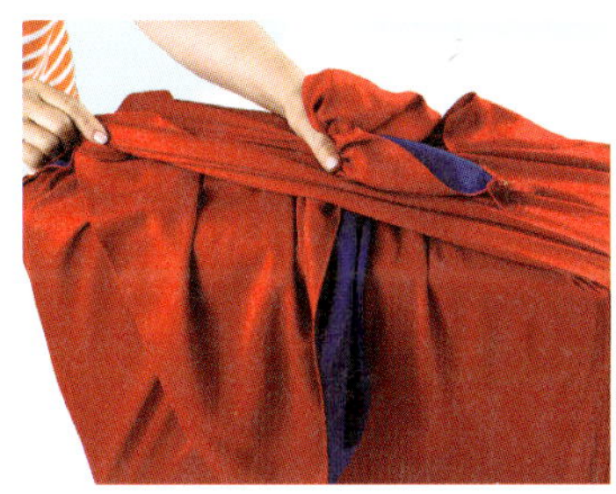

3 나머지 양쪽 끝을 잡아 올려 역시 교차시킨다.

4 먼저 교차시킨 보자기의 양 끝을 잡아당겨 보자기가 조이도록 한다.

5 마찬가지로 나중에 교차시킨 양 끝을 단단히 잡아당겨 조인다.

6,7 네 가닥의 보자기 끝을 서로 엇갈리게 옮겨쥔다.

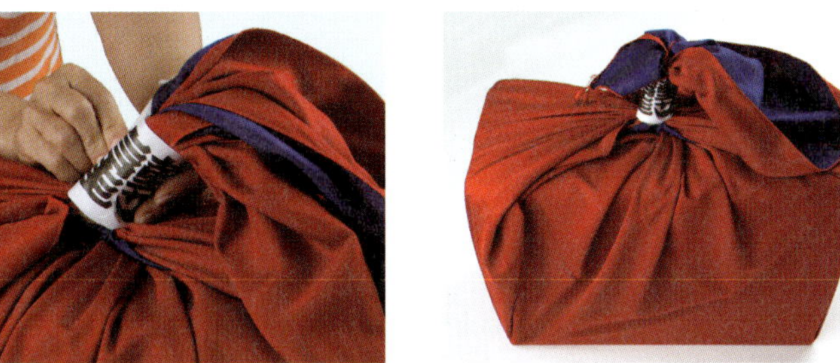

8 봉함지(謹封)를 붙인다. 보자기가 헐거워지지 않게 고무줄로 임시 고정시켜 놓고 붙여도 된다.

9 일단 보자기 싸기가 완성된 상태.

10 끈으로 사용할 무명천을 세 겹으로 접은 후, 중간 부위에서부터 함을 감기 시작한다.

11,12 등에 질 수 있도록 양 갈래로 어깨 끈을 만들어 주는 과정. 무명 한 필은 매우 길기 때문에 두세 번 감아 주되, 너무 여러 번 감으면 사슬을 땋을 길이가 모자라므로 주의한다.

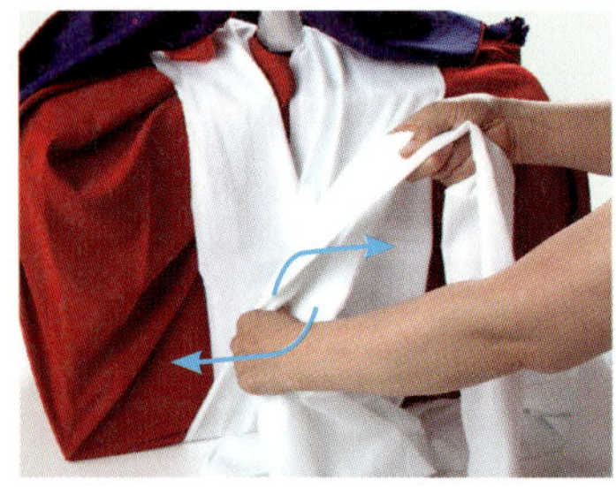

**13** 뒤쪽 면에서 끈을 서로 교차시키되 90도 각도로 엇갈리게 방향을 잡는다.

**14** 가로 방향으로 각각 한 바퀴를 돌려 교차점에서 멈춘다.

**15** 먼저 오른손에 쥔 끈을 접어 교차점 밑으로 돌려 넣고서 왼쪽으로 빼낸다.

**16** 같은 방법으로 나머지 한 쪽 끈을 접어 오른쪽으로 빼낸다.

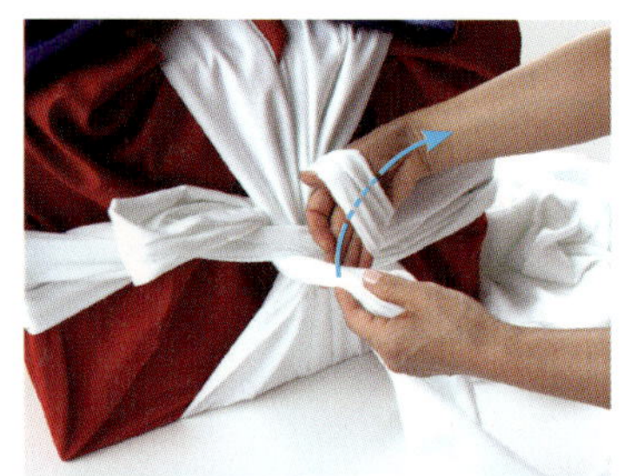

**17** 오른손을 고리 속으로 집어넣은 후, 교차점 밑으로 이어져 있는 같은 가닥의 끈을 잡아 뺀다.

**18** 동시에 고리 바깥 끈 부위를 왼손으로 맞당겨 조인다.

**19~21** 사진 17, 18과 똑 같은 방법으로 같은 줄을 이용해 계속 사슬을 땋아 나간다.

**22** 약간의 자투리가 남을 때까지 사슬을 땋은 후, 나머지 한 쪽 가닥도 같은 방법으로 땋아준다.

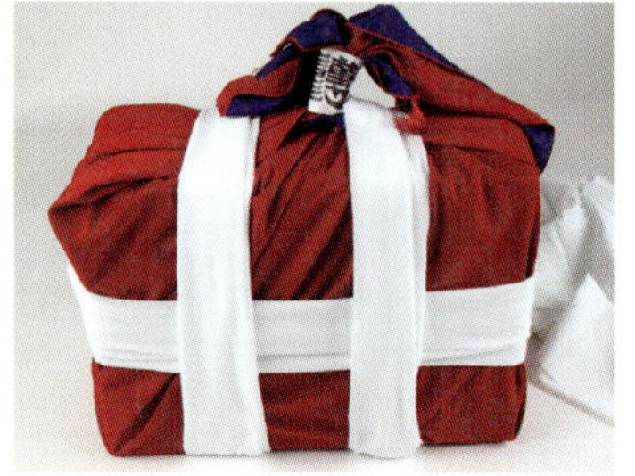

**23** 땋은 줄을 잘 정돈해 놓고, 봉함 부위 위의 보자기 끝단을 펼쳐 청색이 겉으로 나오게 한다.



**Tip** 채단과 마찬가지로 함 싸기도 완전 매듭을 짓지 않는다. 처음 보자기를 쌀 때도 그렇고 멜빵을 만드는 과정도 그렇다. 이 역시 신랑신부가 한평생 매듭짓는 일 없이 백년해로 하라는 뜻이 담긴 것이다.

과거, 함을 맨 끈은 후에 탄생하는 아기의 기저귀감으로 재사용하였다. 조상들의 지혜를 엿보게 하는 대목이다.

# 함진아비 이야기

조선시대의 「사례편람(四禮便覽)」에는 결혼 절차에 관한 육례(六禮)가 나온다. 그 중 '납징(納徵)'에 해당하는 절차가 함(函)에 관한 내용인데, 보통 납폐(納幣)라고 불렀다. 그 기록에 따르면 함은 보통 검은색이었다. 그 속에 넣는 채단은 청색과 홍색 옷감 두 가지로 신부의 치마 저고릿감이다. 혼서지(婚書紙)에는 신랑의 성명과 생년월일시를 적고, 사자(使者)를 보내어 납폐의 예를 다한다고 기록하였다. 여기서 말하는 사자가 바로 '함진아비'이다.

원래는 신랑 친척 중 예의범절 바른 한 사람이 집사가 되어 납폐서를 받들고 다른 한 사람이 함진아비가 되어 함을 졌지만 요즈음은 신랑 친구 중 한 사람이 함을 진다. 원래 신랑은 동행하지 않으며, 함진아비는 함을 도중에 내려놓아서는 안 되고 바로 신부 집까지 가야하는데, 신부 집에 함을 들이는 시간은 음양이 교차하는 시간인 해가 지는 시각, 즉 유시(酉時) 무렵이다.

함진아비는 신부 집에 이르러 제자리에 내려놓을 때까지 경건하고 엄숙한 자세여야 한다. 예로부터 함을 내려놓지 않으려고 승강이를 약간 부리는 풍습이 있긴 했어도 '함을 산다'는 것은 오늘날의 악습일 뿐이다. 중도를 지키면 즐겁고 인정미 넘치는 혼례 풍습이지만 너무 지나쳐 감정을 상하는 사례도 많다.

그래서일까. 근년에는 예비신랑이 혼자서 직접 함을 가져오는 비율이 90% 이상에 이른다고 한다. 함진아비도 사라지고 신부 집 앞에서의 승강이도 사라졌으니 바람직한 혼례 풍속도일 수도 있겠으나 아쉽고 섭섭한 세태이기도 하다.

# Part 4 살림

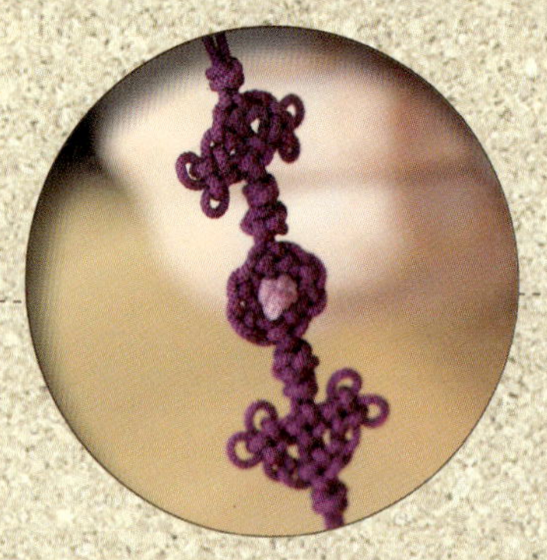

Part 4

# 칭찬 받는 남자들의 묘기

## Section 10 :: 줄 – 줄줄이 활용법

① 끝매듭 만들기
② 끝고리 만들기
③ 중간고리 만들기
④ 줄과 줄 연결하기
⑤ 기둥에 줄 묶기
⑥ 전통매듭으로 액세서리 만들기

## Section 11 :: 실내 장식 & 정원 가꾸기

① 행거 및 액자 매달기
② 키친 인테리어
③ 삼각 지주 만들기
④ 대나무 울타리 세우기

# 줄 - 줄줄이 활용법

## 매듭의 기본은 세 가지 동작

끈을 이용해 무언가를 묶고 매듭을 짓는 작업은 얼핏 복잡하고 따라 하기가 매우 어려울 것 같지만 알고 보면 세 가지 기본 동작에 불과하다. 구부리고(Bight), 돌리고(Turn), 조이는(Work tight) 작업이 그것이다. 끈 위에 매듭을 지을 때도, 둥글게 고리를 만들 때도, 두 줄을 연결할 때도, 줄을 기둥에 묶을 때도 세 가지 기본 동작에 의해 이루어진다. 또한 이 세 가지 동작을 바탕으로 기초적인 네 가지 매듭 방식만 익히면 복잡한 매듭에 보다 쉽게 도전할 수 있다. 끝매듭 짓기와 고리 만들기, 줄과 줄 연결하기와 기둥에 줄 묶기가 그것이다. 어렵게 원리를 터득하려거나 목적 없이 그저 익히려 애쓰지 말고, 생활에 필요한 무엇 하나를 정한 후 가벼운 마음으로 따라 하다 보면 색다른 흥미와 성취감을 느끼게 될 것이다.

## 매듭은 재미있는 과학이다

끈을 사용해 매듭을 짓는다는 것은 일상 다반사이므로 특별한 의미를 찾지 못할 수도 있다. 하지만 줄과 줄을 연결하고, 줄로 물건을 붙드는 매듭에는 과학적인 원리가 담겨 있다. 매듭은 줄과 줄 또는 줄과 물체 사이에서 발생하는 마찰저항을 이용하는 것이다. 끈이나 로프가 서로 접하는 면이 많으면 많을수록 저항이 강해지므로 보다 단단하게 묶이고 신뢰도 높은 매듭이 된다. 그러나 마찰저항을 높이기 위해 무조건 접촉 면적을 늘리는 것이 꼭 좋은 방법은 아니다. 너무 단단하게 묶인 매듭은 풀기가 어렵다. 그래서 매듭은 가능한 한 단순해야 한다. 완성된 매듭의 역할이 끝나면 다시 풀되, 그 또한 쉽게 풀 수 있어야 하기 때문이다. 매듭을 푸는 작업이 어렵거나 문제가 생긴다면 매듭 자체가 잘못된 것이다.

## 용도에 맞는 방식을 택하자

잘못된 매듭이라고 단정 지을 수는 없지만, 용도에 걸맞지 않은 부적절한 매듭이 있다. 극단적인 예를 든다면, 긴급을 요하는 인명구조 현장에서 시간이 한참 걸리는 복잡한 매듭 방식을 선택하는 경우이다. 용도에 맞지 않는 부적절한 매듭으로 인해 생명을 구하지 못하는 실수를 범하는 것이다. 신발 끈을 '외과 매듭'으로 묶는 경우도 마찬가지다. 신발 끈은 필요에 따라 풀었다 조였다 할 수밖에 없는데 풀기 힘든 매듭을 취하게 되면 귀찮기만 할 뿐이다. 실용성을 따져야 하는 것이다. 매듭 방법뿐만 아니다. 끈의 소재와 종류도 그 대상과 분위기에 맞춰야 한다. 허드레 물건을 묶을 때는 몰라도 선물 포장에 비닐 끈을 사용한다면 그 가치를 떨어뜨려 아니 하는 것만 못한 결과를 초래하지 않을까.

## 전통매듭의 예술적 가치와 실용성

끈을 이용한 매듭은 실용성에 바탕을 둔 응용과학이지만, 우리의 전통매듭은 보다 예술로 승화시킨 공예 분야이다. 끈과 끈이 서로 접촉하고 마찰되는 매듭 하나하나에 의미를 부여하고, 의미 있는 형태를 구성해 장식품으로 재탄생시킨 것이다. 과거에는 노리개 · 선추술(벼슬한 사람만이 할 수 있었던 부채 끈) · 도포끈 · 호패술과 같은 장신구는 물론, 염낭 · 약낭 · 필낭 · 안경집 · 수젓집과 같은 각종 주머니 등의 장식에 적용되어 궁중에서부터 평민에게까지 널리 사랑을 받았다. 단순한 치장 목적에만 그친 것이 아니라 형태나 무늬에 따라 건장 · 장수 · 복 · 다산 · 액막이 등 여러 가지 의미를 담기도 하였다. 뿐만 아니라 최근에는 전통매듭을 활용한 목걸이 · 헤어핀 · 휴대전화 스트랩 · 안경걸이 등 문화상품까지 개발되어 외국인들에게 인기다.

## '8자 매듭'만큼은 꼭 익혀 두자

# 끝매듭 만들기

❖ 줄 끝에 보풀이 일어나 자꾸 풀어진다면 끝매듭을 해 주어야 한다. 어떤 고리나 구멍 속으로 집어넣은 줄이 빠져나오지 못하게 할 때, 미끄러운 줄을 단단히 쥐고자 할 때도 끝매듭이 활용된다.

아무렇게 묶어도 매듭은 지어지지만 필요한 굵기를 구현시키고, 필요할 때 쉽게 풀 수 있게 하려면 정통의 방식을 익혀두는 게 좋다. 특히 여러 가지 매듭에 두루 활용되는 '8자 매듭'만큼은 꼭 익혀 두도록 하자.

## A 단순 매듭 Overhand knot

1 끝단을 돌려 고리를 만든다.

2 위에서 밑으로, 끝단을 고리 속으로 집어넣는다.

3 양쪽을 잡아당겨 조인다.

4 완성! 가장 기초적인 단순 매듭 방법이다.

## B 이중 매듭 Stopper knot

1 끝단을 돌려 고리를 만든다.

2 위에서 밑으로 넣고 돌려 빼낸 후, 다시 돌려 넣는다.

3 양쪽을 잡아당겨 조인다.

4 완성! 매듭 크기가 '단순 매듭'의 경우보다 커진다.

## C 8자 매듭 Figure-eight knot

1 끝단을 돌려 두 줄이 두 번 교차되게 한다.

2 끝단을 돌려 위쪽 고리 속으로 집어넣는다.

3 고리 속으로 집어넣은 끝단을 당겨 빼낸다. '8자' 모양이 되었다.

4 양쪽을 잡아당기면 완성! 매듭 크기도 한결 굵고 나중에 풀기도 좋다.

## D 하역 매듭 Stevedore knot

1 끝단을 돌려 두 줄이 겹쳐지게 한다.

2 고리 속으로 손가락을 넣어 3~4회 더 돌려 꼬아 준다.

3 끝단을 위쪽 고리 속으로 넣어 빼낸다.

4 완성! 매듭을 가장 크게 만들 수 있는 방법으로, 큰 짐을 다루는 하역 현장 등에서 활용된다.

소몰이 하는 카우보이처럼

# 끝고리 만들기

❖ 줄로 매단 생활용품을 벽면에 걸어 두거나 말뚝 같은 곳에 물체를 붙들어 둘 때 끝고리가 필요하다. 줄과 줄을 연결할 때도 감쪽같이 활용되고, 각종 레저 스포츠 분야에서도 카우보이의 올가미처럼 요긴하게 사용된다.

끝고리 만드는 3가지 방법 가운데 '보우라인(Bowline)'은 양쪽에서 조여지는 '옭매듭'으로 강도가 가장 높은 매듭법이다. 산악 등반 활동이나 고공 작업을 하는 현장, 인명 구조 작업 등에 활용되는 전문가들의 매듭법이기도 하다.

 두 겹 한 번 묶음

1 끝단을 접어 두 겹의 줄이 되도록 손에 쥔다.

2 고리 끝을 접어 내려 또 하나의 고리를 만들어준다.

3 고리 끝단을 두 겹 고리 속으로 집어넣고 빼낸다.

4 양쪽을 잡아당기면 완성! 간단하면서 매듭 강도도 좋다.

B 두 겹 8자 묶음

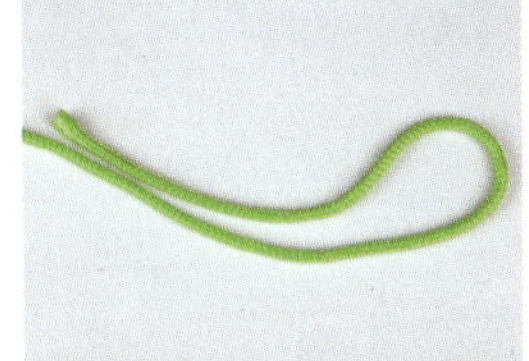   

1 끝단을 접어 두 겹의 줄이 나란히 겹치게 한다.

2 다시 고리 끝을 접어 내려 축이 되는 겹줄 밑으로 반 바퀴 돌린다.

3 고리 끝단을 위쪽 겹줄 고리 속으로 집어넣고 빼낸다. 8자 모양이 되었다.

4 양쪽을 잡아당기면 완성! 강도가 좋고, 고리가 원줄과 일직선을 이룬다.

C 보우라인 Bowline

1 먼저 고리 하나를 만든다.

2 끝단을 다시 거꾸로 돌려 고리 속으로 통과시킨다.

3 고리 속으로 넣은 끝단을 중심 줄 밑으로 통과시킨다.

4 다시 한 번 끝단을 가운데 고리 속으로 통과시킨다.

5 사진4 상태에서 고리 밑의 끝단을 한 손에 쥐고 중심 줄을 잡아당기면 완성!

> **Tip**
>
> 보우라인(Bowline)은 의외로 용도가 넓다. 등산, 캠핑 등 로프(자일)을 이용하는 야외 활동에서 편리하고도 안전하게 사용할 수 있는 매듭법이다. 이 방법은 야외는 물론 가정에서도 용도가 많으므로 꼭 익혀두기를 권한다. 먼저 양손으로 묶는 방법을 터득한 후, 차츰 익숙해지면 한 손으로도 간단히 묶을 수 있게 된다.

**살림 잘하는 남자들의 묘기**

# 중간고리 만들기

❖ 앞서 소개한 '끝고리'와는 달리 길게 드리운 줄 중간 중간에 고리를 만들어 주는 것이다. 어떤 용도일까? 살림의 달인은 금방 눈치 챌 것이다. 길게 매단 빨랫줄에 옷걸이를 걸 때 '딱'이다. 빨래의 무게로 옷걸이가 미끄러지지 않을뿐더러 아웃도어에서 아무리 심한 바람이 불어도 걱정할 것 없다. 또한 캠핑장에서의 램프 걸이는 물론 낚시와 등산에서도 많이 사용되는 등, 잘 익혀 두기만 하면 실내와 실외에서 그 용도가 충분히 입증된다. 특히 버터플라이 묶음은 나중에 풀기도 좋다.

**1** 중간에 고리를 만든다.

**2** 고리의 한 쪽 지점(ⓑ)을 아래로 당겨 Q자처럼 만든다.

**3** 이번에는 ⓐ지점을 아래로 구부려 원줄 밑으로 가게 한다.

**4** ⓐ를 ⓑ 위쪽을 지나 빼낸다.

**5** 사진4에서 ⓐ를 당기는 동시에 양쪽 줄을 함께 잡아당기면 완성!

> **Tip**
>
> Q자 고리 묶음은 '중간고리'를 가장 쉽게 만들 수 있는 방법이다. 하지만 양쪽으로 강하게 당기면 풀어지는 경우가 있다. 그러므로 무거운 물체를 매달거나 사람이 체중을 실어 사용하는 경우에는 피하는 것이 좋다. 작은 물체를 매달 때, 바람에 날리지 않도록 물체를 고정할 때 편리한 묶음법이다.

Ⓑ 버터플라이 묶음 Lineman's loop

**1** 중간에 고리를 만든다.

**2** 만들어진 고리를 비틀어 한 바퀴 돌린다.

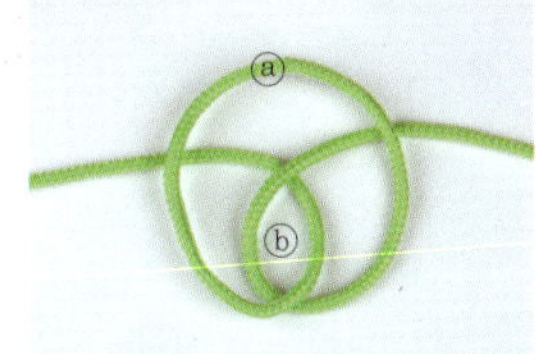

**3** 아래쪽 큰 고리 ⓐ를 위쪽으로 넘긴다.

**4** 사진3의 가운데 ⓑ고리 속으로 엄지와 검지를 집어넣어 ⓐ부분을 잡아 빼낸다.

**5** ⓐ를 끌어내면 새로운 고리가 만들어진다.

**6** 사진5의 ⓐ를 끌어당기는 동시에 양쪽 줄을 함께 잡아당기면 완성!

**아이들 신발 끈, 스스로 맬 수 있게**

# 줄과 줄 연결하기

❖ 서로 다른 두 개의 줄을 연결하거나, 한 줄의 양쪽을 끝을 서로 동여맬 때 활용되는 방법들이다. '한 쪽 나비 묶음'이나 '나비 묶음'은 일상생활에 두루 활용될 뿐만 아니라 특히 신발 끈을 맬 때 꼭 필요한 매듭법으로, 어린 아이들에게도 일찌감치 가르쳐 줘 신발 끈이 풀렸을 때 스스로 맬 수 있도록 하자.

이 밖에도 '줄과 줄 연결하기'는 야외에서 짧은 줄 여러 개를 덧달아 사용할 필요가 있을 때 유용하며, 낚시를 할 때도 자주 사용된다.

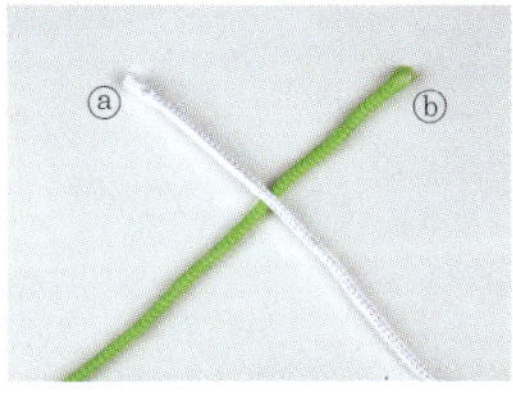



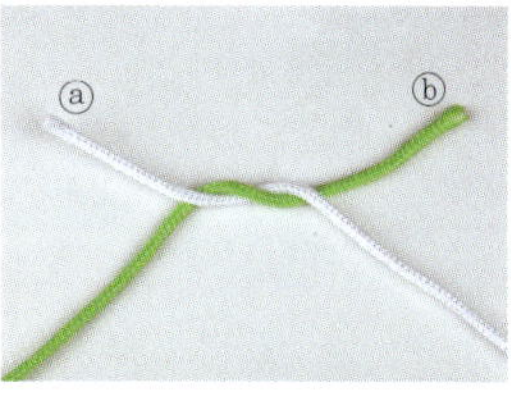



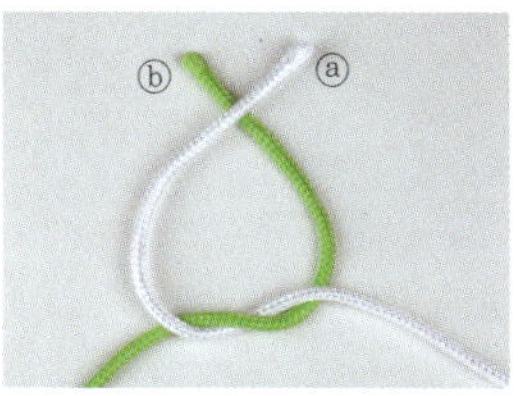



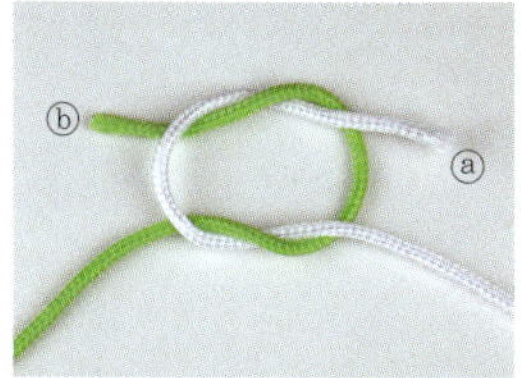



## Ⓐ 완전 묶음 Square knot

**1** 서로 다른 줄 ⓐ와 ⓑ를 서로 교차시킨다.

**2** ⓐ를 ⓑ에 대고 한 바퀴 한 바퀴 돌려 감는다.

**3** ⓐ와 ⓑ를 들어 올려 다시 한 번 교차시키되 방향에 주의한다.

**4** ⓐ를 ⓑ 위로 넘겨 밑으로 빼낸 후, 양쪽 끝을 맞잡아 당긴다.

**5** 양쪽 끝이 서로 일직선을 이루며 완성된 모습.

> **Tip**
>
> **완전 묶음** – 줄과 줄을 연결하는 가장 기초적인 방법이지만, 굵기가 서로 크게 차이 나는 나일론 줄끼리는 힘껏 당길 경우 미끄러져 빠져버리는 폐단이 생긴다.
>
> **외과 묶음** – '완전 묶음'을 보강한 것으로, 굵은 나일론 줄과 가는 나일론 줄끼리 묶어도 쉽게 빠지지 않는다. 외과 의사가 수술 후 봉합에 활용하는 매듭법으로 그 이름이 유래되었다.

## Ⓑ 외과 묶음 Surgeon's knot

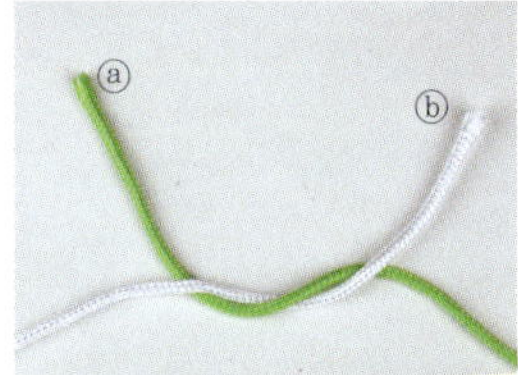



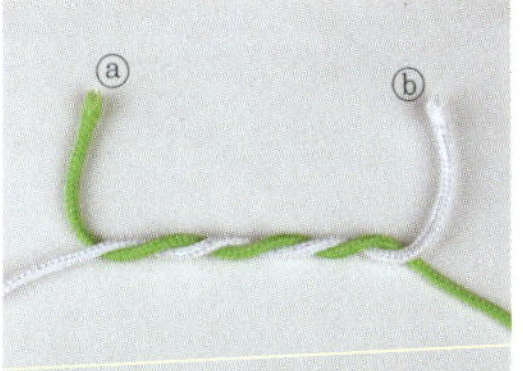

**1** '완전 묶음'과 같은 방법으로 두 줄을 교차시켜 한 바퀴 돌린다.

**2** ⓐ를 ⓑ에 대고 두 바퀴 더 돌리거나, ⓐ와 ⓑ를 각각 한 바퀴씩 더 돌린다.

**3** ⓐ와 ⓑ를 들어 올려 한 바퀴 돌려 묶되 방향에 주의해야 한다.

**4** 양쪽 끝을 맞잡아 당겨 조인다.

## Ⓒ 한 쪽 나비 묶음 Slipped square knot

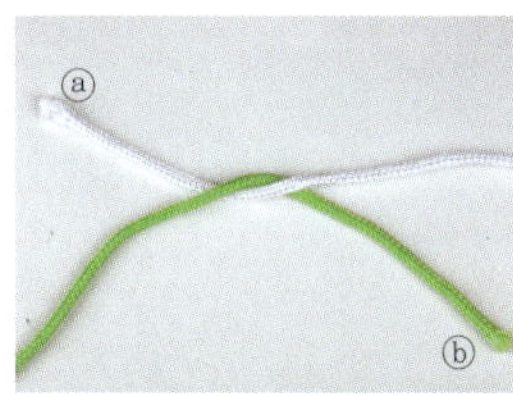



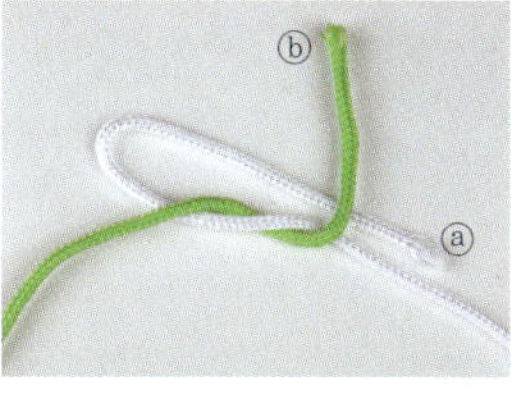

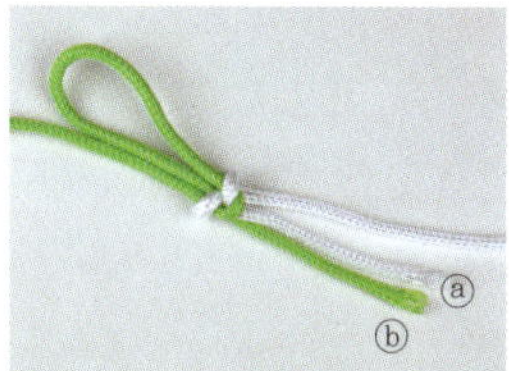



**1** ⓐ와 ⓑ를 서로 교차시켜 한 바퀴 돌린다.

**2** ⓐ줄 끝을 접어 뒤로 젖힌 후, ⓑ줄 끝을 ⓐ줄 위에 걸친다.

**3** ⓑ줄을 접어 고리 속으로 집어넣는다.

**4** ⓑ줄 고리와 ⓐ줄 끝을 당겨 조인다. 나중에 ⓑ줄 끝을 당기면 쉽게 풀린다.

# Ⓓ 나비 묶음 Shoestring knot

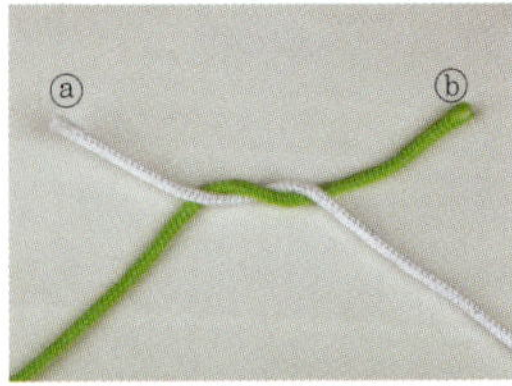 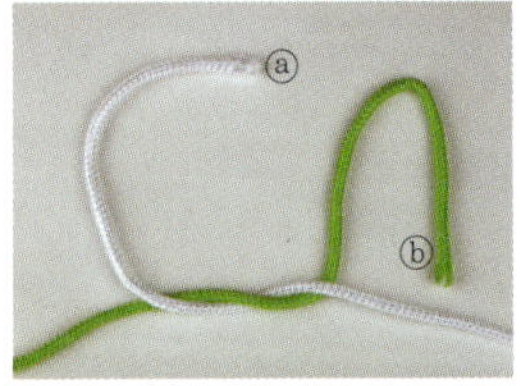 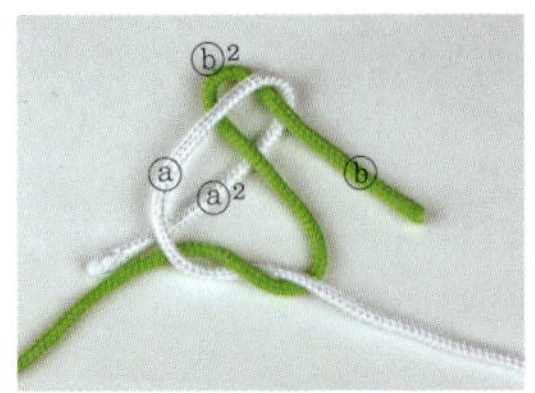

1 두 줄을 교차시켜 한 바퀴 돌려 감는다.

2 두 줄을 뽑아 올린 후, ⓑ줄 끝은 한 번 접는다.

3 ⓐ줄을 ⓑ줄 접은 부위 위로 한 바퀴 돌린다.

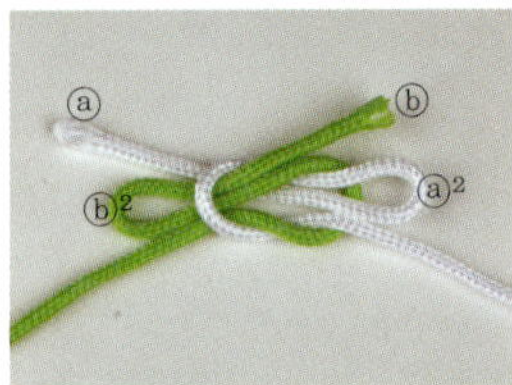 

4 사진3에서 ⓐ²지점을 ⓑ 줄 위로 빼면서 ⓑ²와 맞 잡아 당긴다.

5 고리 크기와 자투리 줄 길이를 조절하면서 ⓐ² 와 ⓑ²를 맞당겨 조인다.


**나비 묶음** – 나비 날개처럼 두 개의 고리를 만들어 서로 당겨 조일 때 어느 한 쪽의 자투리도 빠져 나오지 않게 조심해야 한다. 일방적으로 당기다 보면 자투리가 빠져나와 고리가 생기지 않는다. 신발 끈을 맬 때 꼭 필요한 방법으로, 풀 때는 양 끝단을 서로 당기면 된다.

# Ⓔ 유니 노트 Uni knot

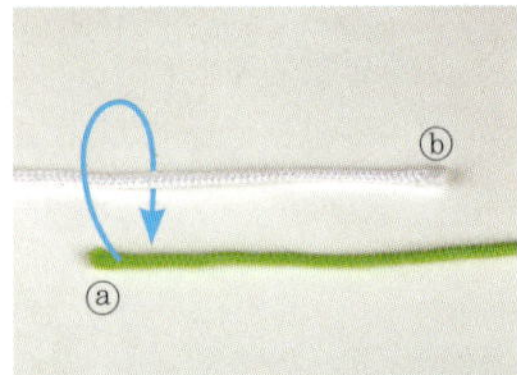 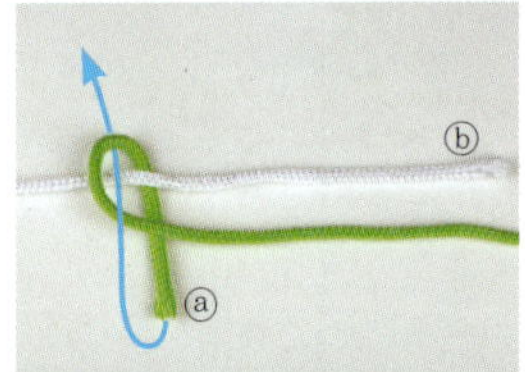 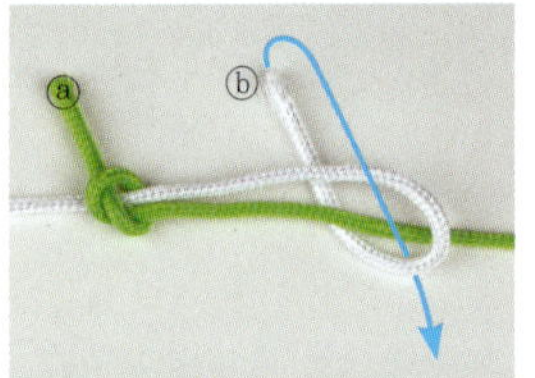

1 두 가닥의 줄을 평행으로 놓은 후, ⓐ의 끝단을 화살표 방향으로 돌려 고리를 만든다.

2 ⓐ의 끝단을 화살표 방향의 고리 속으로 집어넣고 매듭을 짓는다.

3 같은 방법으로 이번엔 ⓑ의 끝단을 ⓐ가닥 위로 돌려 매듭을 짓는다.

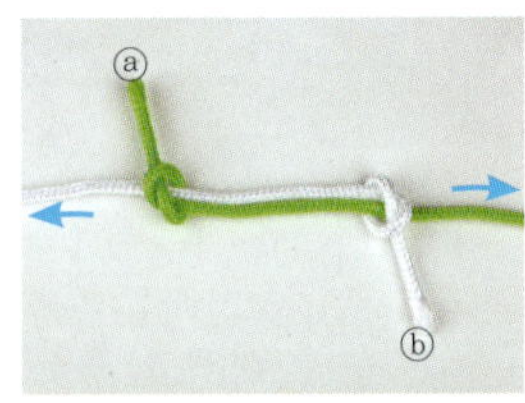 

4 매듭이 마주보고 있는 상태에서 양쪽 줄을 맞 잡아 당기면 두 매듭 간격이 좁혀진다.

5 매듭이 서로 만나면 더 욱 조여진다.


**유니 노트** – '기차 매듭'이라 부르는 줄 연결법으로, 낚싯줄을 서로 연결할 때나 굵은 로프를 서로 연결할 때에 사용된다. 맞잡아 당길수록 서로 강하게 조여지고 잘 풀어지지 않지만, 미끄러운 낚싯줄의 경우는 두 줄의 굵기 차이가 너무 심하면 풀어지기도 한다.

# 매듭은 인류의 발전사

인류가 획득한 지식과 기술 중에서 '불의 사용'과 버금가는 것이 바로 '매듭'이다. 매듭은 석기시대 이전부터 이미 활용된 것으로 나타난다. 돌도끼를 나무토막에 묶어 사용한 것은 물론, 토기(Cord marked pottery · 빗살무늬 토기의 일종)의 문양을 낼 때 노끈을 사용한 흔적에서도 입증이 된다. 또한 주거 형태가 나뭇가지나 나뭇잎으로 묶고 엮은 움막이 었다는 점도 매듭의 상용화를 뒷받침한다. 현재도 일부 지역 유목민들의 텐트 형식의 주거 생활에서는 신뢰성 있는 매듭 방법이 중요시 되고 있다.

더욱이 인류는 문자가 생겨나기 이전부터 의사 전달과 기록을 위해 여러 가지 표현 방법을 고안했는데, 그중에서 가장 폭넓게 발견되는 사례가 매듭을 활용한 점이다. 여러 가지 천이나 양털로 만든 끈으로, 적당한 간격마다 일정한 매듭을 지어 그 뜻을 전달한 결승문자(結繩文字)가 대표적인 사례이다. 암호문 같은 이 결승문자는 고대 중국은 물론 페르시아와 잉카제국 등에서 두루 사용되었으며 지금도 그 흔적이 페루나 멕시코의 원주민들에게 남아 있다.

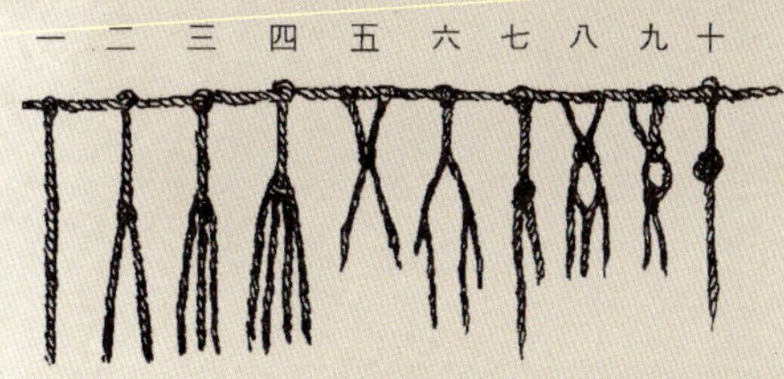

물건과 물건을 연결하는 별도의 도구나 재료가 존재하지 않던 시대에 매듭의 기능은 오늘날보다 훨씬 중요하고 절박했을 것이다. 우리나라에서 흔히 사용되는 '인연의 끈으로 묶여 있다'거나 '연을 맺는다'는 등의 표현도 매듭의 일상화에서 파생되지 않았을까. 인륜지대사인 혼례 절차로 사주단자나 함 싸는 방식을 보면 '매듭'에 담긴 조상들의 지혜와 염원을 더욱 실감하게 된다.

**묶기 쉽고 풀기도 쉽게**

# 기둥에 줄 묶기

❖ 가족끼리 계곡으로 여름휴가를 떠났다. 하루, 이틀, 신나는 물놀이가 계속되다 보면 물에 젖은 옷이 자꾸만 늘어난다. 빨랫줄을 설치할 필요가 생긴다. 준비한 해먹(Hammock)도 달아야겠고, 아이들은 그네도 매 달라고 조른다.

기둥 한 곳에 물체를 붙들어 매거나 나무와 나무 사이에 긴 줄을 엮어 무거운 물체를 매달아 둘 때는 강도 높게 묶는 일뿐만 아니라 나중도 생각해야 한다. 쉽게 풀 수 있어야 하는 것이다. 용도에 따른 여러 가지 방법을 익혀 두자.

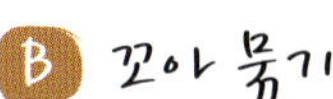
## 🅐 두 번 묶기 Two half hitches

**1** 기둥에 줄을 한 바퀴 돌린다.

**2** 끝단을 원줄 뒤로 돌려 고리 안으로 집어넣는다.

**3** 단단히 한 번 조인 후, 끝단을 또 한 번 돌려 고리를 만든다.

**4** 끝단을 고리 안으로 집어넣는다.

**5** 양쪽 가닥을 당겨 꽉 조인다. 기둥에 로프를 맬 때 가장 쉬운 방법이다.

## 🅑 꼬아 묶기 Timber hitch

**1** 위쪽 '두 번 묶기' 1, 2단계처럼 줄을 기둥에 한 바퀴 돌려 고리 속으로 집어넣는다.

**2** 끝단을 고리 바깥 줄에 대고 한 바퀴 감아 돌린다.

**3** 한두 바퀴 더 감아 돌린다.

**4** 끝단을 손에 쥔 상태로 긴 쪽 줄을 잡아당기면 저절로 꽉 조여진다.

> **Tip**
> '두 번 묶기(Two half hitches)'는 로프를 기둥이나 나무에 붙들어 맬 때 활용되는 가장 간단한 방법이며, 어떤 줄을 사용해도 쉽게 풀리지 않는다. 이에 비해 '꼬아 묶기(Timber hitch)'는 '두 번 묶기'보다 매듭 강도가 강하고 줄에 힘이 가해지고 있는 동안에는 느슨해지지 않는 묶음법이다. 하지만 표면이 매끄러운 줄이나 너무 두터운 로프에는 적합하지 않다.

1 기둥에 줄을 걸쳐 돌린다.

2 끝단을 원줄 위로 교차시켜 다시 한 번 감아 돌린다.

3 끝단을 돌려 기둥과 줄 사이로 집 어넣는다.

4 양쪽 줄을 맞잡아 당겨 조인다.

1 줄을 기둥에 한 바퀴 감아 돌려 긴 줄 위에 걸친다.

2 끝단을 기둥 뒤로 반 바퀴 돌린다.

3 끝단을 고리 밑으로 통과시킨다.

4 끝단과 원줄을 나란히 잡아당기면 매듭이 조여지면서 가락지 모양이 된다.

> **Tip**
>
> 겹돌려 묶기(Clove hitch)는 간단하지만 당기면 당길수록 수축되어 풀어지지 않는 묶음법이다. 부둣가에서 닻줄을 재빠르게 묶어 둘 때도 이 방법이 활용된다.
> 가락지 묶음(Lark's head)은 간단하면서도 나중에 풀기가 쉽다. 매듭 부위를 살짝 돌려주 기만 하면 된다

# 줄은 꼬아야 튼튼해진다

실(絲)이나 로프를 자세히 살펴보면 여러 가닥이 모여 하나의 결정체를 이루는 것을 알 수 있다. 하나 하나의 가닥이 기초가 되는 것이다.

한 가닥의 섬유가 무한정 길게 이루어진 것을 필라멘트(Filament)라 부른다. 천연섬유 가운데 견(絹·Silk)의 원사가 그러하고, 인조 섬유 중에서는 낚싯줄이 가장 대표적인 예이다.

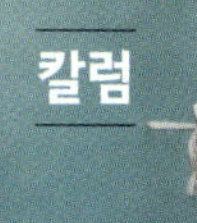

면(綿)·마(麻)·모(毛) 또는 인조섬유라 할지라도 짧은 가닥(Staple)을 흐트러지지 않게 여럿 모으고 꼬아서 하나의 가닥으로 만든 것을 방적사(紡績絲)라고 부른다. 또 이를 만드는 과정이 곧 실을 만드는 방적(紡績)이다. 결국 모든 실은 필라멘트나 방적사 두 가지 형태 중 하나인 것이다.

로프의 구조

대부분의 실은 몇 가닥을 꼬아 한 줄로 만든다. 두 올의 섬유를 한데 꼬아 한 가닥으로 만들면 섬유 한 올 강도의 두 배보다도 더욱 강한 강도를 나타낸다. 따라서 대부분의 실이나 로프는 여러 가닥의 올을 모아 한데 꼬아서 만들게 된다. 그리고 그 꼬임에는 두 가지 법칙이 있다.

꼬임의 방향에 따라 Z꼬임과 S꼬임으로 나누는데 Z꼬임을 왼꼬임(左撚), S꼬임을 오른꼬임(右撚)이라고도 부른다. 두 가지 가운데 Z꼬임이 정상적인 꼬임으로, 직물용 원사를 만들 때의 기초적인 꼬임이다. 이렇게 왼쪽 꼬임을 한 몇 가닥의 실을 모아 다시 반대 방향으로 꼬아 합연사(合撚絲)를 만드는데, 이 합연사를 다시 반대로 꼬아서 재봉실과 같은 실용적인 제품을 만들어낸다.

실 중에서 가장 두꺼운 종류라 할 수 있는 등산용 로프는 꼬임의 법칙이 더욱 첨가된다. 가느다란 필라멘트를 각각 꼬고, 작은 다발로 모아 다시 꼬고, 또다시 여러 다발을 모아 꼬고 비트는 등 복잡한 단계를 거친다. 최대한 두께는 가늘면서도 사람의 무게를 충분히 견뎌내는 튼튼함이 바로 이런 꼬임의 구조에서 생겨나는 것이다.

**세상에 하나뿐인 나만의 수제품**

# 전통매듭으로 액세서리 만들기

❖ 삼국시대를 기원으로 하는 전통매듭은 왕실과 양반가에서는 물론 평민들 사이에도 널리 사용돼 온 예술작품이자 생활용품이었다. 이후 일제의 우리나라 문화 말살 정책과 근대화에 떠밀려 맥이 끊어질 듯 했지만 장인들의 손끝에서 계승되고 있다.

연꽃의 봉오리를 닮았다 하여 이름 붙여진 연봉매듭과 작은 원 세 개가 마치 생강 모양처럼 생겨 이름 붙여진 생쪽매듭은 조금만 정성을 기울이면 따라할 수 있는, 전통매듭 중에서는 아주 기본적인 방법이다.

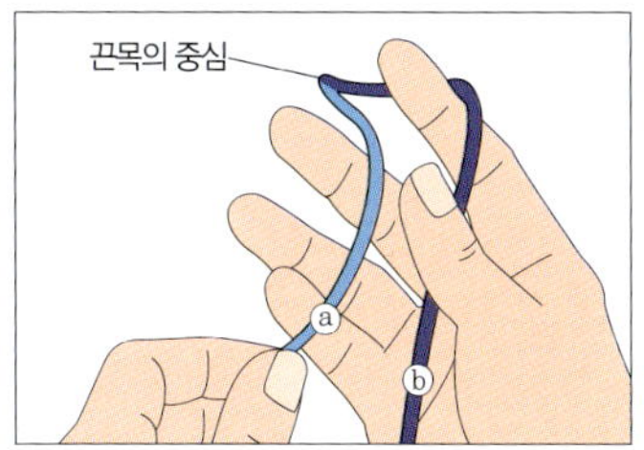

1 끈목을 오른손 검지에 걸고 '끈목의 중심'이 검지와 중지 사이에 오도록 한다.

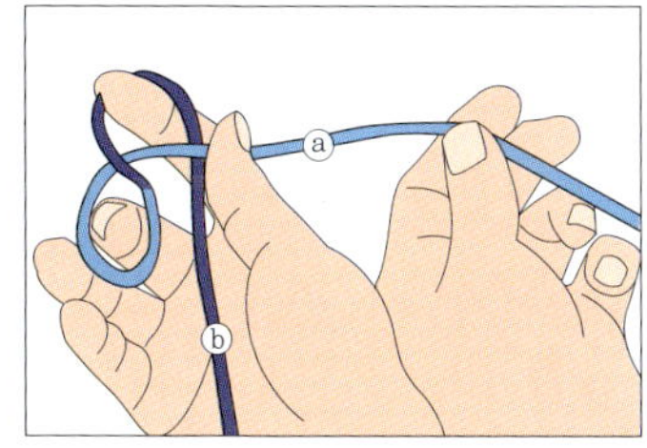

2 ⓐ가닥을 중지 뒤로 돌려 검지와 중지 사이에서 8자 모양이 되게 만든 후 엄지로 잡는다.

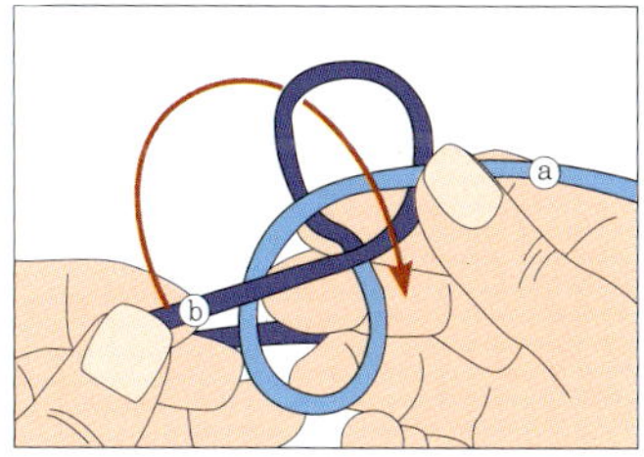

3 ⓑ가닥을 왼쪽으로 돌리고 계속해서 화살표 방향으로 회전시켜 고리에 넣는다.

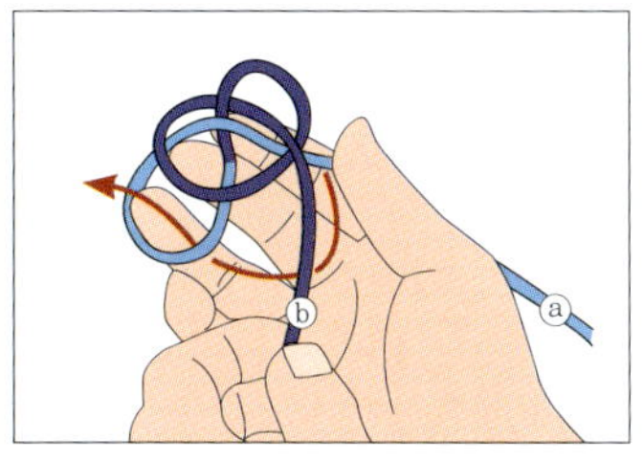

4 이번에는 ⓐ가닥을 화살표 방향의 고리 속으로 집어넣는다.

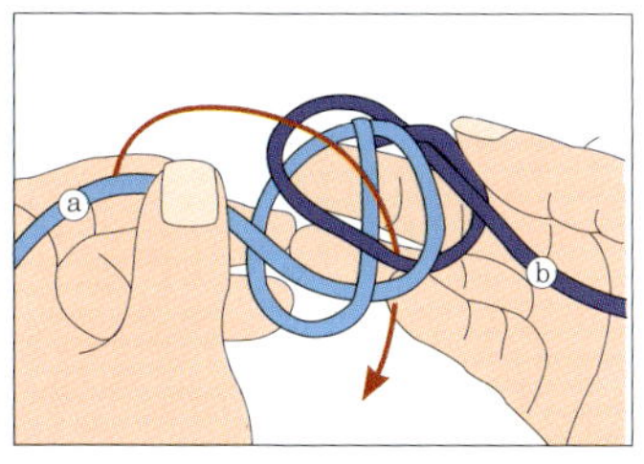

5 계속해서 ⓐ가닥을 화살표 방향의 오른쪽 고리 속에 통과시킨다.

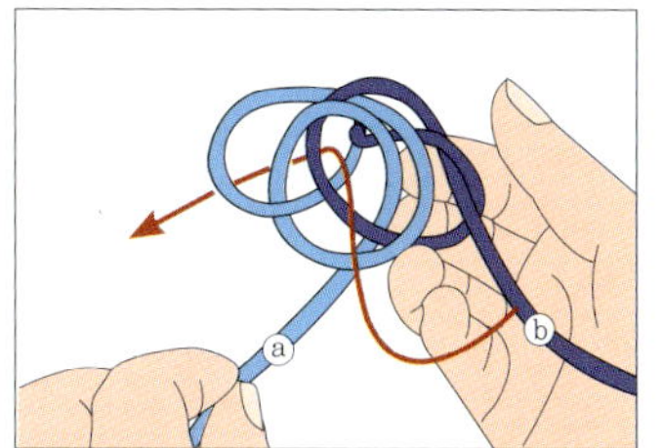

6 이번엔 ⓑ가닥을 돌려 가운데에서 화살표를 따라 왼쪽 고리 속으로 통과시킨다.

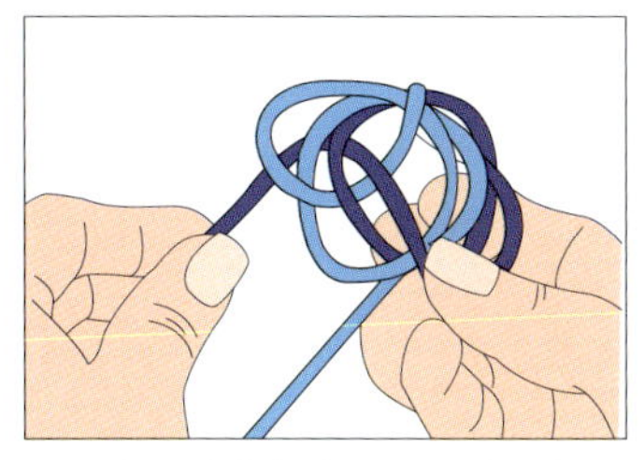

7 서로 엉키지 않도록 조심해서 끈을 당긴다.

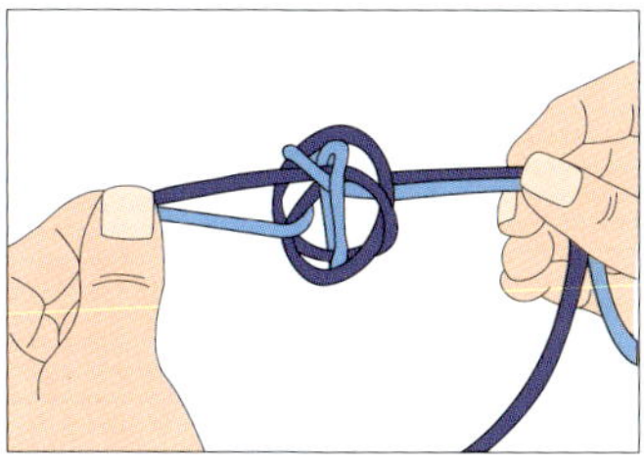

8 끈목의 중심을 찾아 잡고 아래의 두 가닥을 잡아 서로 균형을 잡으면서 당겨 조인다.

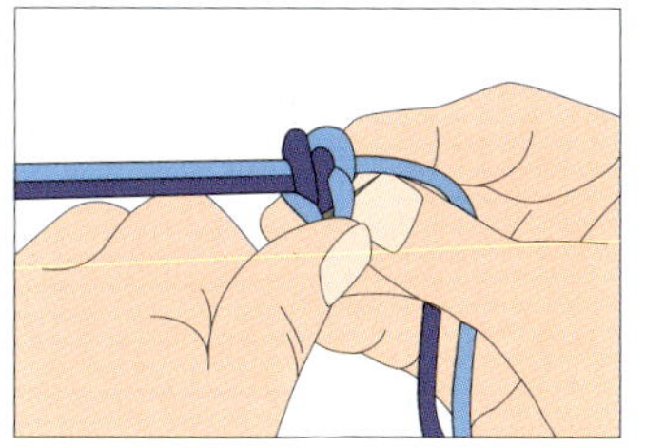

9 송곳을 사용하면 끈이 당겨지는 방향에 맞춰 매듭을 조이기 편리하다.

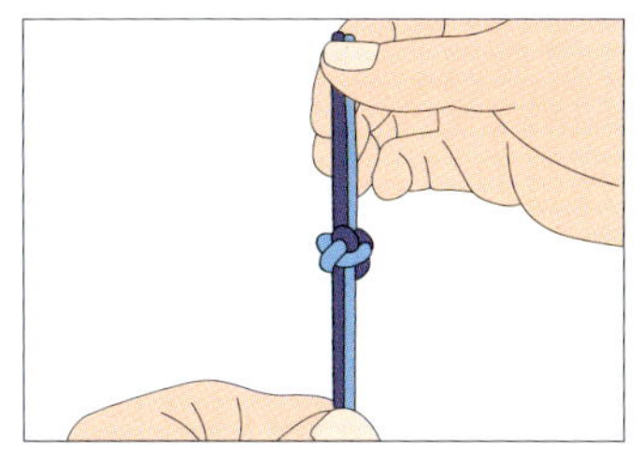

10 완성된 연봉매듭.

Tip

전통매듭에 사용하는 끈을 '끈목'이라 부른다. 전통매듭의 끈목은 그 자체부터 까다로운 공정을 담고 있다. 비단실에 천연염료로 물을 들이고 실꾸리에 옮긴 후 올올이 모아 합사를 짜야 비로소 매듭을 할 재료인 끈목이 탄생되는 것이다. 이 끈목은 실을 합하여 두 가닥 또는 세 가닥 이상으로 꼬는 끈과 네 가닥 이상, 여러 가닥으로 짜는 끈으로 나눈다. 조선시대에는 짜는 끈을 다회(多繪), 끈을 만드는 작업을 '다회를 친다'고 표현했다.

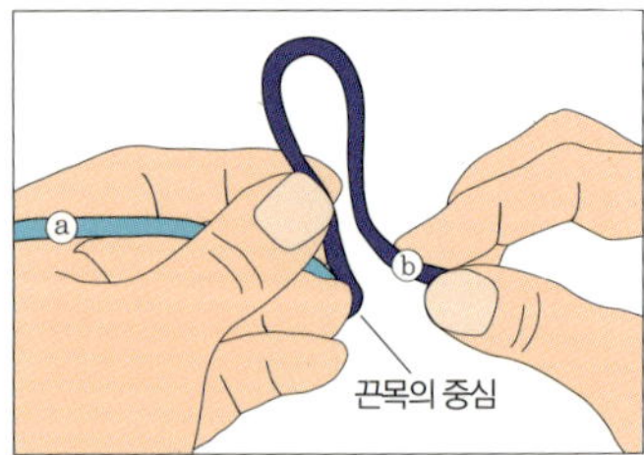

1 끈목의 중심에서 오른쪽으로 고리를 만든다.



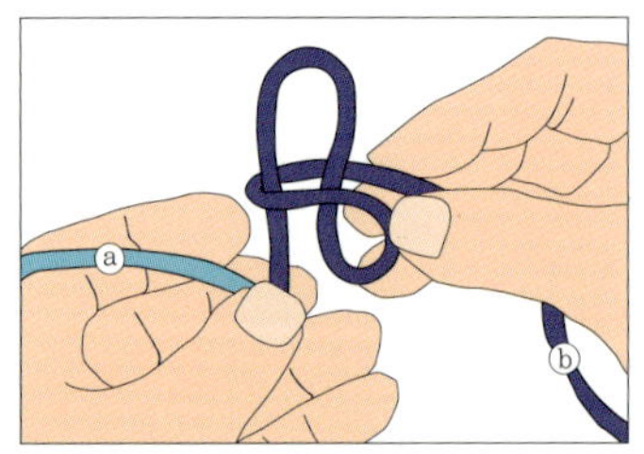

2 오른쪽의 ⓑ가닥을 그림과 같이 고리 앞에서 뒤로 감고 오른손으로 고정한다.



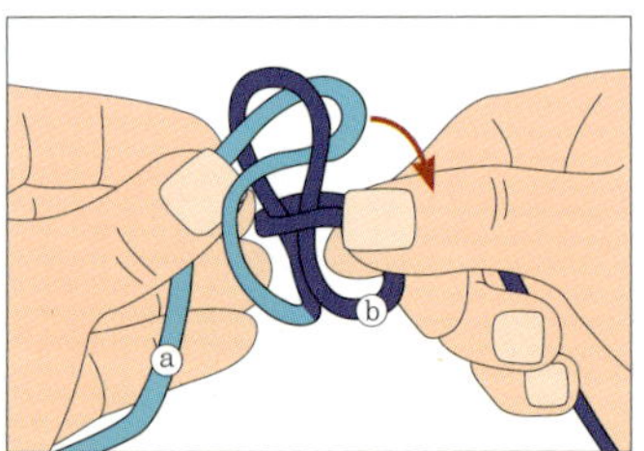

3 ⓐ가닥을 접어 ⓑ가닥의 고리 속으로 통과시켜 오른손에 쥔 부분에 씌우고서 고쳐 잡는다.



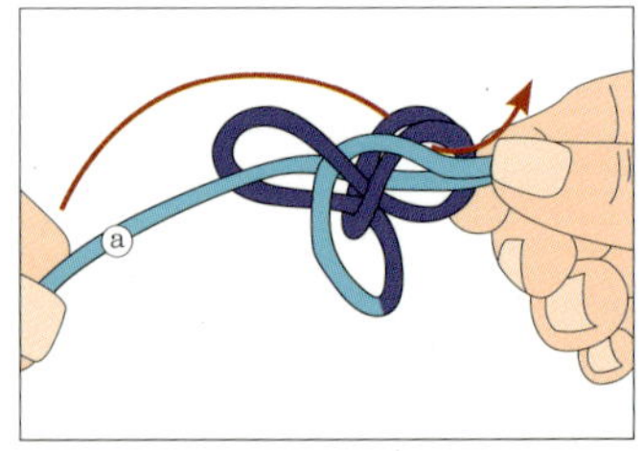

4 ⓐ가닥 끝부분을 화살표를 따라 ⓑ가닥의 2중고리 속으로 통과시킨다.



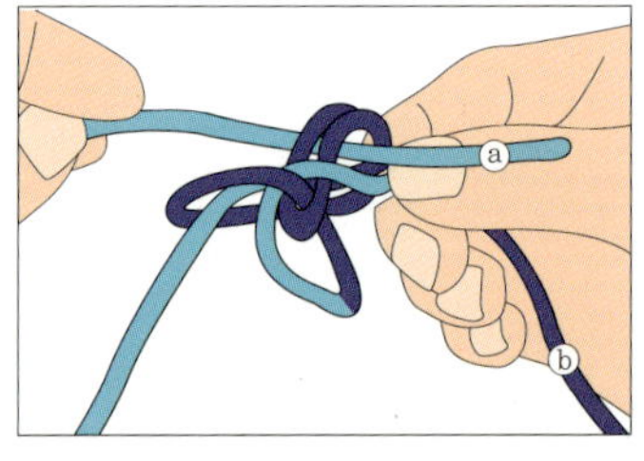

5 ⓐ가닥을 끝까지 통과시킨다.



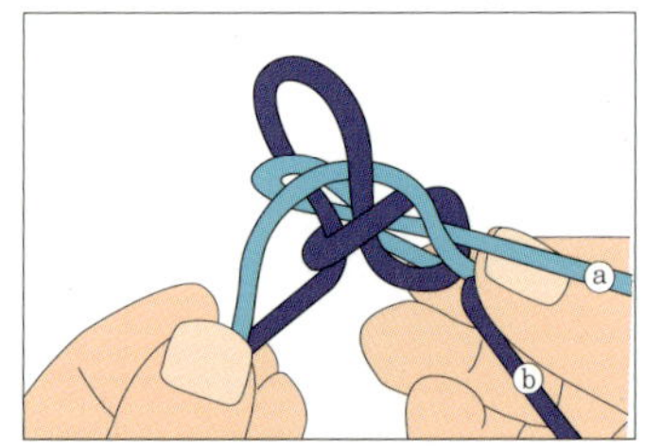

6 왼손으로 끈목의 중심을 쥐고 보면 이런 모습이 된다.



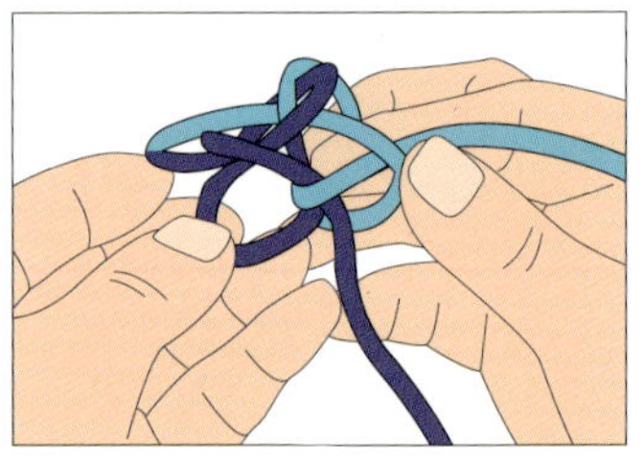

7 끈목의 중심 부분을 위로 올린 후 끝단을 오른손으로 잡으면서 정리를 시작한다.

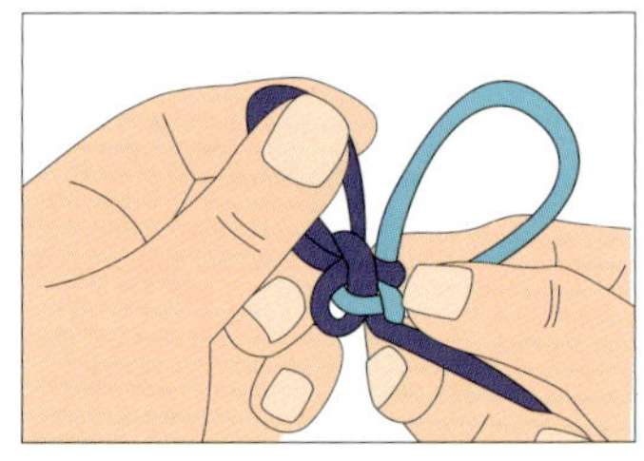

8 세 개의 고리를 찾아 당겨주면서 가운데를 卄자 모양이 되도록 정리한다.

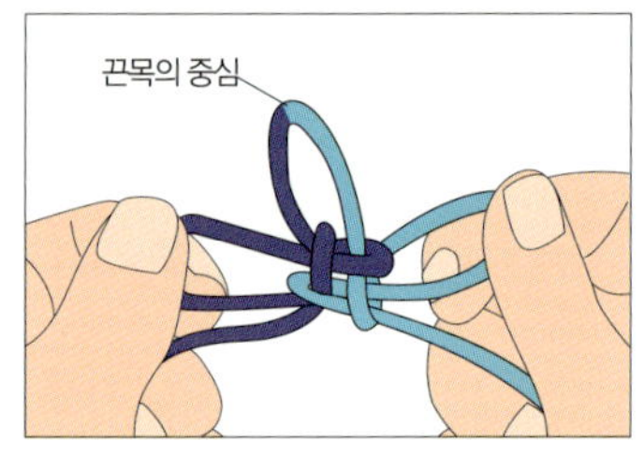

9 양쪽 고리를 당겨 일단 몸통을 조인다.



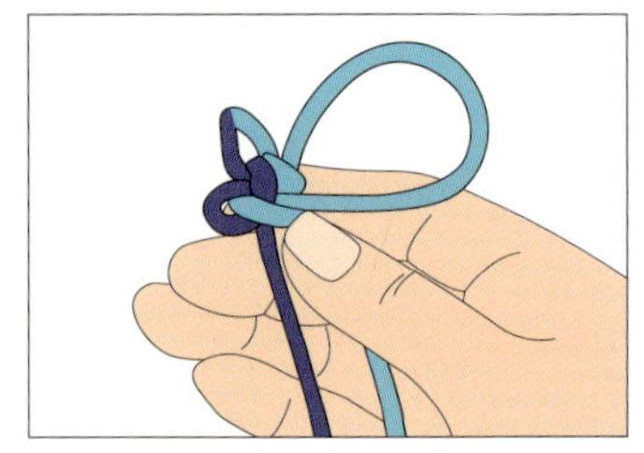

10 위쪽의 고리와 양쪽 고리를 차근차근, 고리 크기가 같아지도록 조인다.

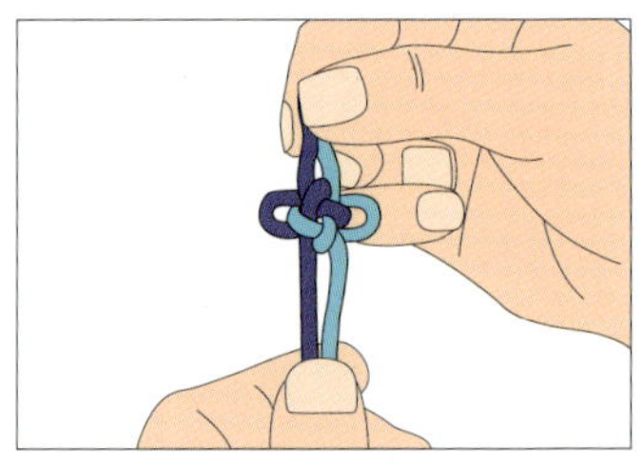

11 완성된 생쪽매듭.

　　　전통매듭을 보다 제대로 배우고자 하는 분들께는 '동림(東琳) 매듭공방'을 추천한다.

서울 종로구 가회동(북촌 박물관 골목)에 위치한 자그마한 한옥으로, 매듭 기능 전승자 제2009–03호인 심영미 씨가 운영하는 전통매듭 박물관이자 공방이다. 매주 목요일과 토요일에 매듭 교실(주1회 3개월 코스)이 운영되는데, 멀리 일본에서 찾아와 매듭을 익히는 문하생들이 있을 정도다. 전통매듭을 책으로 혼자 익히다가 한계를 느끼게 되면 꼭 한 번 들러볼만한 곳이다. 공방 입장 및 전시품 관람은 무료, 수강료는 유료. 연락처 : (02)3673–2778
http://www.shimyoungmi.com

　　　우리나라 고유의 매듭은 장인들에 의해 정리된 것만도 38가지에 이른다. 이 중에는 쉬운 것도, 매우 복잡한 것도 있어서 전부 마스터하기에는 큰 노력이 필요하다. 그렇다면 어느 정도의 매듭을 익혀야 작은 액세서리라도 만들 수 있을까?

　　　실제 기초 매듭법 2~3가지로는 실용적인 매듭 작품을 만들 수 없다. 여기에 소개한 연봉 매듭, 생쪽 매듭 이외에 삼정자 매듭, 국화 매듭, 매화 매듭, 병아리 매듭(생쪽+국화), 안경 매듭, 나비 매듭, 가지방석 매듭, 동심결 매듭, 날개 매듭 등 10여 가지의 매듭을 충분히 익혀야 비로소 눈에 보이는 결실을 얻을 것이다. 그러나 이러한 매듭들을

서적을 통해 배우기란 더욱이 쉽지 않은 일이다. 아무리 자세하게 사진과 그림을 통해 설명을 해 놓은 서적을 참고하더라도 복잡한 과정을 이해하기 어려우며 실제로 따라 하다보면 조이는 강도나 손가락의 위치 등에 의해 균형이 맞지 않거나 예쁘게 매듭이 만들어지지 않는 경우가 다반사이다.

　　　해결책은 있다. 전문가에게 직접 사사 받거나 그룹 스터디를 통해 익히는 것이 보다 빠르고 올바르게 실력을 기르는 지름길이다.

# 실내 장식 & 정원 가꾸기

## 행거로 멋내기

거실이나 침실 또는 개인 사무실의 인테리어로 행거나 액자를 다는 일이 있다. 이럴 때 벽이나 천정에 고정된 걸이용 훅이나 못을 이용하는 경우가 많다. 이때, 조금만 센스를 발휘하면 그 효과가 훨씬 달라진다. 별도의 끈을 이용해 색다른 분위기를 연출하는 것이다. 매달고자 하는 장식물과 벽에 고정된 훅(못) 사이에 매듭 하나가 있는 것으로 조화와 안정감이 배가되기도 한다. 또한 끈을 연결해 행거나 액자를 걸 때는 미리 매듭을 짓지 말아야 한다. 실내 장식 효과를 극대화하기 위해서는 설치 장소와 장식물 간의 전체적인 균형을 고려해야 하고, 그 균형을 다시 한 번 확인해야 하기 때문이다. 부착한 끈의 길이와 매듭의 위치를 아래로 또는 위로 조절할 기회를 남겨야 하는 것이다.

## 드라이플라워로 멋내기

꽃이나 풀을 건조시켜 만드는 공예품이 드라이플라워이다. 어떤 꽃이든 드라이플라워 대상이 될 수 있지만, 규산(Silicic acid) 성분이 함유된 단단한 식물이 보다 우선적이다. 그러고 보면 드라이플라워를 잘 만드는 사람은 물건을 소중히 여기는 부드러운 품성을 지녔다는 느낌이 든다. 어떤 기회에 멋진 꽃다발을 선물 받았다면 드라이플라워로 만들어 오래 오래 즐겨 보면 어떨까. 거실이나 부엌의 인테리어로 사용하면 우아함과 계절감을 불러들이기에 그만이다. 황색 꽃은 생화 때보다도 더 따뜻한 색감이 된다. 흰색 꽃은 어딘가 바랜 듯한 우아한 색상을 보여줄 것이다. 붉은 꽃은 진홍색으로 변해 보다 선명한 느낌으로 다가온다.

### 셀프 가드닝(Self gardening)에 도전하기

마당이 딸린 단독 주택이라면 정원 가꾸기도 아주 좋은 소일거리다. 아파트에 살아 마당이 없다면 주말농장을 이용하는 것은 어떨까. 콘크리트로 뒤덮인 도시를 잠시 벗어나 자연을 접하며 흙냄새 맡을 기회를 만들어보자. 가족 모두에게 신선한 감동을 선사할 것이다. 셀프 가드닝(Self gardening). 심심한 현관문에는 장신구를 드리우고 텃밭 테두리에는 친환경적인 울타리를 만든다. 화분에 심은 나팔꽃과 키가 너무 커진 방울토마토에 가느다란 지주를 세워 주면 한결 곱게 보이고 곱게 자란다. 그 방법 또한 어렵지 않다. 내가 가꾸는 집 안, 집 밖 정원을 정겨운 고향집 풍경처럼 만들어 보자.

### 정원에 울타리를 만들어 보자

대나무나 각목을 이용해 정원 · 텃밭 · 주말농장 같은 곳에 친환경 울타리를 만들어 보자. 정겨워 보이는 겉모습이 전부가 아니다. 공기 소통에도 좋고 불청객의 방문과 습격에도 그 역할을 다할 것이다. 누군가 혼자 떠맡아 하기보다는 가족이 함께 참여하면 능률도 오르고 보람도 클 것이다. 먼저 세로 기둥이 될 대나무(또는 각목)를 땅에 적당한 깊이로 박아 고정시킨다. 계속해서 좌우로 흔들리지 않게, 그리고 간격이 일정하도록 살펴가면서 필요한 만큼의 세로 기둥을 더 세운다. 다음은 가로 막대를 부착할 위치를 결정한 후 테이프 등을 이용해 임시로 고정시킨다. 가로 대는 상단과 하단의 2단 구조라면 어느 것을 먼저 고정해도 관계없지만 3단 구조라면 상단과 하단을 먼저, 중간을 마지막에 고정시켜야 튼튼해진다.

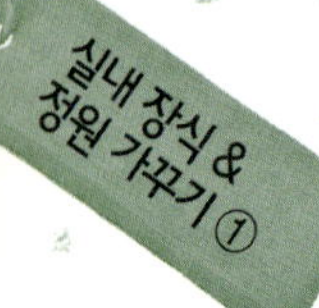




# 행거 및 액자 매달기

❖ 집안 거실이나 침실, 욕실 또는 아기들 방에 각종 장식물을 매달 일이 생긴다. 이때 행거나 액자에 부착돼 있는 고리를 벽면의 못이나 걸이용 훅에 직접 걸 수도 있지만, 여러 가지 이유로 별도의 끈이 필요할 때가 많다. 게다가 별도의 끈을 이용해 행거나 액자를 매달면 그냥 못에 걸 때보다 색다른 분위기가 연출되기도 한다.

사용하는 끈은 무엇이든 좋지만 인테리어 장식이라는 점을 감안하자. 매듭 공예에 사용하는 선명한 색상도 좋지만 자연친화적 질감의 황마 끈을 사용하면 의외로 효과적이다.

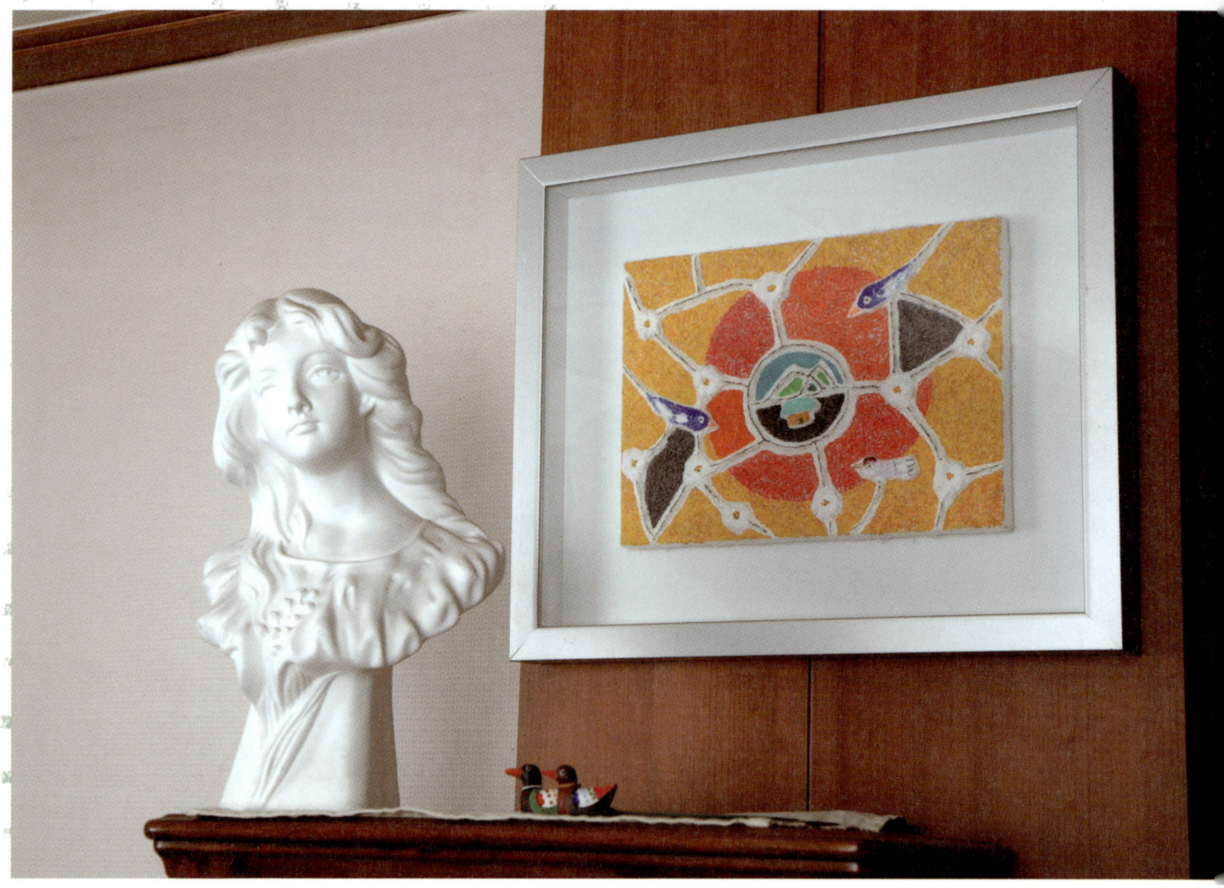

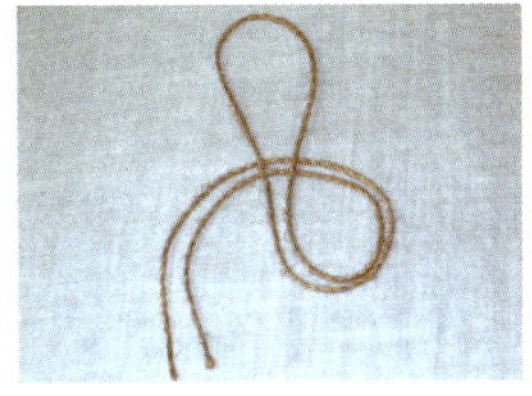 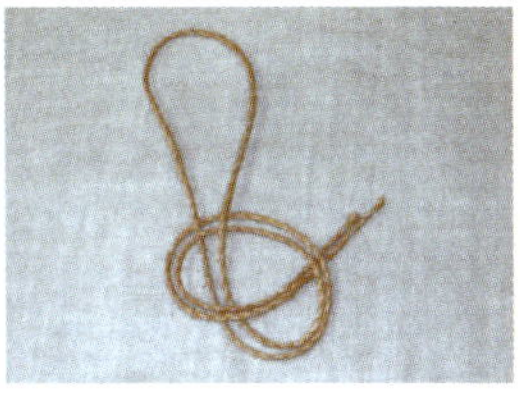 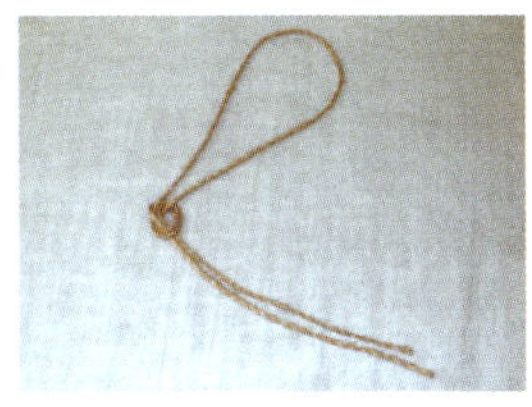 

## Ⓐ 황마 끈 묶기

**1** 고리를 만들되 한 가닥은 고리 밖으로, 하나는 고리 안으로 통과시킨다.

**2** 양쪽 끝을 모아 고리 속으로 통과시킨다.

**3** 양쪽을 당겨 조인다.

**4** 행거의 고리에 한 쪽 끝단을 집어넣고 매듭을 짓는다.

## Ⓑ 피겨 에이트 *Figure eight knot*

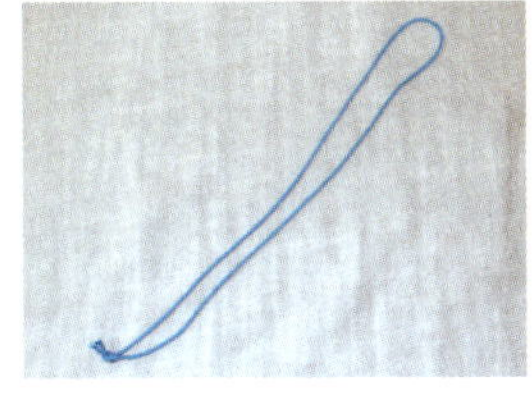  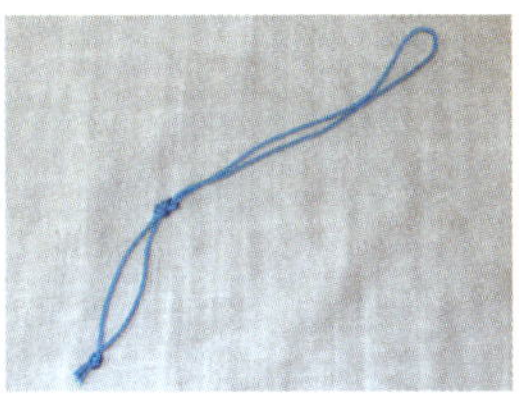 

**1** 적당한 길이의 끈을 접은 후 한 쪽 끝을 묶는다.

**2** 접은 부위를 8자 매듭 방식으로 돌려 또 하나의 매듭을 짓는다.

**3** 두 번째 매듭이 '8자 매듭' 방식이어야 줄이 일직선 형태를 유지한다.

**4** 행거에 끝 매듭을 통과시킨 후, 접은 부위를 끝 매듭 고리에 통과시킨다.

## Ⓒ 액자 달기

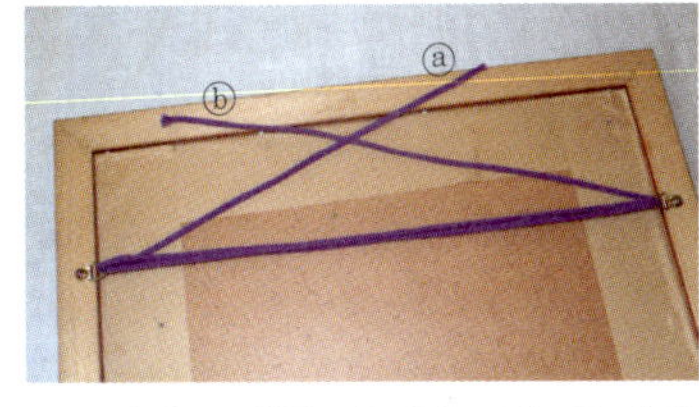 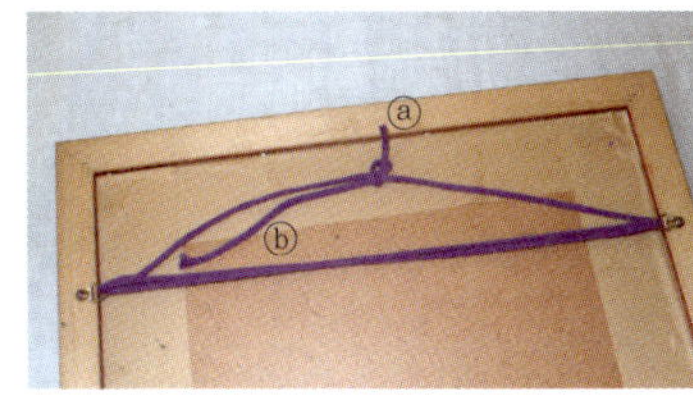 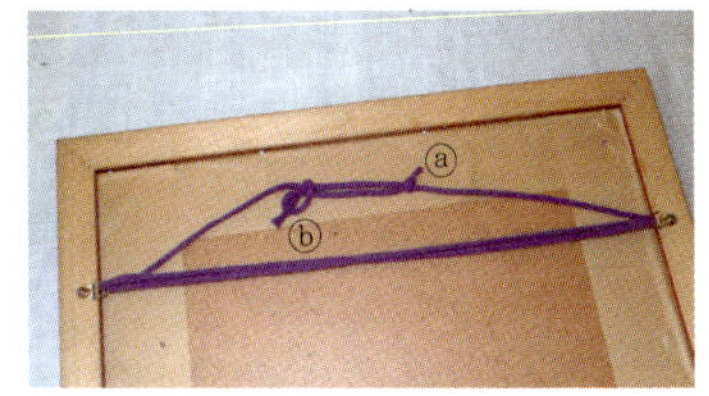

**1** 액자 무게를 감안한 끈을 준비해 액자 고리 속으로 두세 번 통과시킨다.

**2** ⓐ가닥 끝단을 ⓑ에 대고 한 번 매듭을 짓는다.

**3** 반대쪽 ⓑ도 마찬가지로 ⓐ가닥에 대고 한 번 매듭을 짓는다.

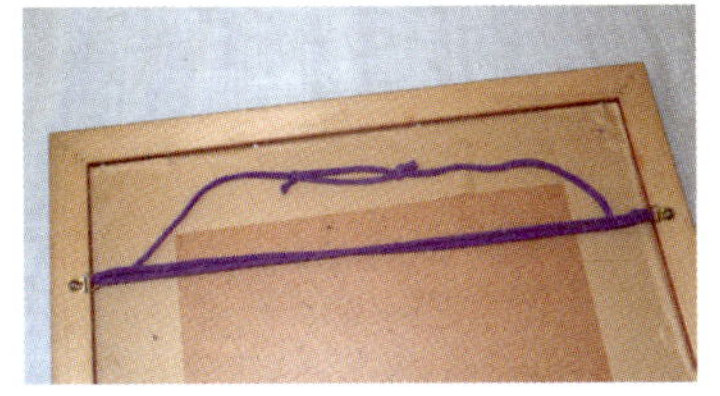 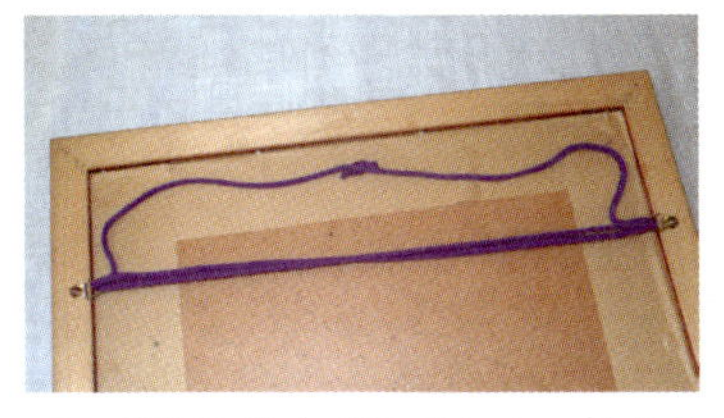 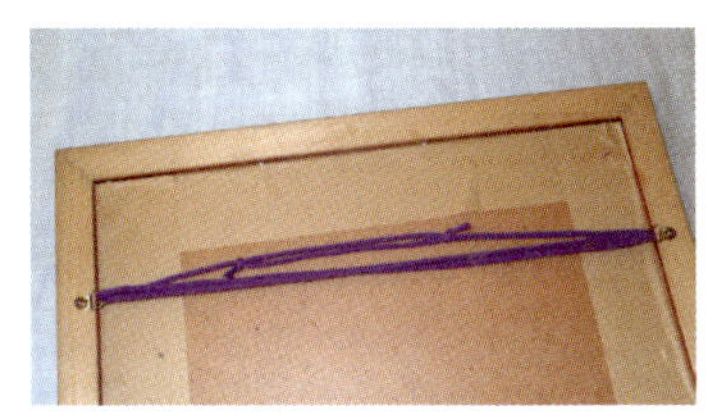

**4** 양쪽 끈을 맞당기면 매듭 간격이 좁혀진다. (2~4단계 상세 과정 144쪽 유니 노트 참조)

**5** 매듭 부위의 자투리를 서로 당기면 매듭이 벌어져 길이 조절이 가능해진다.

**6** 벽에 걸 때는 끈을 겹쳐 달아야 쳐지지 않는다.

**형형색색, 채소 등(燈)을 달아보자**

# 키친 인테리어

❖ 고추, 마늘, 꽈리, 옥수수와 같은 채소나 과일 등 수확한 농작물을 보존하기 위해 매달아 말리는 것은 시골에서 흔히 볼 수 있는 풍경이다. 이에 힌트를 얻어 실내 장식으로 활용하는 방법을 소개한다.

가정 원예나 주말농장을 통한 수확이 있다면 더욱 시도해 볼 만한 작업이다. 꼭 채소가 아니어도 좋다. 드라이플라워를 응용한다면 인테리어로서도 효과 만점이다. 부엌 벽면이나 창가에 드리워 두면 에스닉한 분위기를 물씬 풍긴다.

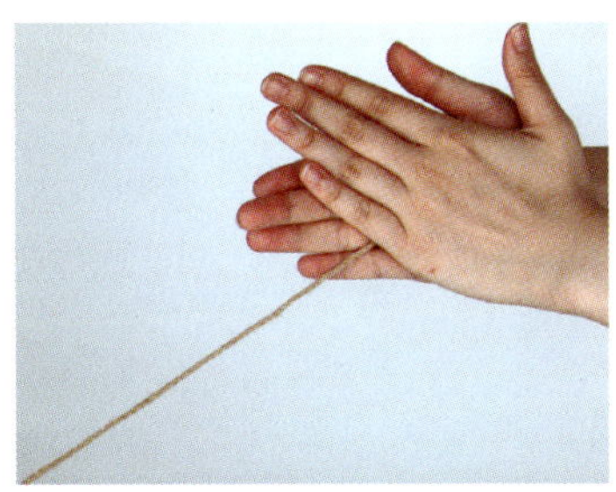

1 한 쪽을 고정시킨 노끈을 두 손으로 잡고 한 방향으로 비튼다. 여러 번 반복해야 두 줄이 촘촘히 꼬인다.

2 비틀린 노끈을 두 손으로 팽팽하게 잡고서 반으로 접는다. → 겹쳐진 양끝을 오른손에 쥐고 왼손을 놓아주면 두 줄이 저절로 꼬인다. → 꼬임이 고르게 되도록 잘 정리하고 끝단을 한 번 묶어 꼬임이 풀리지 않게 한다.

3 줄 꼬임 틈 사이로 준비한 형형색색 채소 꼭지를 하나하나 끼워 넣는다.

4 좌우 대칭으로 끼워 완성시키다.

5 실내 벽면에 걸어 두어도 좋고 창틀에 걸어 두어도 좋다.


인테리어에 사용하는 끈은 자연적인 소재가 어울린다. 표면에 텍스처가 보이는 황마 소재의 노끈이 좋다. 짚을 꼬아 만든 가는 새끼줄이 있다면 금상첨화다. 채소 대신 생화를 끼워 드라이플라워를 만들어도 좋다. 감을 매달면 자연스레 곶감을 만들 수도 있고, 조화나 모형 과일을 사용해도 운치 있는 부엌 장식품이 된다.

**아름답게 보이고 아름답게 자라게**

# 삼각 지주 만들기 Tripod lashing

❖ 주말농장 활동이 유행이다. 그러나 직접 경작을 해 보면 어려운 일이 한두 가지가 아니다. 매일 매일 방울토마토의 키가 쑥쑥 자라고 비 온 후의 오이는 여기저기 열려 줄기가 축축 늘어진다. 지주 대를 세워 줘야 할 텐데….

화분에 심은 방울토마토를 위해 삼각 지주를 세워 줄 때도 마찬가지다. 세 개의 막대만 있으면 되는 간단한 방법인데, 기왕 대나무와 같이 자연친화적인 소재를 사용해 주면 지주에 의지해 자라는 식물의 자태가 보다 아름답게 보일 것이다.

1 가는 대나무 세 개를 나란히 세워 그 중 한 개에 노끈을 묶는다.

2 막대가 흐트러지지 않도록 잡고서 세 개 모두를 2~3회 칭칭 감는다.

3 사진과 같이 막대 사이에 노끈을 끼운다.

4 막대 사이에 끼운 노끈을 가로 줄에 대고 2~3회 힘껏 감아 돌린다.

5 노끈을 옆으로 이동해 막대 사이에 끼운다.

6 같은 방법으로 노끈을 가로 줄에 대고 2~3회 힘껏 감아 돌린다.

7 막대 틈새로 한 바퀴 더 돌리되, 사진8과 같이 빼내어 매듭을 짓는다.

8 같은 방법으로 노끈을 한 바퀴 더 돌려 엇갈리게 빼낸다.

9 매듭을 꽉 조여 주면 완성!

**예쁜 울타리, 손수 만들어 보자**

# 대나무 울타리 세우기

❖ 예쁜 텃밭을 만들거나 정원을 가꿀 때, 울타리는 방범 목적이 아닌 경계선의 의미이다. 투박해서는 안 되며 조경의 일부로 생각하고 감상할 수 있어야 한다.

대나무나 각목 등, 나무 기둥을 직각으로 교차시켜 서로 묶을 때 가장 많이 활용되는 방법이 '스퀘어 래싱'과 '재패니스 래싱'이다. 두 가지 모두 설명하는 방법대로 묶기만 하면 튼튼한 울타리가 되는데, 작업 단계마다 방향에 주의하면서 힘껏 당기지 않으면 헐겁게 마무리되어 잘 고정되지 않는다는 점에 유의하자.

1 가로 기둥 아래의 세로 기둥에 노 끈을 두 번 묶어 주고 시작한다.

2 자투리 줄이 노출되지 않게 긴 줄 에 대고 여러 번 꼬아 붙인다.

3~6 사진의 순서에 맞춰 노끈 을 가로 기둥과 세로 기둥 에 감아 돌린다.

7 사진4~6의 작업을 두 번 더 반복 한다. 이때 노끈이 서로 겹치지 않 고 나란히 감기도록 주의한다.

8 가로 기둥에 반 바퀴 더 돌린다.

9~13 화살표 방향으로 계속 감아 나가되, 한 번 감 을 때마다 강하게 조여야 한다.

14 가로 기둥의 오른쪽으로 한 바퀴 돌리고 고리 속으로 노끈을 빼낸다.

15 '반매듭(Half hitch)'이 옆쪽 매듭 부위에 가지런히 모이도록 위쪽으로 강하게 당겨 조인다.

16 사진14와 같은 방식으로 다시 한 번 '반매듭'을 지어 준다.

17 아래 쪽으로 강하게 당겨 조인 후 자투리는 잘라 낸다. 이상과 같은 작업을 다음 기둥으로 이어나간다.



울타리나 지주를 만들기 위한 대나무 구입은 인터넷으로 전국 각지의 대나무 밭을 통하면 된다. 그러나 길이와 굵기를 직접 확인하려면 서울 반포동 강남고속버스터미널 3층에 위치한 꽃상가를 방문하는 것이 좋다. 생화를 판매하는 꽃상가는 오후 1시면 폐점하므로 야간이나 오전 중에 이용해야 한다.

정원 가꾸기에 사용하는 노끈은 황마(黃麻 · Jute) 소재나 종려나무 섬유로 만든 것이 좋다. 습기에 강하고 튼튼하며, 표면의 형태나 색상이 자연 소재이므로 대나무와 같은 목제에 잘 어울린다.

황마 노끈은 방산시장이나 동대문종합상가 청계천 쪽 입구 부근에서 구입할 수 있다.

## 재패니스 래싱 Japanese square lashing

1 가로 기둥을 세로 기둥 위에 대고 걸친 후, 노끈을 먼저 세로 기둥 뒤로 한 바퀴 돌려 겹쳐 쥔다.

2 손에 쥔 노끈 두 겹을 세로 기둥 뒤로 돌리고 가로 기둥 위로 내린다.

3~6 가로 기둥 위에 대고 당긴 줄을 화살표 방향으로 차례차례 감아나가되 단계마다 힘껏 조인다.

7 두 줄을 각각 나눠 쥐고 한 줄은 가로 기둥 뒤로 한 줄은 대각선으로 교차시킨다.

8 양손을 바꿔 쥐고 각각 화살표 방향으로 힘껏 감는다.

9~11 두 줄을 각각 화살표 방향으로 돌려 서로 교차시키면서 위아래로 한 번씩 감아 준다.

12,13 아래쪽에서 단단하게 두 번 매듭을 짓는다. 여기에서 끝내도 좋다.

14,15 각각의 자투리를 이용해 가로 기둥 양쪽에 대고 '반매듭(Half hitch)'으로 마무리한다.

16 양쪽 줄을 힘껏 쥐고 매듭 부위 좌우로 나란히 모여들게 바짝 당겨 준다.


노끈을 겹쳐 쥐고 시작하는 재패니스 래싱(Japanese square lashing) 방법은 스퀘어 래싱(Square lashing)보다 오히려 쉬울 수도 있다. 문제는 각각의 교차 부위를 얼마나 단단하게 묶어주느냐가 관건이다.
혼자 하기에는 매우 불편하므로 아이들이나 부인의 도움이 필요하다. 물론 힘껏 당기고 조이는 것은 가장의 몫이다. 완성된 모습이 깔끔해 보이기 위해서는 세로로 세운 대나무 기둥의 간격을 똑같게. 그리고 가지런히 나란하게 세우는 것이 포인트.

# Part 5 레저

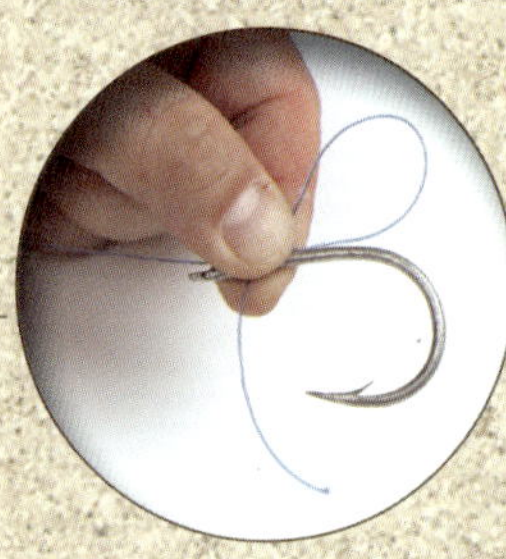

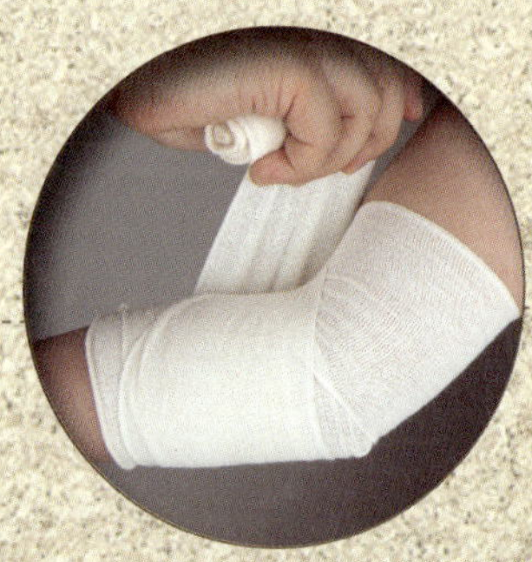

# 아웃도어 라이프

## Section 12 :: 짜릿하고 맛있는 낚시

① 바늘 묶음법
② 도래 및 루어 묶음법
③ 낚싯줄과 낚싯줄 연결법
④ 가지바늘 달기
⑤ 낚싯대 끝에 원줄 매기

## Section 13 :: 신바람 하이킹 & 캠핑

① 로프 끝단 처리
② 로프 정리해 두기
③ 구명 로프 묶기
④ 간편 줄사다리 만들기
⑤ 텐트 설치하기
⑥ 빨랫줄 설치하기

## Section 14 :: 붕대를 이용한 응급처치

① 팔 · 다리 감기
② 손등, 손목 감기
③ 관절 부위 감기
④ 삼각건으로 발목 고정하기
⑤ 삼각건 어깨에 사용하기

# 짜릿하고 맛있는 낚시

## 낚시의 시작은 묶고 매듭짓는 일

아웃도어 활동 중에는 줄과 매듭의 활용 빈도가 높은 분야가 많다. 그 중에서도 낚시가 으뜸이다. 낚싯줄 없는 낚시를 생각할 수 없고, 모든 낚시는 낚싯줄로 각종 소품을 묶고 연결하고 매듭짓는 일로부터 시작된다. 게다가 한 번의 준비로 끝나지 않는다. 낚시 도중 소품에 문제가 생기거나 기대한 만큼의 성능을 발휘하지 못한다고 판단되면 그때마다 소품을 교체해야 하기 때문에 낚시는 그야말로 '묶고 연결하고 매듭짓는 일'의 반복이라고 할 수 있다. 물론 처음부터 여러 가지 매듭법을 익힐 필요는 없다. 낚시가게 주인이나 경험자의 도움을 받아 먼저 낚시를 시작해 보고, 차츰 낚시에 재미가 붙으면 그때부터 하나하나 익히면 된다. 그러다 보면 묶고 연결하고 매듭짓는 일 자체가 낚시의 즐거움이라는 걸 체험하게 된다.

## 낚싯바늘 묶는 법부터 익히자

모든 낚시는 낚싯대와 낚싯줄, 낚싯바늘과 미끼로 구성된다. 이 네 가지 요소를 기본으로 여러 가지 낚시 장르가 파생되는 것이다. 이 가운데 낚싯바늘은 물고기를 포획하는 가장 핵심적이고도 직접적인 도구이다. 이 낚싯바늘은 용도별로 구분해 별도 판매되지만, 아예 낚싯줄을 묶어 판매하기도 한다. 역시 처음엔 낚싯줄이 달린 묶음 바늘을 사용하는 것이 편리하지만 낚시를 계속 하다 보면 그 한계를 느끼게 된다. '초보' 딱지를 떼기 위해서도 바늘을 손수 묶을 줄 알아야 하는 것이다. 우선 '안 돌리기'와 '바깥 돌리기' 가운데 초보자가 익히기 쉬운 '바깥 돌리기' 한 가지부터 숙달하면 된다. 이후 '손가락 돌려 묶기'를 익힌다면 눈을 감고도 낚싯바늘을 묶을 수 있는 낚시 도사의 경지에 이르게 된다.

## 낚싯대 끝(초릿대)에 채비 연결하기

낚싯대에 연결하는 채비는 원줄·목줄·바늘 세 가지로 구
성된다. 찌낚시의 경우는 원줄에 찌가 부착되지만 공통적인
'채비의 3대 구성'은 이 세 가지이다. 또 옛날 재래식 낚시
는 원줄과 목줄 구분 없이 튼튼한 낚싯줄 하나를 낚싯대 끝
에 연결하고 그 한 쪽 끝에 낚싯바늘을 매달았지만, 예민성
을 중시하는 오늘날의 낚시 채비에는 바늘을 묶는 데 있어
별도의 줄이 사용된다. 일정 길이의 가느다란 이 낚싯줄을
'목줄'이라 부르며, 바늘을 단 목줄과 낚싯대 끝에 단 원줄
은 각각 고리를 지어 연결하거나 별도의 도구(도래)를 이용
해 연결한다. 그러나 이상의 채비를 연결하는 순서는 낚싯
대 끝에 원줄을 매다는 작업이 우선이다. 복잡할 것 없이 낚
싯대 끝에 원줄을 달고, 그 원줄 끝에 바늘을 매단 목줄 끝
을 연결하면 되는 것이다.

## 루어낚시의 묘미와 루어 묶는 법

'유혹과 쾌감'을 낚시의 묘미로 정의하다면 여러 낚시 분야
중에서도 루어낚시야말로 매력의 극치다. 루어낚시는 물고
기를 유혹하는 데 사용하는 미끼 자체가 '가짜 미끼'이기 때
문이다. 일반적인 낚시는 물고기가 실제로 취하는 먹을거리
를 제공하지만 루어낚시는 먹을거리처럼 생긴 모형, 즉 쇠
붙이나 나무·플라스틱 등으로 만든 루어(Lure)라는 인조 미
끼로 유혹하는 것이다. 탐닉하면 할수록 중독성이 강한 루어
낚시는 미끼 대신 루어를 사용하므로 낚시인의 실수와 장애
물로 인한 소모도 발생하지만 필요에 따라 교체하는 경우가
더 많다. 따라서 루어낚시는 루어 묶는 방법부터 먼저 익혀
야 한다. 신속하면서도 강도 높은 루어 묶음법은 '꽈배기 묶
음'이 최우선이며 대부분의 루어에도 통용되는 방법이다.

아무리 바빠도 바늘허리 매어 쓰지는 못한다

# 바늘 묶음법

❖ '아무리 바빠도 바늘허리에 매어 쓰지는 못한다'는 속담처럼 모든 일에는 순서가 있고 격식이 있게 마련이다. 특히 낚시는 낚싯바늘을 제대로 매는 것으로부터 모든 작업이 시작된다. 아무리 마음이 급해도 마구잡이로 바늘을 묶어선 물고기를 낚지 못한다. 낚싯바늘을 묶는 방법은 무려 20여 가지에 달한다. 낚싯바늘의 종류와 대상어종에 따라 그 특성을 살려야 하기 때문이다. 그러나 여기에 소개하는 4가지만 익혀도 적시적소에서 활용할 수 있다. 그 중에서도 '바깥 돌리기' 방식이 기본이다.

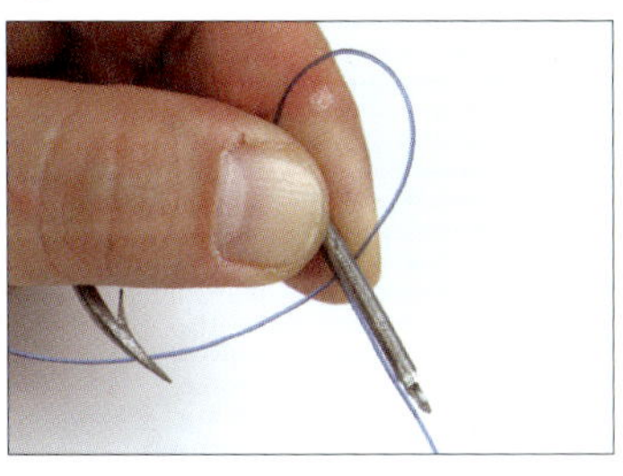

1 낚싯줄이 그림2와 같은 형태가 되
도록 왼손에 바늘을 쥔다.

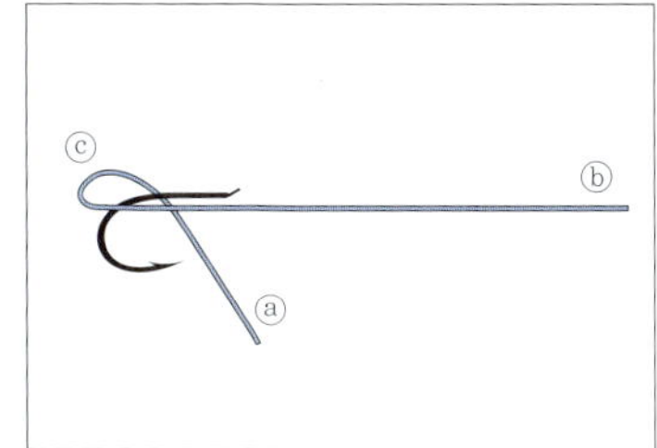

2 오른손으로 ⓐ를 ⓑ와 바늘 축 위
로 5~6회 감아 돌린다.

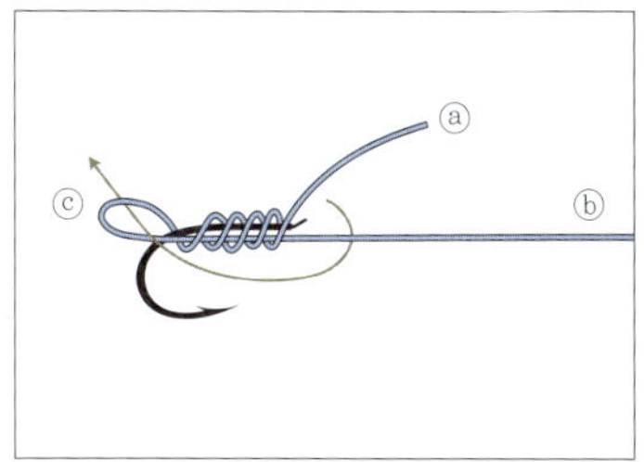

3 ⓐ를 ⓑ 뒤로 돌려 ⓒ고리 속으로
집어넣는다.

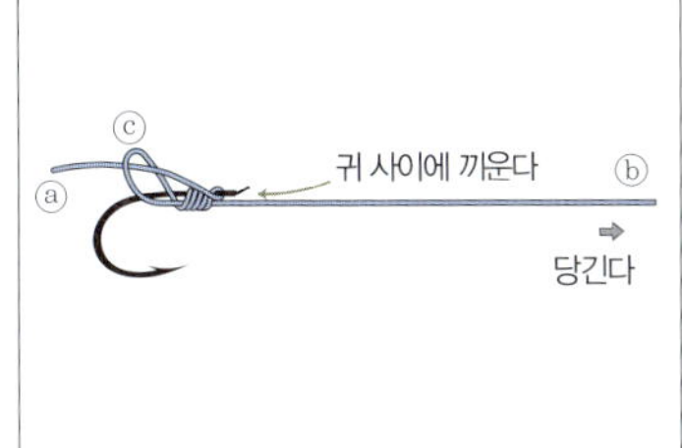

3-1 그림3과는 달리 ⓐ를 바늘귀
와 ⓑ줄 사이에 끼워 ⓒ고리 속으
로 넣어도 된다.

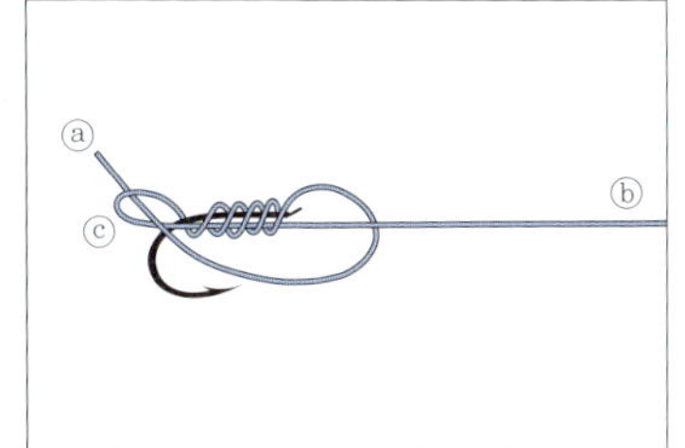

4 ⓑ를 먼저 당기고 ⓐ를 나중에 당
긴다.

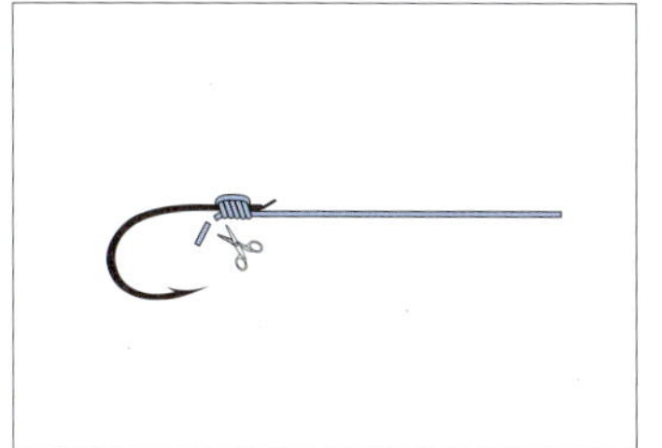

5 자투리를 잘라낸다. 바짝 잘라도
풀리지 않는다.



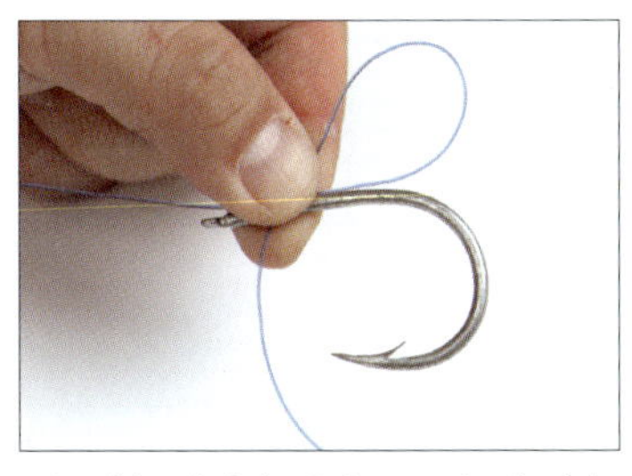

1 왼손 엄지와 검지로 그림2와 같은
형태가 되도록 바늘귀와 낚싯줄 교
차 지점을 쥔다.

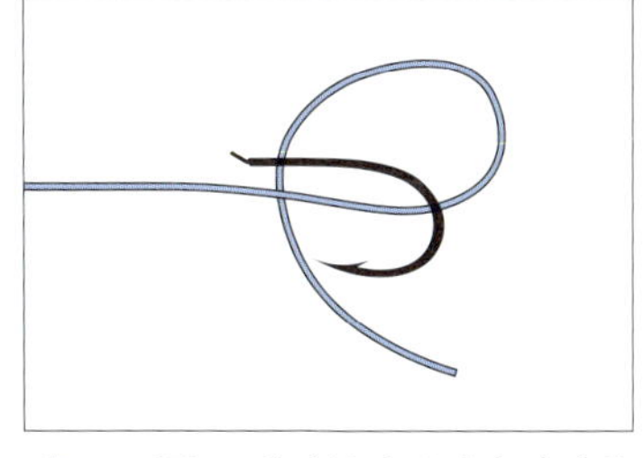

2 고리를 크게 만들어 주어야 작업하
기가 쉽다.

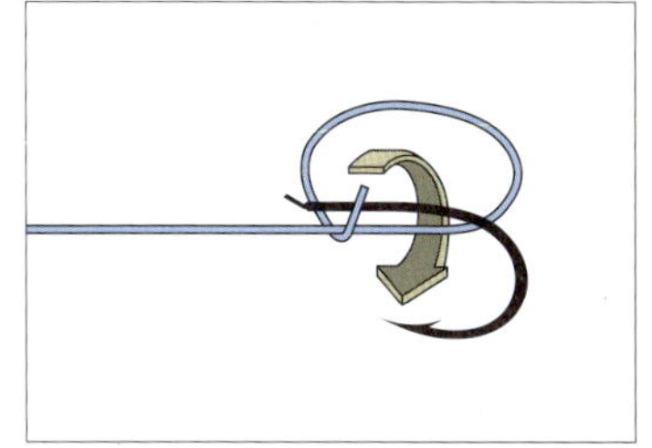

3 낚싯줄 끝단을 고리 속으로 집어넣고
돌려 빼내기를 5회 가량 반복한다.

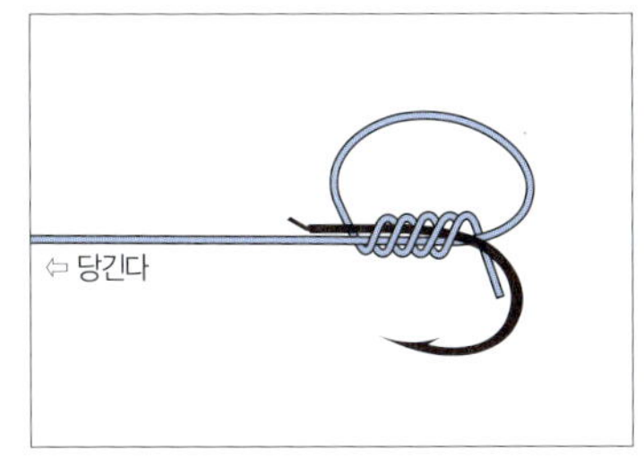

4 낚싯줄 끝이 바늘 축 안쪽에 놓이게
한 후 반대쪽 긴 줄을 잡아당긴다.

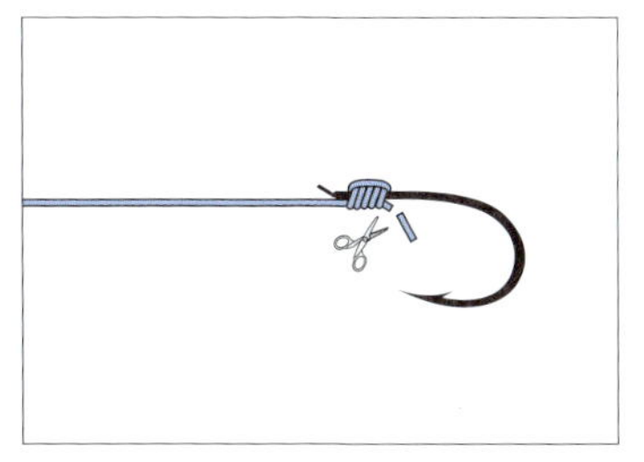

5 자투리 줄을 잘라낸다.

> **Tip**
> 낚시를 하는 도중 바늘이
> 떨어져 나갔을 때, 목줄을 새로 교체할
> 필요 없이 끄트머리에 바로 바늘을 묶
> 을 수 있는 방법 중의 한 가지이다. 손
> 쉬운 바늘 교체 방법이긴 하지만 너무
> 작은 바늘의 경우에는 낚싯줄을 묶기
> 가 불편한 것이 단점이다.

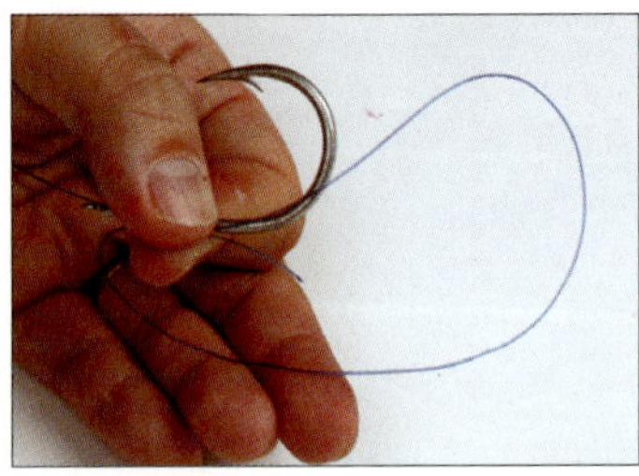

1 그림1과 같은 형태가 되도록 왼손으로 낚싯줄과 바늘귀를 쥔다.

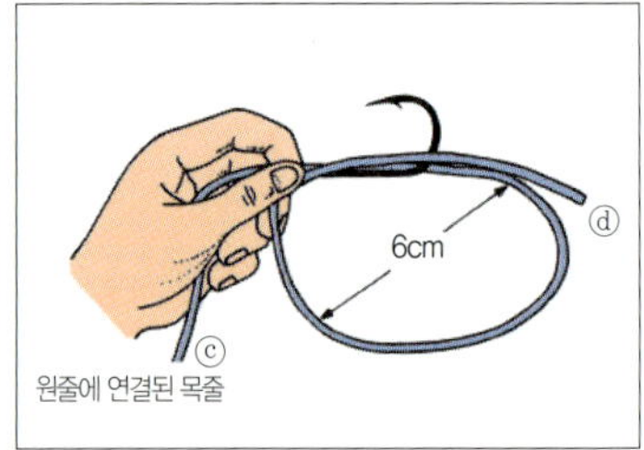


2 고리의 크기를 직경 6cm 정도 되게 넉넉하게 만들어 준다.

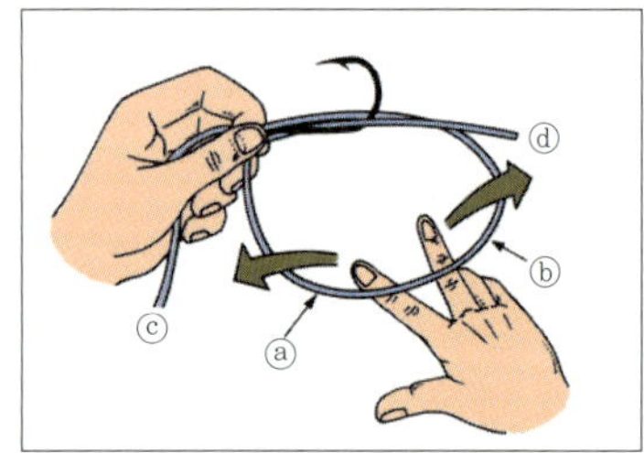

3 오른손 검지와 중지를 고리 속에 양쪽으로 벌린다.

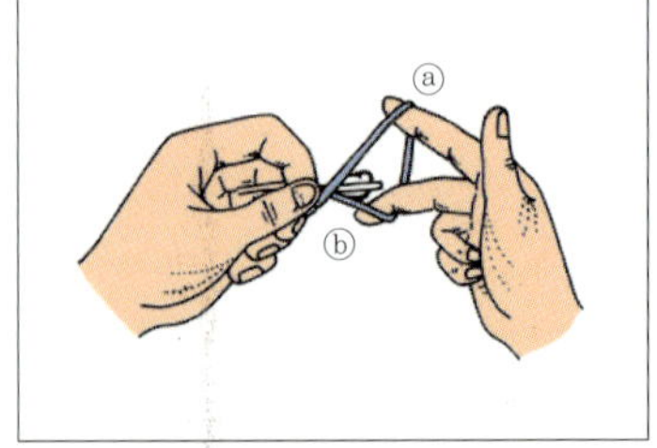

4 그림2에서 중지 끝을 ⓑ에 걸어 누르는 기분으로 시계 방향으로 돌리는 한편,

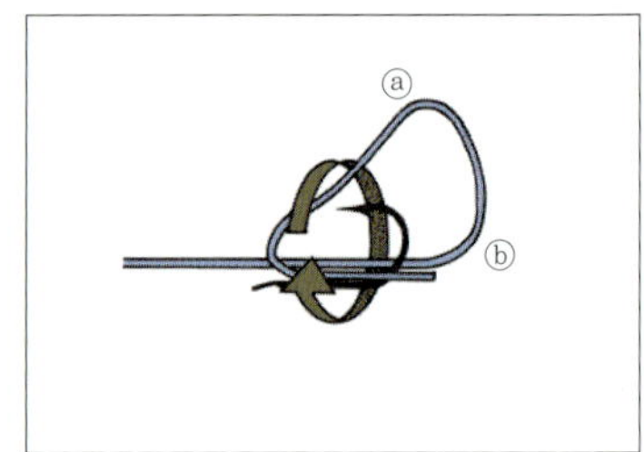

5 검지는 그냥 곧추 세워주는 것으로 ⓐ부분 줄이 손가락에서 이탈되지 않게 한다.

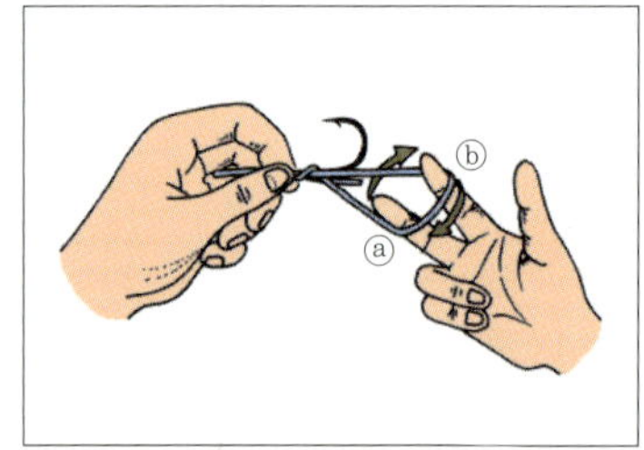

6 그림3에서 검지로 ⓐ부분을 바늘 너머로 한 바퀴 돌리는 동시에 두 손가락 방향을 뒤집는다.

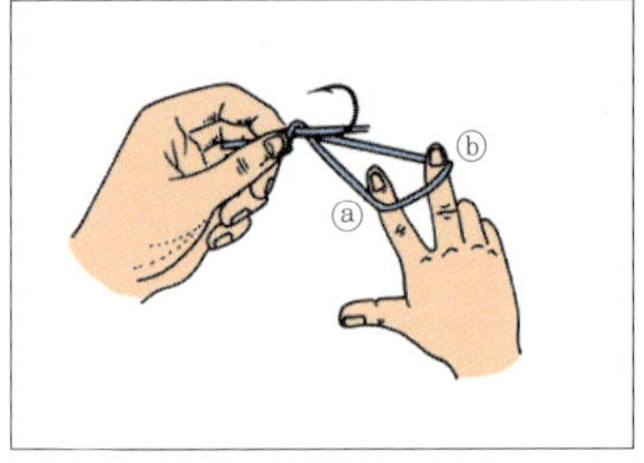

7 이제 검지와 중지를 반 바퀴 돌려 서로 위치를 바꾼 후, 4~6단계 동작을 4~5회 반복한다.

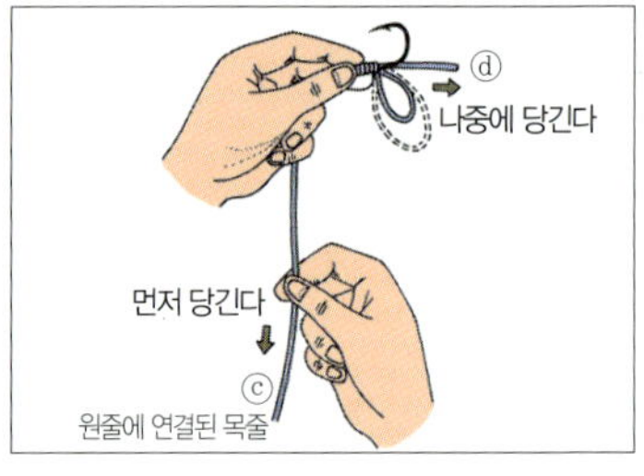


8 ⓒ를 먼저 당기고 ⓓ를 나중에 당긴다.

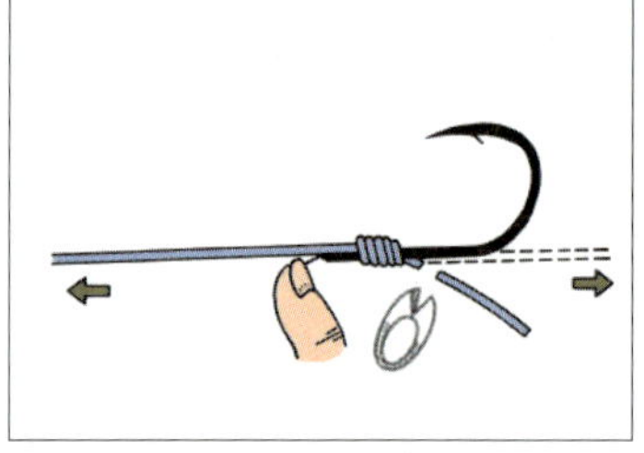

9 손톱으로 바늘귀를 매듭 부위까지 밀어내린 후 자투리를 잘라낸다.

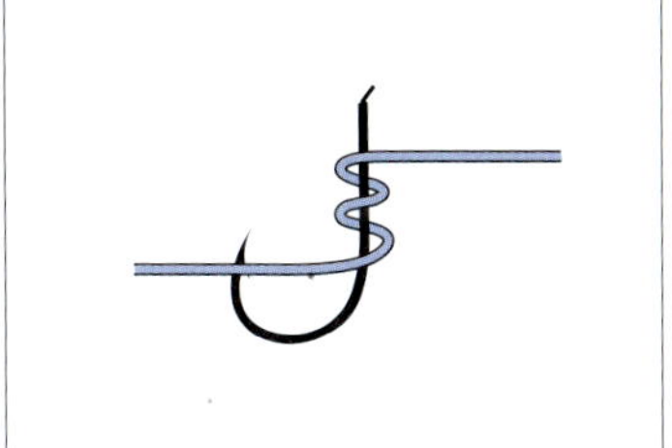

1 낚싯줄을 바늘허리에 세 바퀴 감아 돌린다.

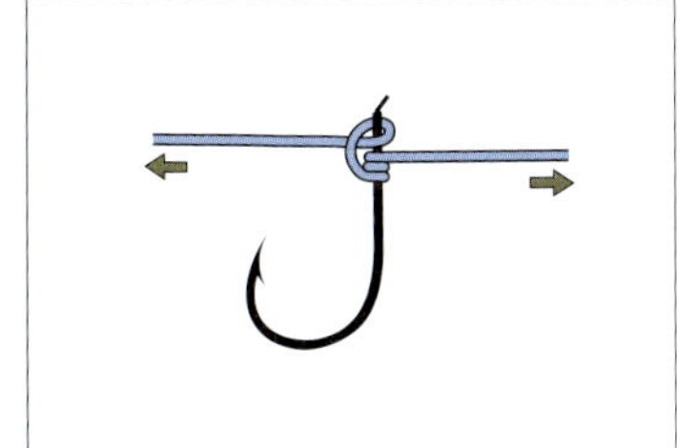

2 아래쪽 줄을 들어 올려 바늘귀에 대고 엇돌려 매듭을 지은 후, 양쪽을 당겨 조인다.

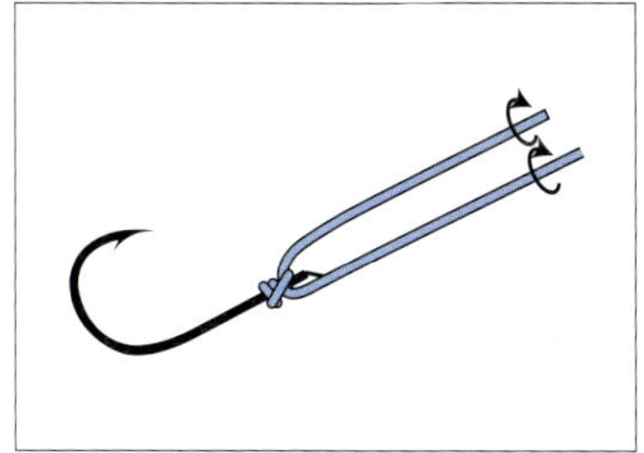

3 못 같은 곳에 바늘을 걸어 고정시킨 후, 양쪽 줄을 같은 방향으로 비비 꼬아 준다.

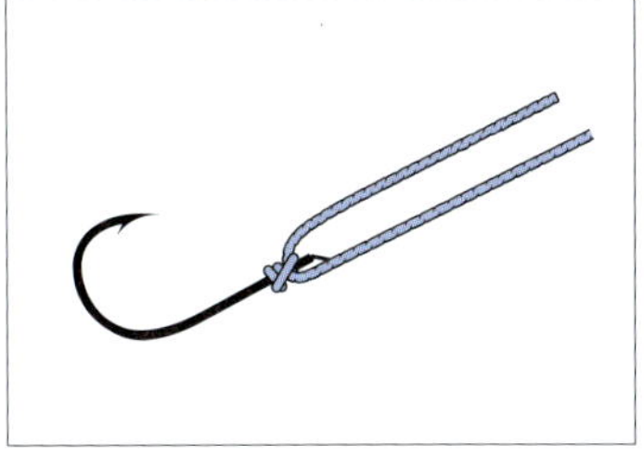

4 각각 비비 꼬인 줄 두 가닥을 검지와 엄지로 쥐고 나란히 당긴다.

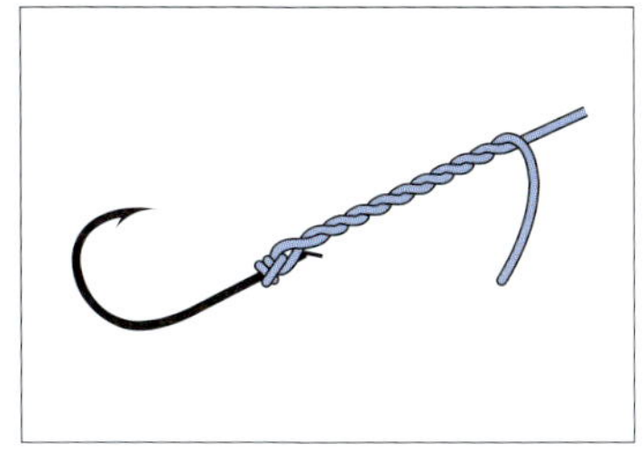

5 엄지와 검지의 힘을 슬쩍 풀어주면 두 가닥의 줄이 저절로 휘감기면서 꼬인다.

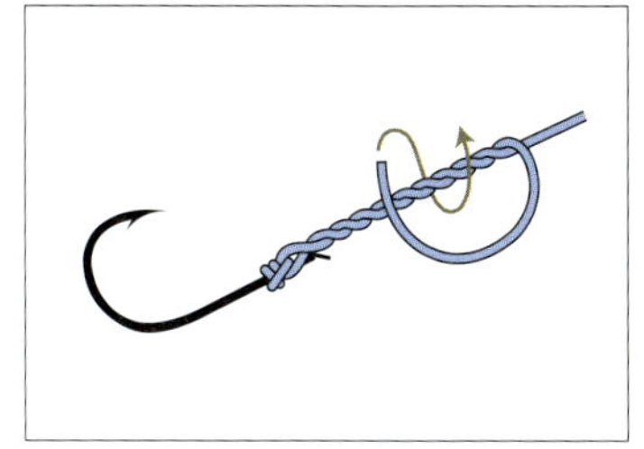

6 자투리 줄을 화살표처럼 아래로 휘감아 돌린다.

7 고리 속으로 3회 가량 돌린 후, 자투리 끝을 위쪽으로 잡아당겨 매듭을 짓는다.

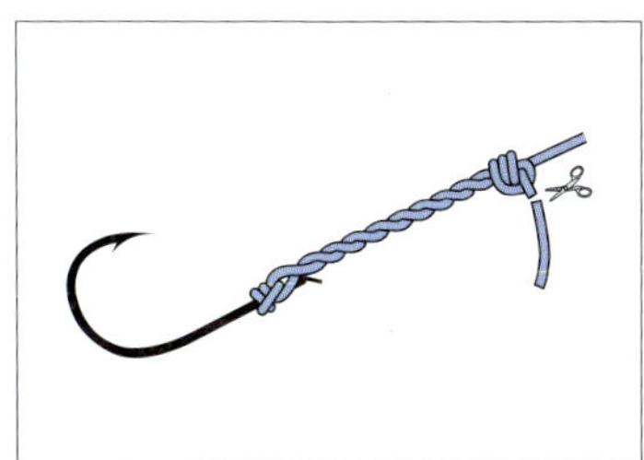

8 자투리를 잘라낸다.

**Tip** 바늘 근처의 목줄이 대형급 어종이나 이빨이 날카로운 대상어가 걸려들었을 때 끊어지지 않도록 목줄을 보강해 주는 방법이다. 따라서 나일론 줄보다는 케블러 소재의 낚싯줄을 사용하는 것이 원칙이며, 배낚시에서 대물을 노릴 때 흔히 활용되는 묶음법이다.

**쉽게! 빠르게! 튼튼하게!**

# 도래 및 루어 묶음법

❖ 도래는 서로 다른 기능의 낚싯줄과 낚싯줄을 연결하거나 별도의 채비를 덧달 때 사용하는 연결구이다. 낚싯줄끼리 직접 묶어도 되지만 조류의 영향을 받아 서로 엉키는 것을 방지하기 위해 낚시인들은 별도의 연결구(도래)를 사용한다.

가짜 미끼인 루어(Lure)에도 이 도래가 부착돼 있어 루어 묶음은 결국 도래 묶음 범주에 포함되는 것이다. 수많은 방법이 있지만 쉽게, 빠르게, 튼튼하게 묶을 수 있는 다음 두 가지 방법만 터득하면 낚시에 불편함은 없다.

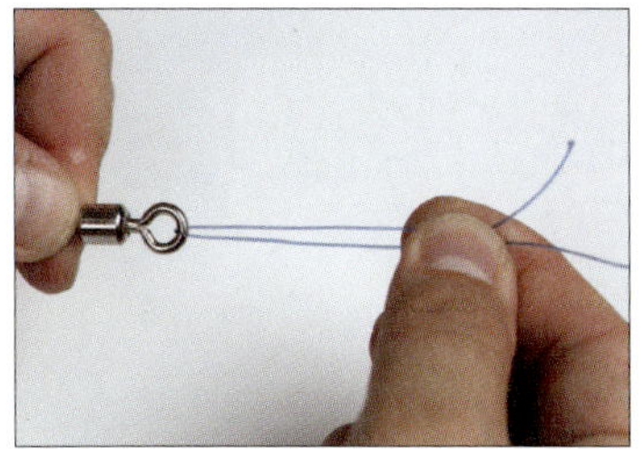

1 그림2와 같은 형태로 도래와 낚싯 줄을 잡는다.

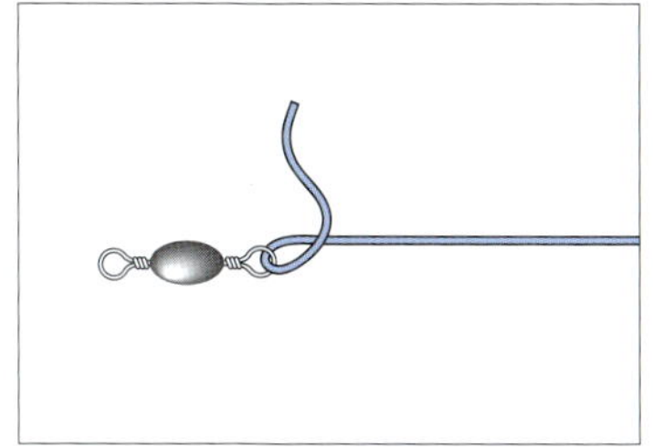

2 짧은 줄을 긴 줄에 대고 돌려주는 기분으로 5~6회 꼬아 준다.

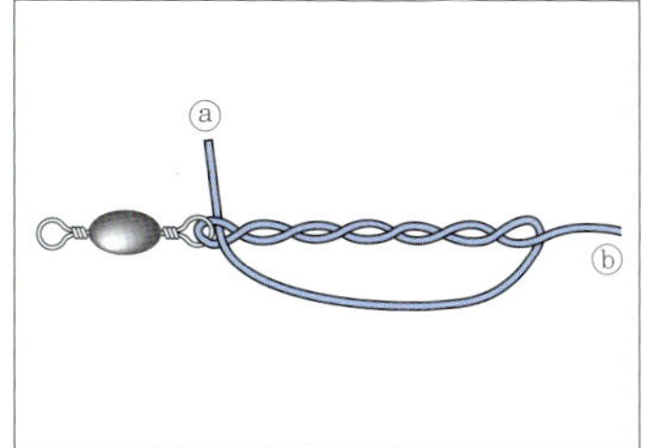

3 5~6회 꼬아 준 후, ⓐ를 도래 위쪽 고리 속으로 통과시킨다.

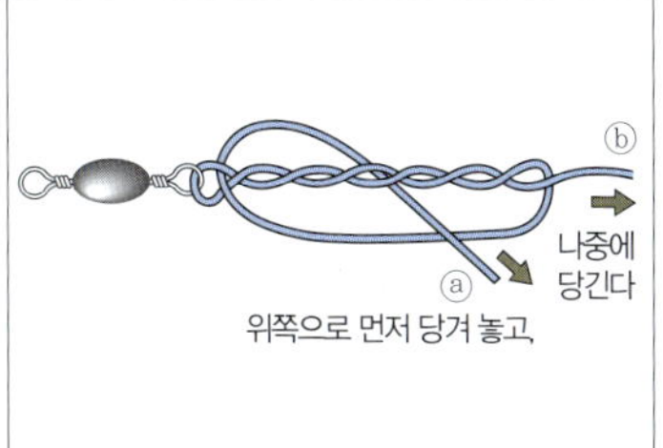

4 ⓐ를 그림과 같이 돌려 고리 속으로 집어넣은 후, ⓐ를 먼저 당기고 ⓑ를 나중에 당겨 조인다.

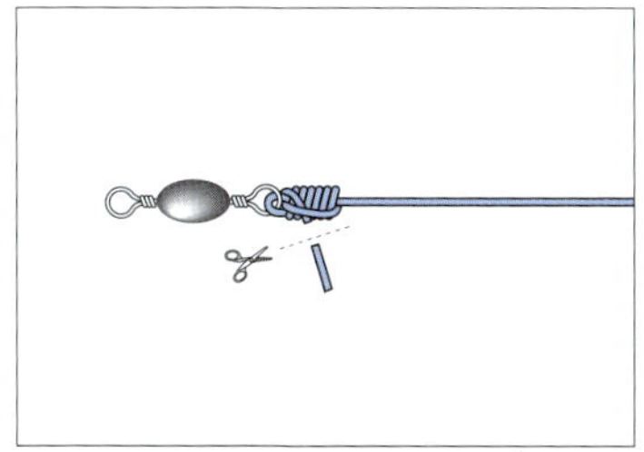

5 자투리를 잘라내면 완성!



B 안 돌려 묶기

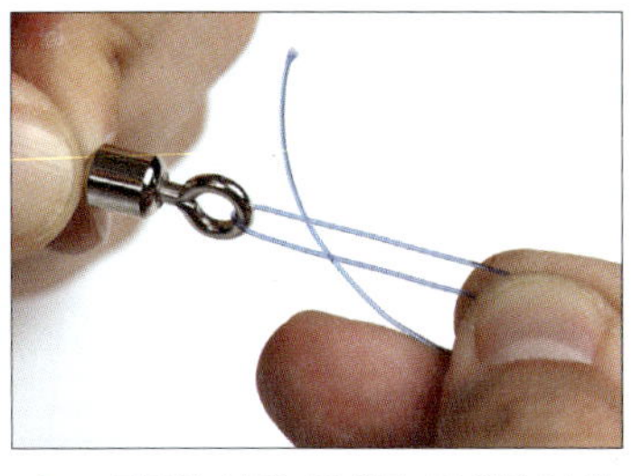

1 그림2와 같은 형태로 도래와 낚싯 줄을 두 손에 쥔다.

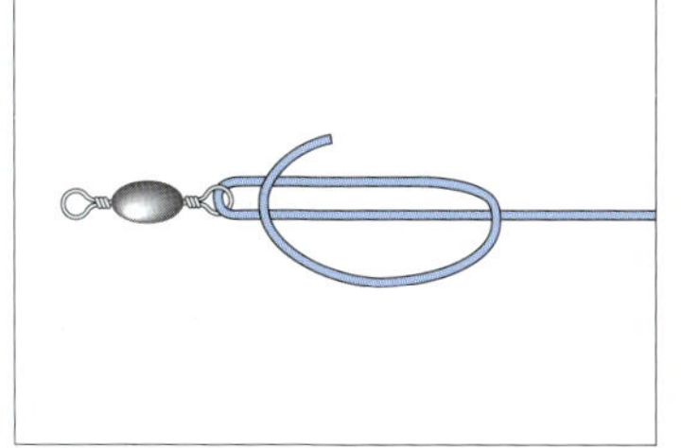

2 도래의 고리 속으로 빼낸 줄을 한 바퀴 돌린다.

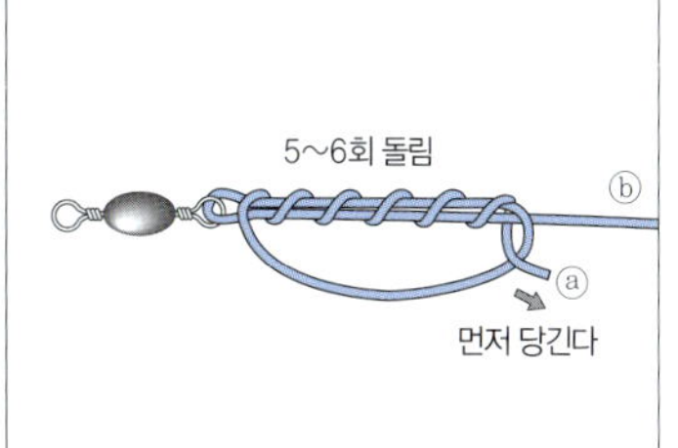

3 겹 줄을 축으로 하여 ⓐ를 5~6회 감아 돌린 후, 끝을 잡아 당겨 조인다.

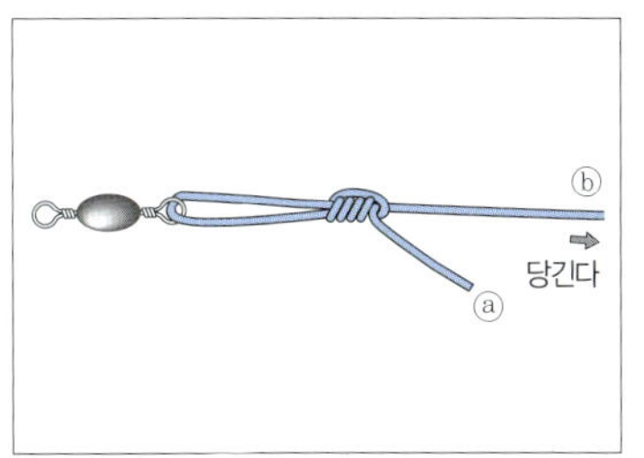

4 ⓐ를 먼저 당겨 매듭을 지은 후, 이번에는 ⓑ를 당겨 조인다.

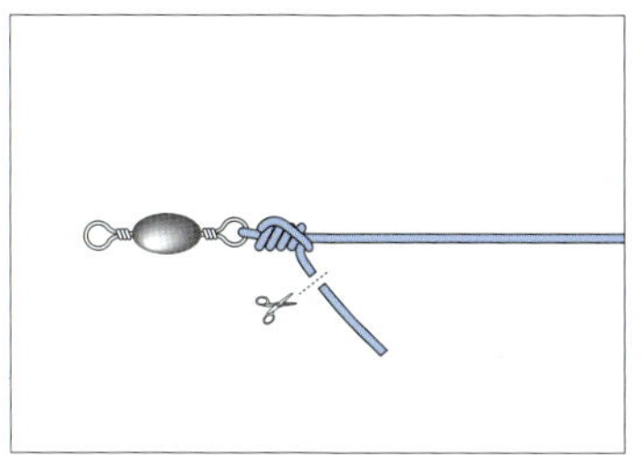

5 자투리를 잘라내면 완성!

짜릿하고 맛있는 낚시 ③

낚싯줄에는 '대충'이 통하지 않는다

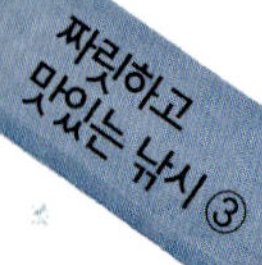

# 낚싯줄과 낚싯줄 연결법

❖ 낚싯줄과 낚싯줄의 연결은 단순히 덧달아 길이를 늘려주는 개념이 아니다. 굵은 줄을 써야 할 부위와 가는 줄을 써야 할 부위가 따로 있어 이들을 효과적으로 연결할 방법이 대두되는 것이다. '도래'라는 매개체를 활용하는 경우도 많지만 여러 가지 이유로 반드시 낚싯줄끼리 직접 연결시켜야 하는 경우도 많다.
나일론 소재로 된 낚싯줄은 무척 미끄러워 일반 노끈이나 로프처럼 연결하면 매듭이 풀어지기 쉽다. 여러 가지 방법 가운데 소개하는 두 가지가 가장 많이 활용된다.

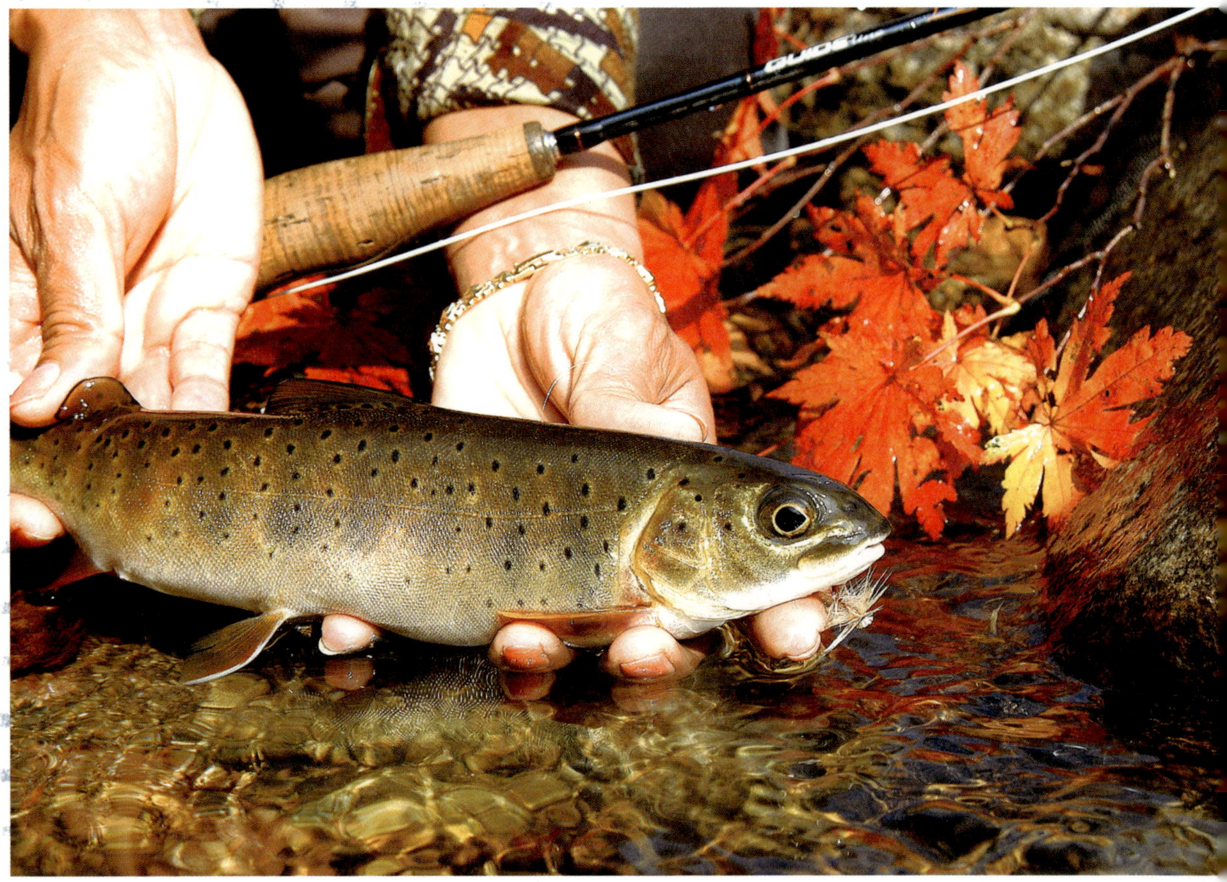

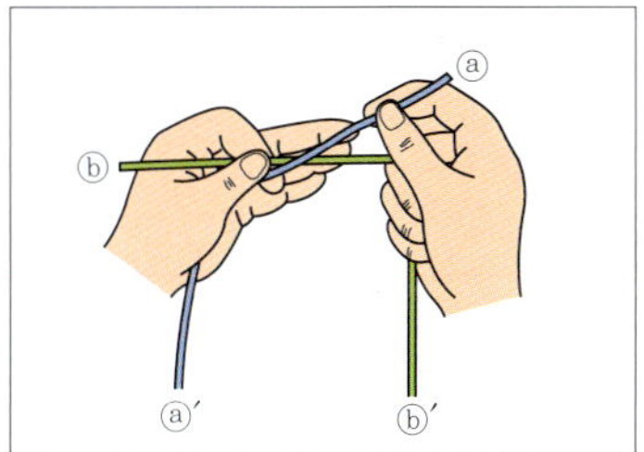

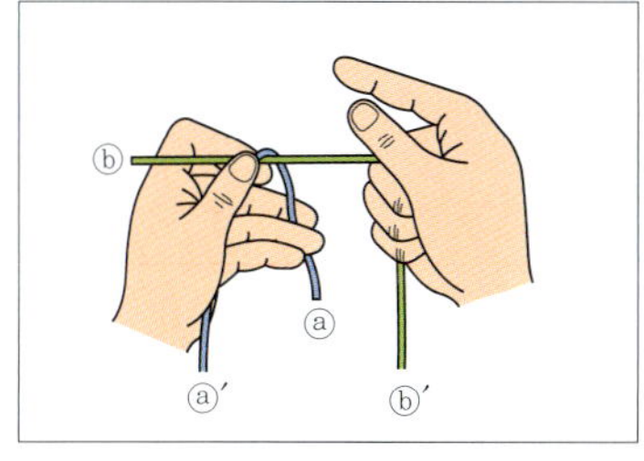

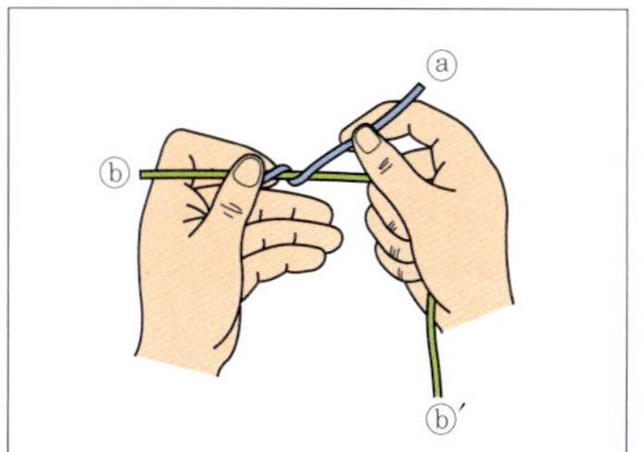

1 두 줄을 양손에 쥐고 서로 교차시킨다.

2 먼저 ⓐ를 ⓑ줄에 대고 돌리되 왼손 중지와 소지를 잘 활용한다.

3 그림2에서 왼손 중지와 소지로 돌린 ⓐ줄을 오른손 엄지와 검지로 넘겨받아 올린다.

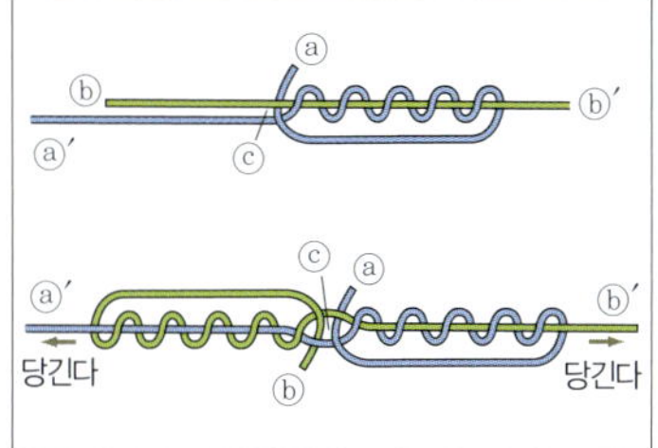

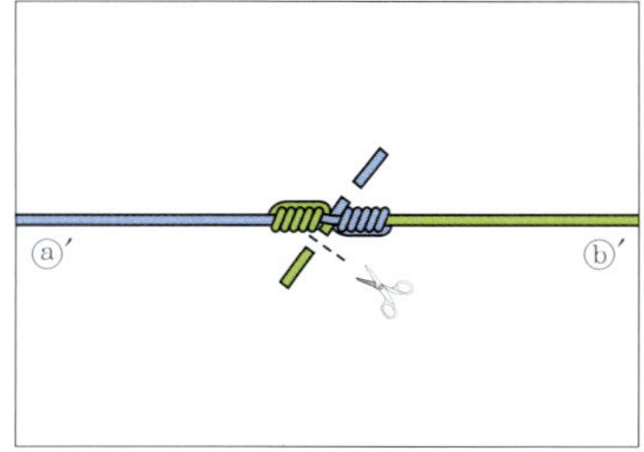

4 ⓐ줄을 ⓑ줄 위에 5~6회 돌린 후 ⓒ지점에 끼운다. → 같은 방법으로 ⓑ를 ⓐ에 감은 후 ⓒ에 끼운다.

5 ⓐ와 ⓑ 끝단이 고리에서 빠지지 않게 조심하면서 ⓐ'와 ⓑ'를 서로 맞당겨 조인다.

> **Tip** 낚싯줄과 낚싯줄을 연결하는 가장 확실한 방법으로, 일명 블러드 노트(Blood knot)라 부른다. 두 줄의 자투리가 매듭 중앙에서 상하로 교차하기 때문에 마찰로 인한 풀어짐이 거의 없다. 또한 릴낚싯대를 사용할 때 마찰이나 걸림 등의 트러블이 적다는 것도 장점이다.



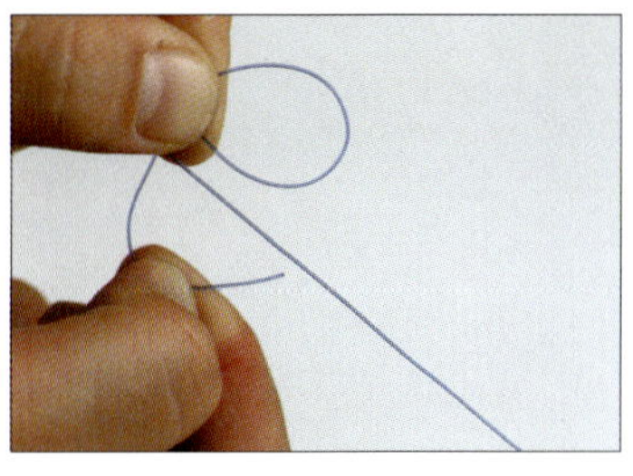

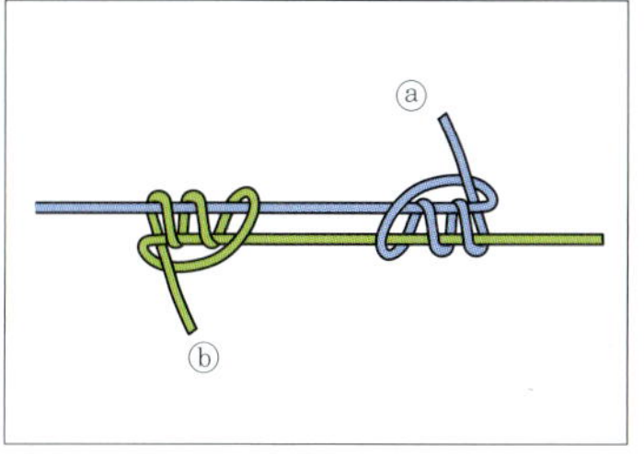

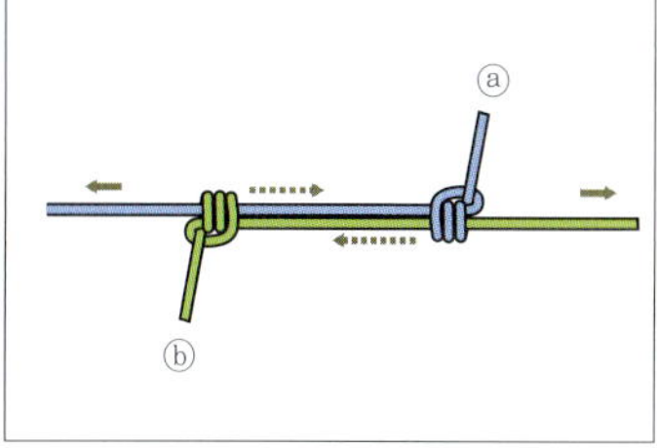

1 두 가닥의 낚싯줄을 쥐고 먼저 한쪽 끝에 고리를 만든다.

2 ⓐ줄 끝을 ⓑ줄에 대고 3회 이상 안돌리기로 묶은 후, 반대로 ⓑ줄을 ⓐ에 감아 조인다.

3 ⓐ와 ⓑ를 각각 당겨 매듭을 꽉 조인 후, 양쪽 줄을 맞잡아 당기면 두 개의 매듭이 서로 모인다.

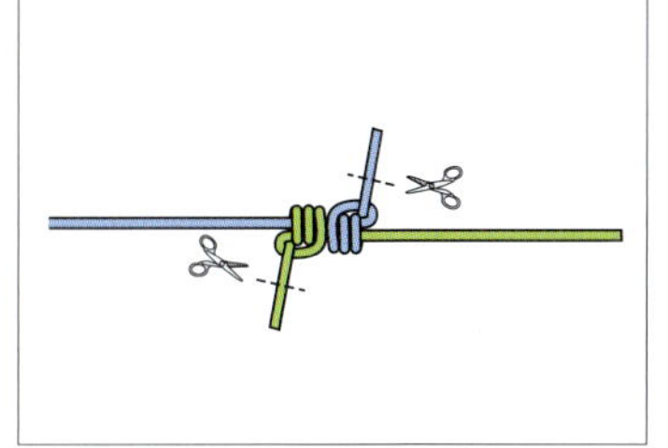

4 자투리 끝이 너무 돌출되지 않게 잘라낸다.

> **Tip** 일명 유니 노트(Uni knot). 낚싯줄뿐만 아니라 로프 등 어떤 소재의 끈을 사용해도 확실하고 튼튼하게 연결되는 방법이다. 일반 노끈이나 로프는 그림2 단계에서 한 번만 돌려 매듭을 지어도 되지만 미끄러운 낚싯줄은 3회 이상 돌려주어야 나중에 풀리지 않는다. 두 개의 매듭이 줄 위로 미끄러지듯 움직이는 모습이 기차가 레일 위를 움직이는 것 같다 하여 '기차 매듭'이라 부른다.

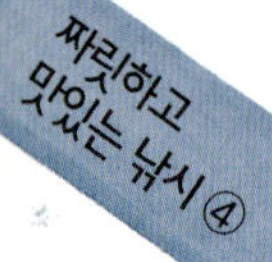




# 가지바늘 달기

❖ 낚시 채비의 기본은 외바늘 또는 쌍바늘이다. 그러나 중층을 회유하는 대상어를 겨냥할 때는 가지바늘을 여러 개 달아 회유층을 폭넓게 탐색해야 한다. 어떤 수심층에서 입질을 할지 모르거니와 한꺼번에 다수확을 위해서도 가지바늘이 필요하다.
호수에서는 빙어 얼음낚시, 바다에서는 볼락·열기(불볼락) 선상 외줄낚시가 대표적이다. 방법은 크게 두 가지. 도래를 이용하거나 중간고리를 만들어 연결하는 법이 있다.
도래 묶음법은 앞서 소개하였으므로 여기선 생략한다.

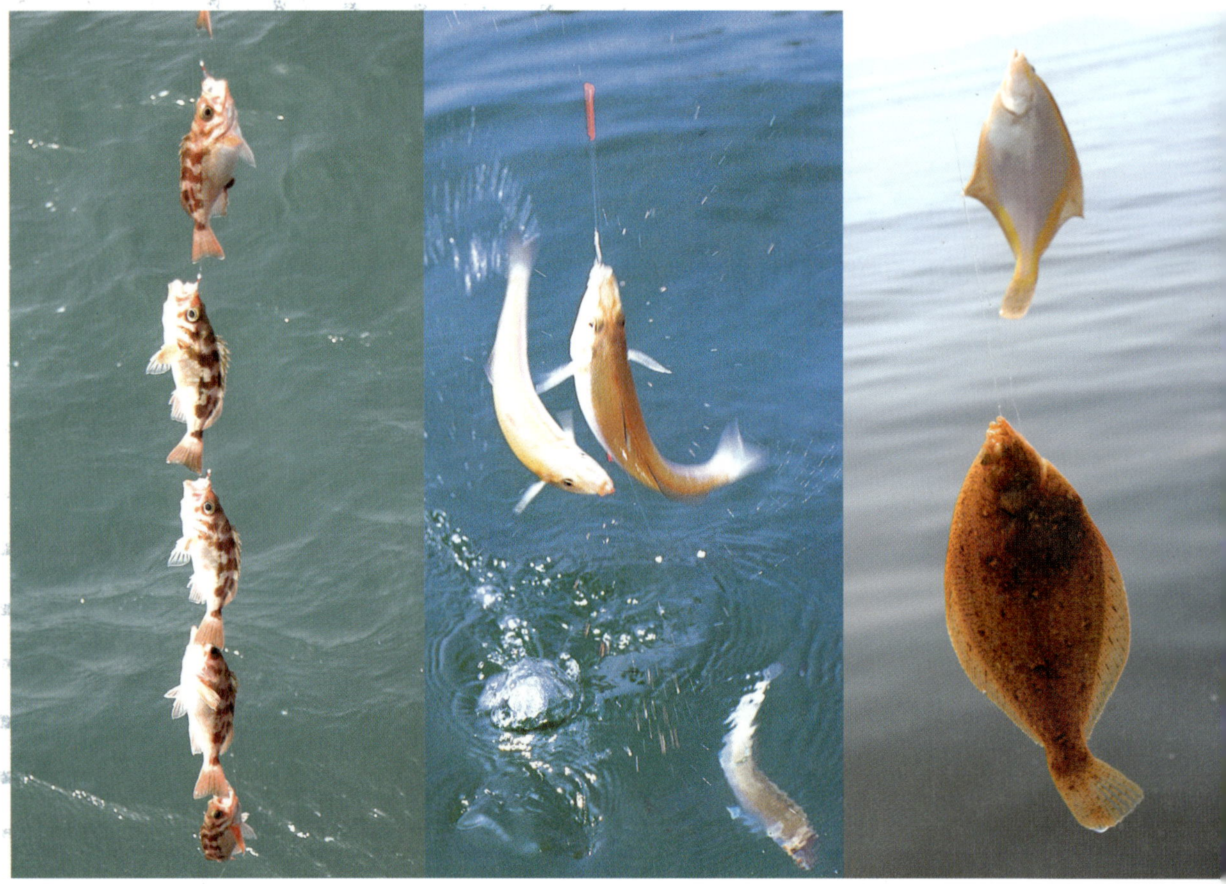

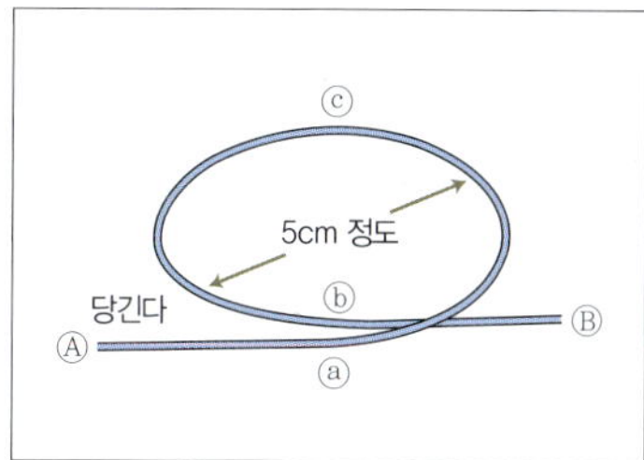

1 먼저 원줄(또는 기둥줄) 부분을 접어 직경 5cm 정도의 고리를 만든다.

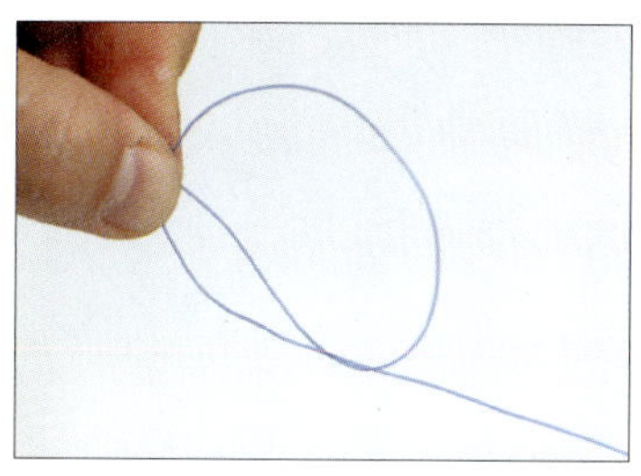

2 그림1에서 ⓑ부분을 ⓐ지점 위를 지나 끌어내린 후 왼손에 쥔 모습.

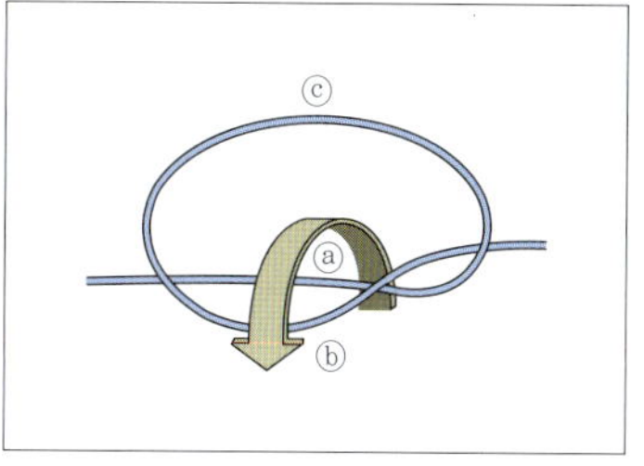

3 ⓐ부분을 ⓑ지점 위로 돌린다.

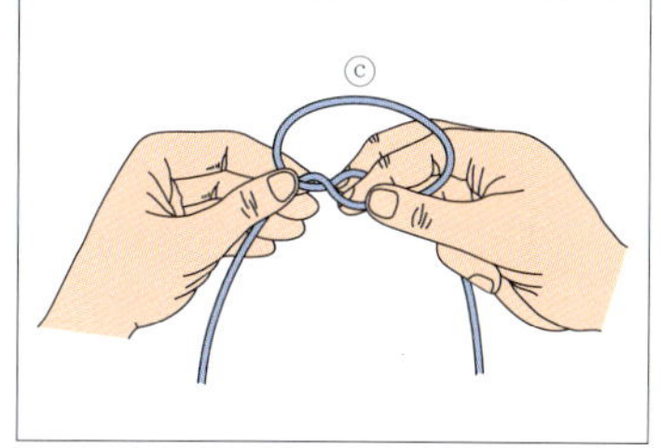

4 그림3에서 ⓐ부분을 ⓑ지점 너머로 돌려 고리 속으로 빼낸 후 그림처럼 양손에 쥔다.

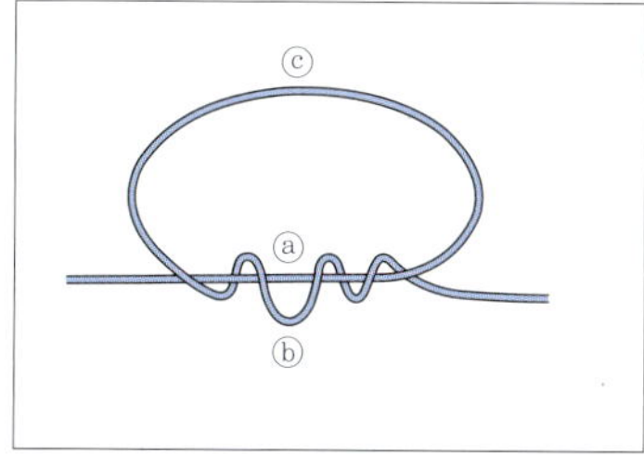

5 그림4에서 ⓑ를 ⓐ부분 너머로 끌어내린 모습.

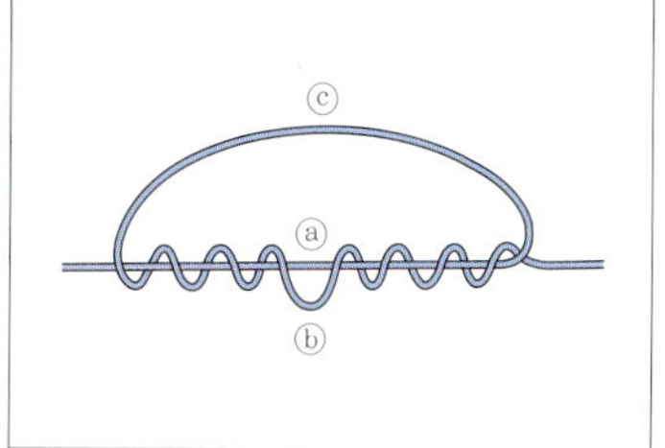

6 ⓐ부분을 축으로 하여 ⓑ를 꽈배기 꼬듯이 3~4회 계속 돌린다.

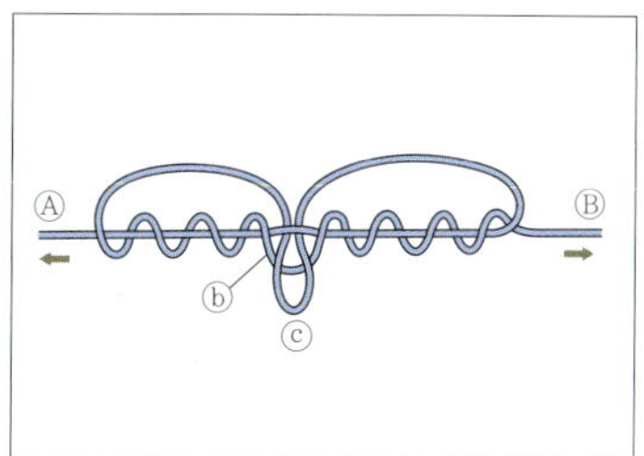

7 ⓒ를 끌어당겨 가운데 ⓑ부위의 고리 속으로 집어넣는다.

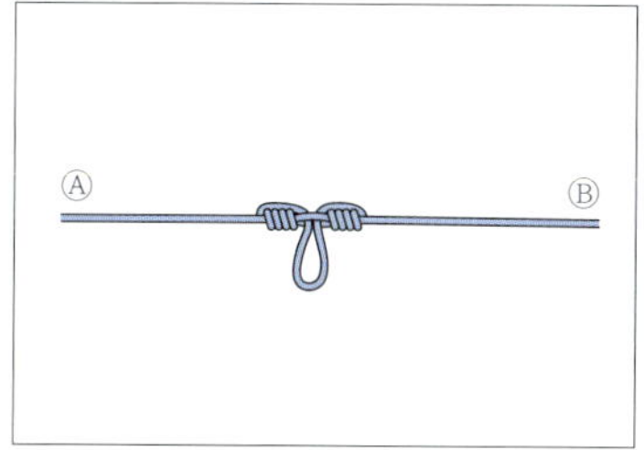

8 그림7에서 ⓒ가 고리에서 빠져나오지 않게 조심하면서 Ⓐ와 Ⓑ를 맞당겨 주면 중간고리가 완성된다.

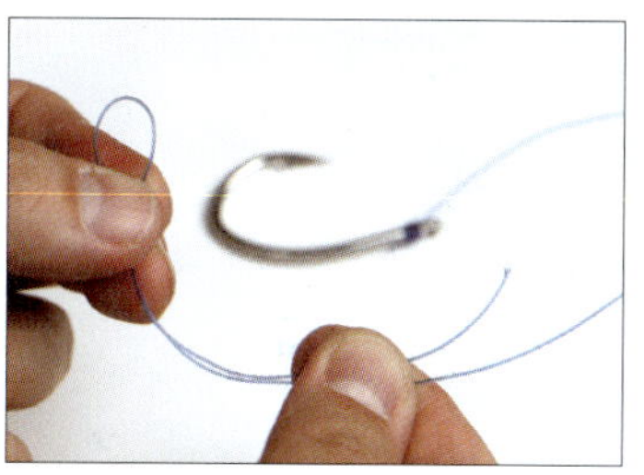

9 이제 가지바늘을 달 차례. 가지바늘 끝고리는 8자 매듭으로 한다.

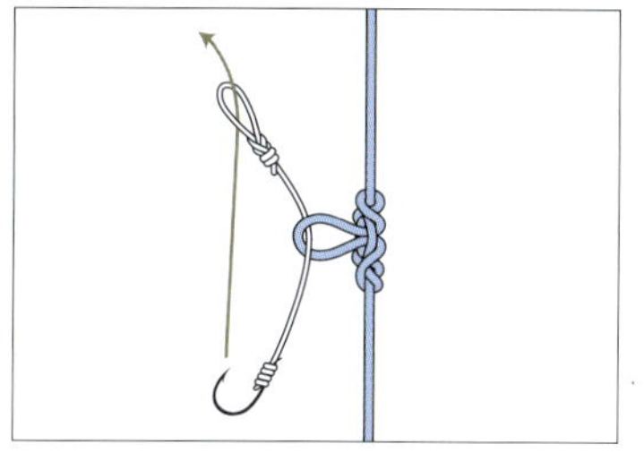

10 가지바늘 목줄을 기둥줄 고리 속으로 집어넣은 후, 바늘을 목줄 끝고리 속으로 빼낸다.

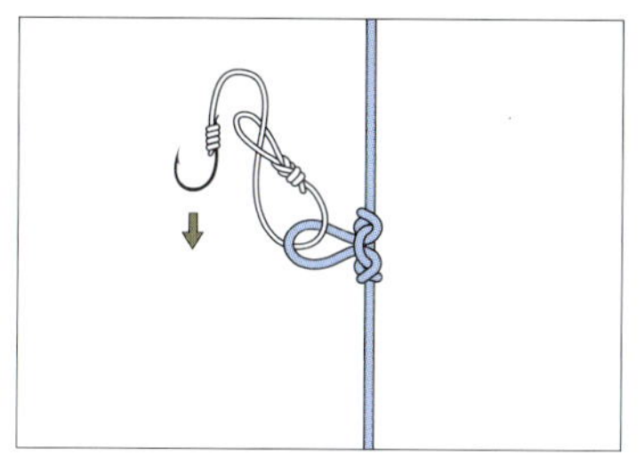

11 낚싯바늘을 아래로 당기면 가짓줄이 단단히 부착된다.



원줄(기둥줄)에 고리를 만들어 연결하는 이 방법은 낚시 도중 가지바늘이 떨어져 나갔을 경우 교환하기 쉽다는 것이 장점이다. 나일론 줄끼리의 연결에 좋고, 매듭이 풀리는 일이 거의 없다. 시간이 약간 소요되는 것이 단점.

# 낚싯대 끝에 원줄 매기

❖ 지금까지 소개한 낚싯바늘과 도래 묶는 법, 낚싯줄끼리의 연결법을 제대로 익혔다면 얼마든지 홀로서기를 할 수 있다. 이제 낚싯대에 낚싯줄 연결하는 방법만 익히면 초보 탈출! 조력(釣歷) 쌓는 일만 남았다.

낚싯대의 위쪽 맨 끝부분(초리)에는 낚싯줄을 맬 수 있도록 초릿줄이 부착되어 있다. 낚싯줄의 한 쪽 끝단을 이곳 초릿줄에 매다는 것이다. 방법은 여러 가지지만 소개하는 두 가지 가운데 자신에게 편한 방법 한 가지만 익혀 두면 충분하다.

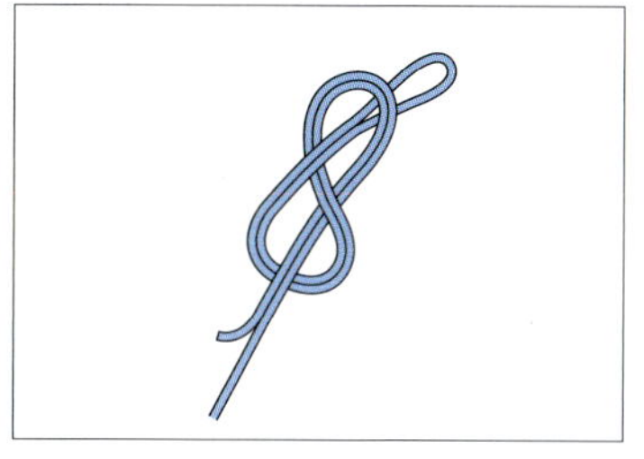

1 원줄 끝을 접어 '8자 매듭'으로 고리를 만든다.

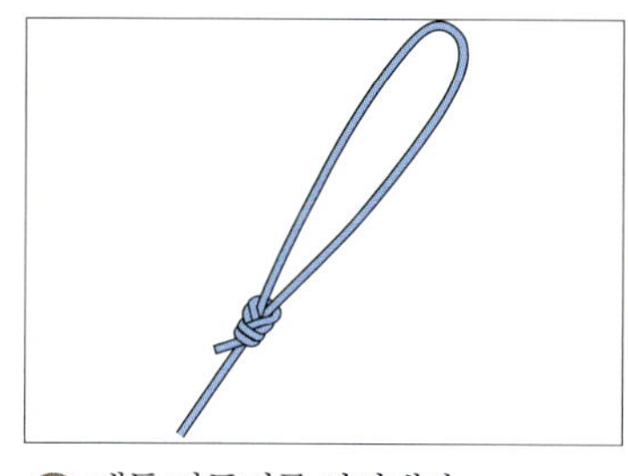

2 매듭 자투리를 잘라낸다.

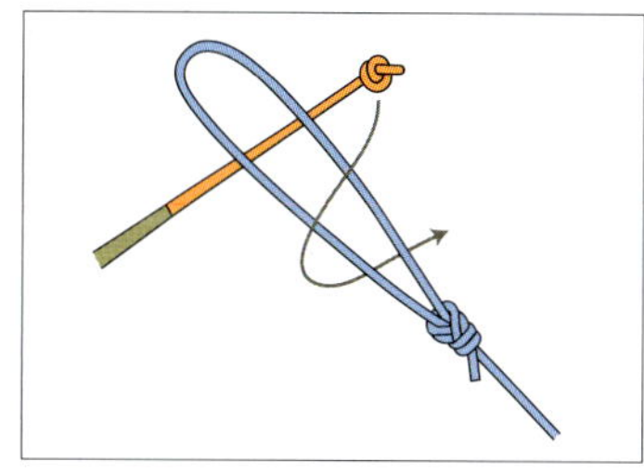

3 낚싯대 초릿줄을 원줄 고리 위로 한 바퀴 돌린다.

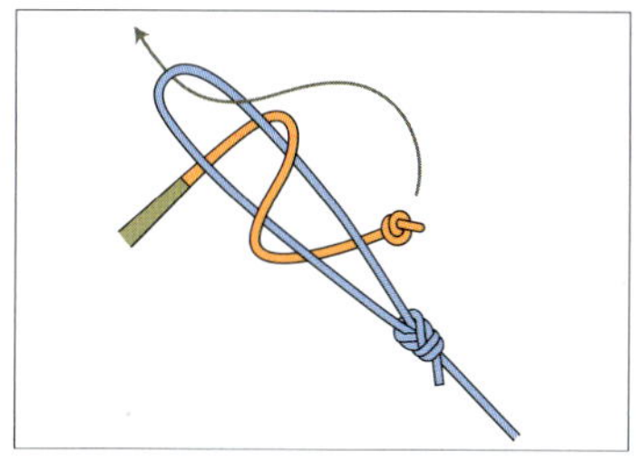

4 초릿줄을 원줄 고리 속으로 통과시킨다.

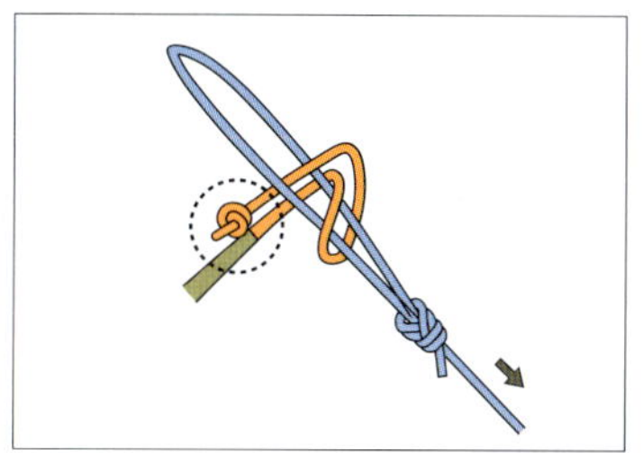

5 점선 부위의 초릿줄과 낚싯대 끝 부위를 쥔 채 원줄을 잡아당긴다.

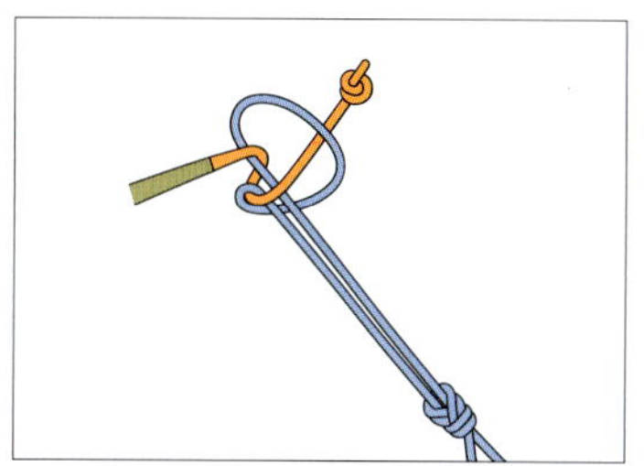

6 꽉 당겨 조인다. 풀고자 할 때는 원줄 고리를 위로 밀어주면 된다.



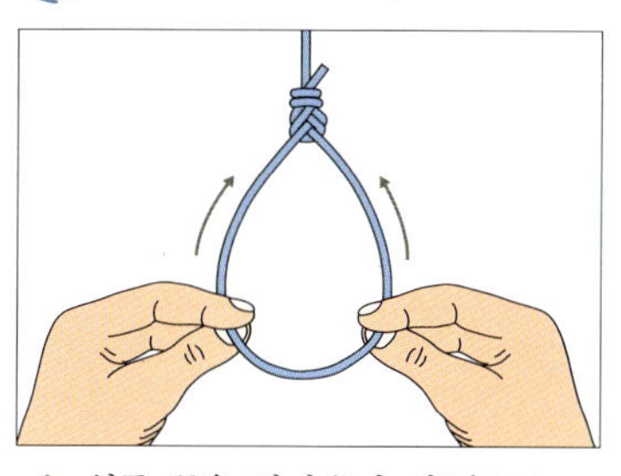

1 원줄 끝을 접어 '8자 매듭'으로 고리를 만든다.

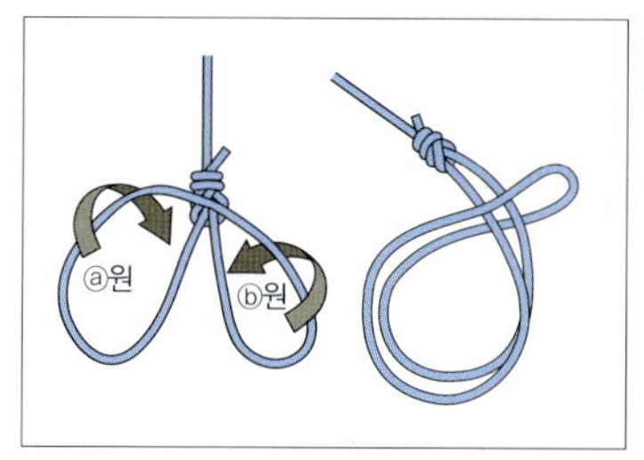


2 그림1에서 고리 아래쪽을 접어 올려 '나비고리'를 만든 후 → 양쪽 고리를 다시 접어준다.

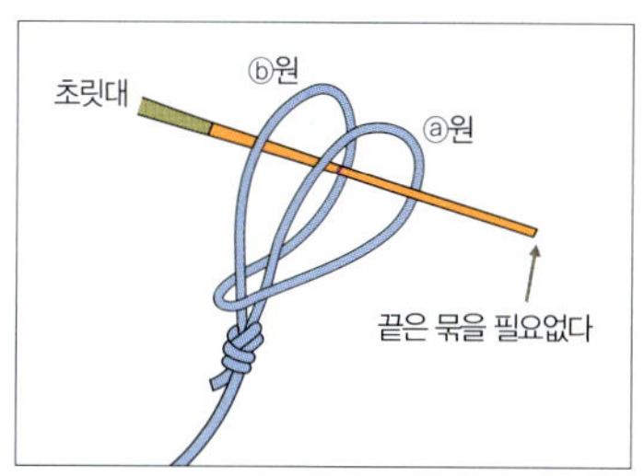


3 두 겹 고리 속으로 초릿줄을 집어넣는다.

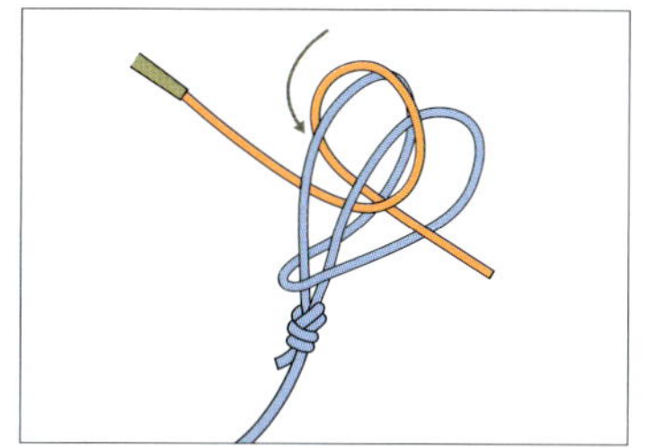

4 초릿줄을 들어 올려 두 겹 고리를 한 바퀴 돌려 감는다.

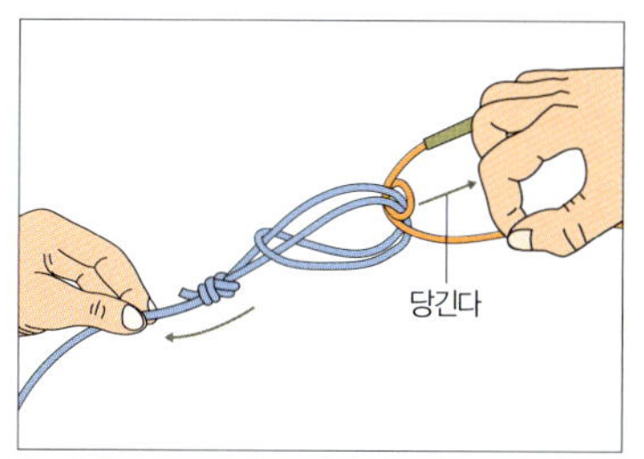


5 한 손엔 원줄을, 한 손엔 초릿줄과 낚싯대 끝을 함께 쥐고 서로 맞당겨 조인다.

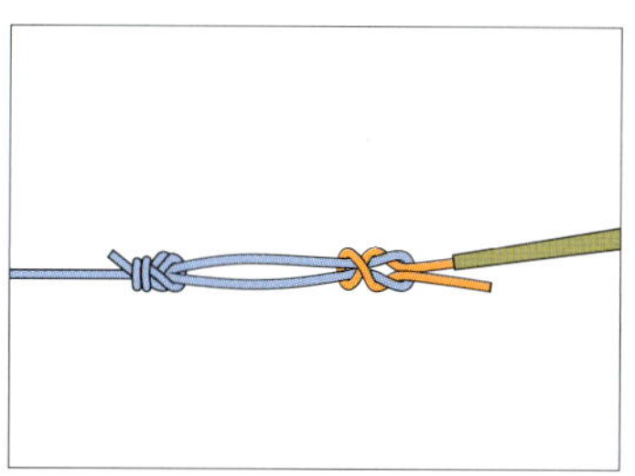

6 초릿줄 끝에 매듭을 지어두지 않아도 풀리지 않는다.

# 신바람 하이킹 & 캠핑

## 로프 종류는 항상 관리해야 한다

등산·캠핑 등 아웃도어 활동에서 빼놓을 수 없는 준비물이 로프 종류이다. 여러 가지 짐 꾸러미에 필요하고 그늘막이나 텐트를 설치를 하는데 사용되는 로프 종류는 잘 보관해 두면 일반 가정생활에도 그 용도가 많다. 따라서 로프는 사용법만큼이나 관리도 중요하다. 로프 관리의 첫걸음은 우선 로프 끝단의 올이 풀리지 않도록 처리해 두는 것이다. 올이 풀려나가면 사용하기에도 불편하고 강도가 약해지기 때문이다. 다음으로 보관에도 주의를 기울여야 한다. 적당히 뭉쳐두면 마찰이나 뒤틀림으로 망가지기 쉬우므로 귀찮더라도 항상 말아두거나 감아두어야 한다. 덧붙여 꼭 염두에 두어야 할 사항은 로프는 소모품이라는 점이다. 오래되었거나 변색 또는 꼬임이 발생했다면 아까워 말고 버리는 것이 현명하다.

## 텐트 설치, 펙 사용이 곤란할 경우

즐거운 주말 야외 나들이. 굳이 야영을 하지 않더라도 텐트의 용도가 많다. 비바람을 피하는 등 여러 가지 용도가 많지만 일단 아이들이 무조건 좋아하기 때문이다. 자연에서 아이들에게 텐트만큼 좋은 놀이방도 없는 것이다. 요즘 텐트는 설치도 편리하다. 펙(Peg)과 로프만 있으면 되는데, 문제는 펙을 빠뜨리고 왔거나 주변 지형이 펙을 박을 수 없는 경우이다. 돌밭이거나 모래사장일 경우가 그렇다. 해결책은 여러 가지지만 간단한 두 가지 방법. 하나는 주변 돌을 이용하는 것이고, 아무리 둘러봐도 돌조차 없는 백사장 여건이라면 물통을 이용하는 것이다. 심지어 음료수 페트 병을 이용해도 된다. 그래서 텐트 설치 방법은 펙 사용뿐만 아니라 돌 사용법 등도 함께 익혀두는 게 좋다.

## 해먹도 달고 빨랫줄도 설치해 보자

캠핑을 가거나 낚시를 갈 때 아이들끼리 놀 수 있는 흥밋거리도 만들어 주어야 한다. 별도의 놀이기구를 지참하지 않고도 아빠가 평소 익혀 둔 비장의 기술만 발휘하면 된다. 로프를 이용하는 것이다. 준비된 로프 종류에 따라 그네를 매달아 줄 수 있고 해먹(Hammock)도 설치해 줄 수 있다. Section 10에서 소개한 '기둥에 줄 묶기'를 참고하면 된다. 여기 Section 13에서 소개하는 '간편 줄사다리 만들기' 또한 방법이 간단하면서도 아이들이 좋아하는 놀이기구가 된다. 아내를 위한 서비스도 빠뜨리지 말아야 한다. 젖은 옷가지나 모포 등을 시원하게 말릴 수 있는 빨랫줄을 매달아 주는 것이다. 역시 '기둥에 줄 묶기' 및 'Q자 고리 만들기'를 활용하면 간단히 해결되어 온 가족의 박수갈채를 받을 가능성이 크다.

## 위급에 대처한 로프 워크도 익히자

아웃도어 생활에 요긴하게 사용되는 로프 종류는 그 실용적 가치뿐만 아니라 야외 활동에서 자칫 발생하기 쉬운 안전사고나 위기상황에 대처할 수 있는 훌륭한 안전장비가 되기도 한다. 로프 끝 부분에 큼지막한 매듭이나 고리를 만들어 구조용으로 던져주거나(Section 10 참조), 실수로 물에 빠졌을 경우 구조 요원이 던져주는 로프를 스스로 내 몸에 감을 수 있는 요령도 평소에 재미삼아 익혀두면 언젠가 결정적인 용도가 생긴다. 스스로의 안전을 도모할 수 있음은 물론 위급 상황에 처한 타인의 생명도 구할 수 있기 때문이다. 여기 Section 13에서 소개하는 '구명 로프 묶기'를 포함한 '기차매듭' '스티브도어 매듭' '보우라인 매듭' '더블루프 보우라인 매듭' 등이 유용한 방법들이다.

**깔끔하게 오래 사용하려면…**

# 로프 끝단 처리

❖ 한 번 구입한 로프는 처음 생각하던 것보다 그 용도가 많음을 느끼게 된다. 캠핑 용도로 구입한 로프일지라도 일반 가정생활은 물론 승용차 트렁크에 넣고 다니다 보면 뜻하지 않은 상황에서 아주 요긴하게 사용될 때가 있다.

허드레 노끈 등과 달리 오래도록 사용하는 로프는 깔끔하게 보관해야 한다. 그 첫째 요건이 로프 끝단의 올이 풀리지 않게 처리해 두는 일이다. 사용 도중 올이 풀려나가거나 꼬임이 느슨해지면 로프 자체의 강도가 약해져 위험에 처할 수 있기 때문이다.

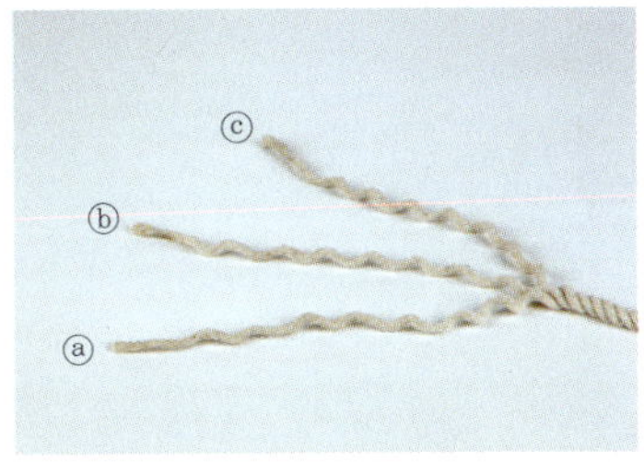

1 풀어진 가닥(Strand)을 각각 가지런히 편다.

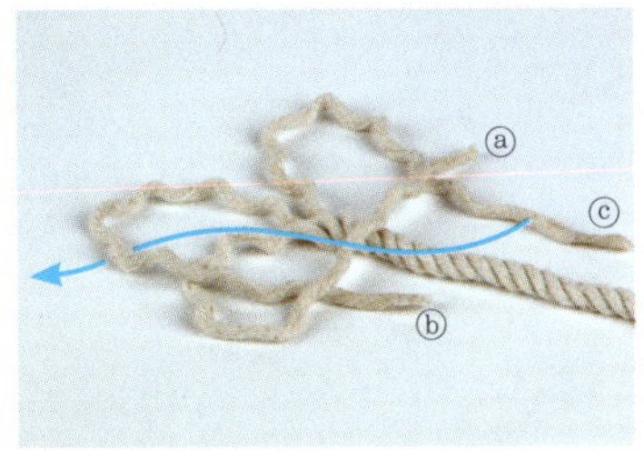

2 ⓐⓑⓒ를 사진과 같이 교차시켜 두고 ⓒ를 화살표 방향으로 넣는다.

3 서로 엮인 상태가 되었으므로 각 가닥을 당겨 조인다.

4 완전히 조이면 더 이상 가닥이 풀어지지 않는다.

Tip
로프 끝단 처리 방법에는 또 퓨징(Fusing)이 있다. 물리적인 매듭으로 처리하는 것이 아니라 열을 이용해 녹여 붙이거나 접착제로 마감하는 방법이다. 나일론과 같은 화학 섬유로 만든 로프는 자른 단면에 라이터를 사용해 살짝 지져 주면 섬유가 녹아 서로 붙는다. 또한 올이 풀리는 부위에 접착제를 발라 굳혀도 되고, 끝단에 비닐 테이프를 감아 두어도 좋다.

B 휘핑 Whipping

1 별도의 가는 줄을 로프에 평행하게 놓고 끝 쪽에 고리를 만들어 둔다.

2 가는 줄을 로프 위로 감아올려 나간다. 단단하게 감도록 한다.

3 적당한 위치에서 감기를 멈추고 끝단을 고리 속으로 통과시킨다.

4 사진3의 가는 줄 아래쪽을 잡아당기면 고리와 함께 가는 줄 끝단이 감긴 줄 밑으로 파고든다.

5 가는 줄 자투리를 잘라내면 완성!

정리하기 쉽고 풀기도 쉽게

# 로프 정리해 두기

❖ 용도가 다양한 로프는 올바른 방법으로 잘 보관해 두어야 필요할 때 편리하게 사용할 수 있다. 아무렇게 뭉쳐 방치하면 마찰이나 뒤틀림으로 로프 자체에 손상이 생길 뿐만 아니라 서로 뒤엉켜 아예 사용이 불가능해질 수도 있다.

곤봉 감기는 두껍지 않은 노끈이나 로프에 적당한 수납 방법으로, 겹쳐 접는 부분과 감는 부분의 분량 조절을 잘해야 한다. 액셀런트 코일은 수납된 상태에서 로프 끝단을 당기기만 하면 간단하게 풀리므로 비상용 로프나 등산용 자일을 정리해 둘 때 적합하다.

**1** 로프를 적당한 길이로 접어 타래를 만든다.

**2** 남은 길이가 타래 길이의 5~6배 가량에 이르면, 남은 자투리로 타래를 감아올린다.

**3** 봉 모양이 되도록 감되 힘을 주어 단단히 계속 감는다.

**4** 너무 끝까지 감지 말고 적당한 위치에서 멈춘다.

**5** 4단계에서 끝단을 접어 화살표 방향으로 고리 속에 끼워 넣는다.

**6** ※표시의 줄과 연결된 반대쪽(아래쪽) 고리를 살짝 당기면 자투리 부위의 고리가 꽉 조여진다.

🅑 엑셀런트 코일

**1** 로프를 둥글게 타래를 지은 후 끝단을 로프에 한 바퀴 감는다.

**2** 끝단을 반 바퀴 더 돌려 적당한 매듭 위치를 정한다.

**3** 끝단을 접어 넣고 조인다. 나중에 자투리를 잡아당기면 간단히 풀린다.

**Tip**

등산가들의 필수품이자 비상 탈출 등에 사용하는 로프는 그 한 가닥에 생명을 의지하는 경우도 있으므로 안전성이 최우선이다. 일반 레저 용도일 경우도 마찬가지다. 로프는 취급 방법에 따라 수명이 달라지므로 최소한의 상식을 익혀 두도록 하자.

첫째, 로프는 밟지 말아야 한다. 로프의 표면이 상하는 것은 물론 모래나 돌조각이 속에 박히면 순간적인 장력이 걸렸을 때 칼날과 같이 작용하여 로프 내부로부터 끊어질 우려가 있다. 둘째, 로프는 물에 젖지 않도록 하자. 물에 젖었다면 잘 말린 이후에 사용한다. 바다에서 사용한 로프는 가끔 민물로 잘 닦아 소금기를 뺀다. 셋째, 로프를 땅바닥에 직접 내려놓지 않는다. 부득이할 경우는 시트 등을 깔아 모래나 진흙이 직접 닿지 않도록 한다. 넷째, 나무나 바위에 로프를 설치할 때는 그냥 묶지 말고 해당 부위에 천이나 타월을 한 번 감고 그 위에 로프를 묶도록 한다. 끝으로 변색, 꼬임이 발생한 로프는 가급적 사용하지 않는 것이 좋다.

**만약을 위해 한 번쯤은 연습해 두자**

# 구명 로프 묶기

❖ 구명 로프는 산악 등반뿐만 아니라 물놀이 등 여러 가지 야외활동에도 그 필요성이 대두된다. 자신이 직접 위험에 처하는 상황뿐만 아니라 가족이나 타인의 사고 발생 시에도 긴급 구조 활동을 펼칠 수 있다.

구명 로프 묶는 두 가지 방법 가운데 '보우라인 히치'는 위기 상황의 당사자가 직접 묶어야 하는 것으로, 한 손은 구명 로프에 의지한 채 다른 한 손으로 자신의 허리를 묶는 형식이다. 이에 비해 '더블 루프 보우라인'은 타인을 구조할 때도 유용한 방식이다.

1 로프가 주어지면 단단히 붙든다.

2 로프 끝을 등 뒤로 돌려 감는다. 이후 왼손은 로프를 절대 놓지 말아야 한다.

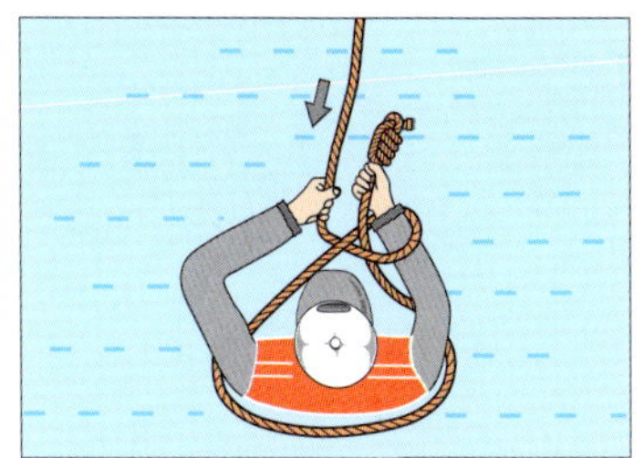

3 2단계에서 오른손을 왼손 안쪽 로프 위에 대고 손목을 아래로 꺾어 가슴 안쪽으로 한 바퀴 돌린다.

4 오른손 로프 끝단을 왼손 부위의 로프 밑으로 해서 반 바퀴 넘겨 잡는다.

5 4단계에서 화살표 방향으로 오른손을 빼내면 매듭이 지어진다.

6 고리에 몸을 의지한 채 두 손으로 로프를 단단히 움켜잡는다.

Ⓑ 더블 루프 보우라인 Double loop bowline

1 한 쪽 끝 로프를 반으로 접은 후, 적당한 거리를 두고 헐렁하게 매듭을 짓는다.

2 접은 부분(ⓐ)을 들어 겹고리 속으로 통과시킨다.

3 ⓐ를 적당한 길이로 빼낸다.

4 ⓐ고리를 돌려 ⓑ고리를 씌운다.

5 ⓐ고리를 매듭 부위 위로까지 완전히 씌워 올린다.

6 당겨 조이면 두 개의 고리가 만들어지는데 하나는 허리에, 하나는 가슴에 두를 수도 있다.

**캠핑 시 아이들 놀이용으로**

# 간편 줄사다리 만들기

❖ 로프 한 가닥에 '8자 매듭'을 연속으로 지어 줄사다리를 만드는 방법이다. 긴급한 상황의 줄사다리이기도 하지만, 캠핑 시 굵은 나뭇가지에 설치해 아이들의 놀이용 기구로 활용할 수도 있다. 만드는 방법 또한 재미있다.

하나하나 매듭을 지어 만들 수도 있지만 이 방법보다 신속하고 완전할 수는 없다. 매듭 사이의 간격은 30~40cm가 적당하다. 사용하는 로프는 등반용 자일이나 굵기가 11mm 이상 되는 두꺼운 로프이어야 끊어질 우려 없이 안심할 수 있다.

1 로프를 간격이 일정하게 한 바퀴씩 돌려 가지런히 늘어 놓는다.

2 각각의 고리를 한 번씩 더 비틀어 놓는다.

3 로프 끝을 고리 속으로 집어넣는다.

4 한 번 집어넣고 매듭을 지은 후, 다음 고리에 집어넣고 또 매듭을 짓는 식으로 반복해 나간다.

**Tip**

암벽 등반, 빙벽 등반과 같은 등산 활동 시 추락 방지를 위한 확보, 또는 현수 하강, 루트 개척 등에 사용되는 것이 로프이다. 영어로 로프(Rope), 독일어로 자일(Seil)이라고 부른다. 이 등반용 로프는 직경 11mm 정도의 싱글 로프와 9mm 정도의 더블 로프, 8mm 정도의 트윈 로프 등 세 가지 규격이 있다. 길이는 보통 40~55m.

일반적으로 등반용 로프는 추락 시에 받는 쇼크를 경감시키기 위해 적당한 신축성을 지니고 있어 다이내 믹 로프라 부른다. 이에 비해 화물을 들어 올리거나 고정시키기 위해 사용되는 로프는 신축성이 없어 스태틱 로프라 부른다.

등반용 로프의 소재는 처음에는 마(麻) 계통이 주류를 이루었으나 차츰 강도와 내구성이 더 뛰어난 실크(絹) 소재로 바뀌었으며, 이후 나일론 소재가 발명되면서부터 오늘날 등반용 로프는 나일론 소재가 주류를 이루는 추세다.

# 텐트 설치하기



❖ 텐트 설치에 무슨 매듭 방법이 필요할까!? 그렇다. 요즘 텐트는 어떤 부위를 특별히 묶고 풀고 할 필요가 없다. 조립에서 설치까지 거의 원터치로 해결되는 수준이다. 그러나 기상 조건에 대비해 텐트 자락만큼은 고정시켜야 한다.

펙(Peg)을 이용해 텐트 자락을 고정시키는 방법은 간단하다. 그러나 이 또한 튼튼하게 묶되 쉽게 풀 수 있어야 한다. 뿐만 아니라 펙을 사용할 수 없는 경우도 있다. 펙이 아예 박히지 않는 돌밭이나 힘을 받지 못하는 모래밭에선 돌이나 나무를 활용해야 한다.

1 줄을 펙 고리에 한 바퀴 돌려 반매 듭을 짓는다.

2 첫 번째 반매듭으로부터 조금 떨어 진 위치에 다시 한 번 반매듭을 짓 는다.

3,4 원줄 위로 한 바퀴 돌려 고리 속으로 빼낸다.

5 끝단을 오른쪽으로 옮겨 원줄 위로 돌린다.

6 끝단을 고리 속으로 집어넣고 당겨 조이면 완성! 가운데 매듭을 좌우로 이동시키면 팽팽한 정도가 조절된다.

1 적당한 크기의 돌에 줄 을 한 바퀴 감는다.

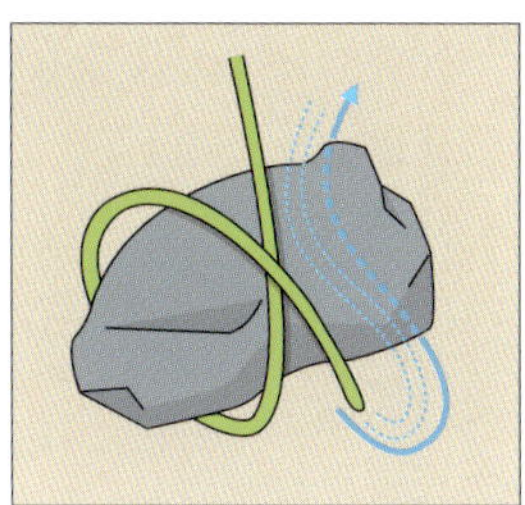

2 줄 끝단을 돌 위쪽 면에 서 교차시킨 후 오른쪽 아래를 지나 위로 올린다.

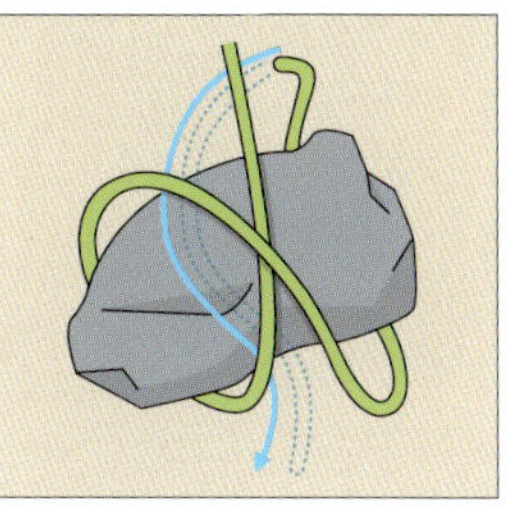

3 그림과 같이 교차 부위 밑을 지나도록 감는다.

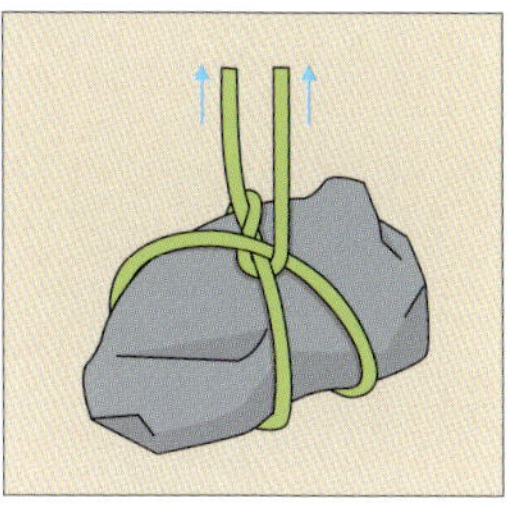

4 양쪽 줄을 강하게 당겨 조인다.

**Tip**

텐트나 그늘막을 칠 때 가까이에 나무가 있다면 굳이 돌을 찾아다닐 필요가 없 다. 나무에 로프를 묶으면 간단하고도 튼튼 하게 텐트를 고정할 수 있다. 방법은 여러 가 지. 보우라인 히치(Bowline hitch)나 팀버 히치 (Timber hitch)가 가장 유용하다.

**늘어지지 않고 팽팽한 줄 설치**

# 빨랫줄 설치하기 Rope tackle

❖ 낚시·등산·캠핑 등 아웃도어에서 나무와 나무 사이에 로프를 설치할 일이 생긴다. 빨래를 널거나 낚은 물고기를 건조시키는 경우도 있다. 작은 램프를 걸어두고 불을 밝힐 수도 있다. 또 시트를 한 장 넣어 간단하게 그늘을 만들 수도 있다.

이런 경우 일반적인 방법으로는 로프를 팽팽하게 설치하기가 의외로 어렵다. 무거운 물체를 걸거나, 가벼운 물체라도 여러 개를 걸게 되면 로프가 축 처져버리기 때문이다. 소개하는 방법을 익혀두면 아웃도어에서는 물론 가정에서도 큰 도움이 될 것이다.

1 일단 나무기둥에 로프 한 쪽을 묶는다.

2,3 반매듭으로 한 번 더 조인다.

4 또 한 번 반매듭으로 단단하게 마무리를 한다.

5,6 로프의 다른 한 쪽을 반대편 나무에 대고 완전히 묶기에 앞서, 나무로부터 30여cm 간격을 두고 Q자 고리를 만든다.

7 사진6 단계에서 점선 부위를 화살표 방향으로 뽑아 내린다.

8,9 고리 부분을 잡아당기면서 양쪽으로 당겨 조인다.

10,11 중간고리 만들기가 끝나면 로프 끝단을 나무기둥에 한 바퀴, 또 한 바퀴 돌린다.

12 로프의 끝단을 중간고리 속에 끼운다.

## 13,14 고리 속에 끼운 로프 끝단을 아주 강하게 당기면 사진11의 단계보다 로프가 더욱 팽팽히 조여진다.

## 15,16 로프 끝단을 나무기둥에 한 바퀴 돌린 후, 기둥에 걸쳐진 두 갈래의 줄 위로 한 바퀴 휘감는다.

## 17 계속 두 바퀴, 세 바퀴 휘감아 돌린다.

## 18,19 4~5회 휘감아 돌린 후, 끝단에 고리를 지어 반매듭 방식으로 마무리한다.

## 20 완성된 모습.

# 붕대를 이용한 응급 처치

## 구급상자에 담아두면 좋은 품목들

일반 가정마다 하나쯤 비치해 두는 구급상자. 자잘한 사고와 부상, 가벼운 질병에 유용한 품목은 어떤 것들일까? 가정의학과 의사들은 상비약으로 다음과 같은 품목을 제시한다. 소화불량과 배탈에 대비한 소화제, 그리고 타이레놀 등으로 대표되는 해열·진통제 및 설사를 멈추는 지사제, 가벼운 감기에 대비한 종합감기약 등 내복약 종류가 최우선 품목이다. 다음으로 외상을 대비한 각종 연고, 붕대(탄력붕대 포함)와 반창고, 일회용 밴드, 탈지면, 소독용 과산화수소수, 요오드용액, 가위와 핀셋 등이 용도가 많은 품목들이다. 그밖에 어린이가 있다면 가벼운 화상용 바세린 연고와 좌약식 해열제를 준비하는 것이 좋다. 노인이 있는 가정이라면 가정용 혈압계를 준비해 두는 것도 바람직하다.

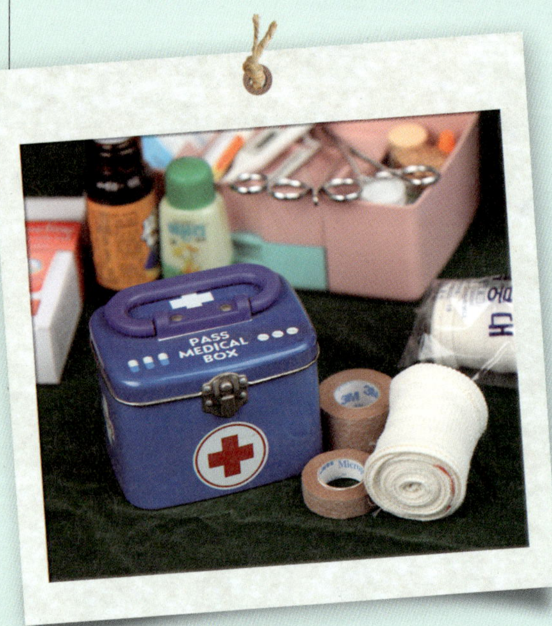

## BLS(기본 구급법)을 익혀 두자

일상생활에서 맞닥뜨리는 간단한 외상의 응급처치뿐만 아니라 돌발적인 사고에 대비할 수 있는 기본 구급법(BLS, Basic Life Support)을 익혀두는 것도 유익한 일이다. 응급 현장에 있는 사람이 위기에 처한 사람을 조기에 응급 처치함으로써 구명률을 비약적으로 높일 수 있다. 기본 구급법의 순서는 상황 확인(사고 현장의 안전성 확인 등) → 감염 방어(2차 감염을 막기 위한 고무장갑 착용 등) → 의식 확인(절대 흔들지 말고 말을 걸 것) → 119 신고(주위에 도움 요청) → 기도 확보 → 인공 호흡 → 흉골 압박 → 구조대 도착까지 반복이다. 이외에도 음식물 등에 의해 기도가 막힌 경우에 유용한 '하임리히법'도 익혀 둘 필요가 있다.

### 규격과 소재에 따른 붕대의 종류

붕대는 폭 · 길이 · 소재에 따라 종류가 다양하다. 신체 부위
마다 사용하는 붕대의 폭이 달라야 하는데 환부가 손가락이
라면 폭 2.5cm, 손목 · 손 · 발은 5cm, 발목 · 팔꿈치 · 팔에
는 7.5cm, 무릎과 다리에는 10~15cm 폭의 붕대가 알맞다.
붕대를 특성별로 나눠보면 네 가지로 나뉜다. 먼저 신축성
이 있는 접착성 붕대는 거즈와 유사한 재질로 폭이 다양하
다. 접착 성질이 있어 누구나 사용하기가 쉬운 붕대이다. 다
음으로 면(綿)으로 된 거즈 붕대는 뻣뻣하며 신축성이 없다.
탄력 붕대는 압박 붕대라고도 부르는데 염좌 · 근육부상 ·
좌상 시 압박용으로 사용된다. 폭도 다양하고 강한 신축성
을 지닌 것이 특징이다. 마지막으로 삼각건도 붕대의 일종
으로, 펼친 그대로 또는 접어서 사용한다.

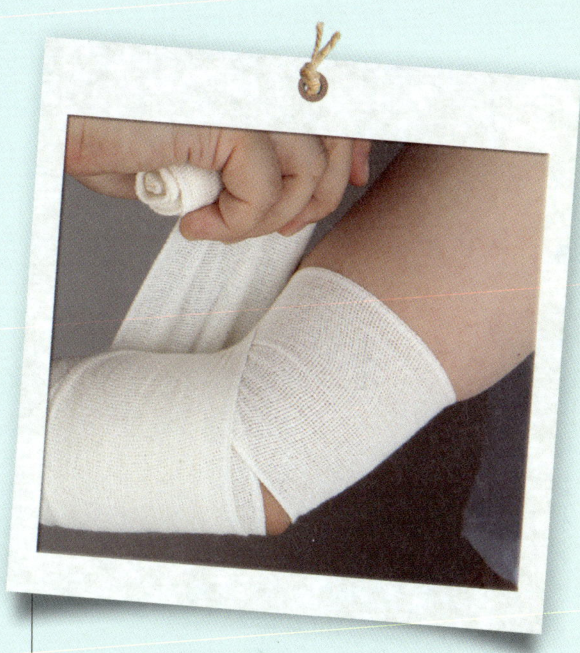

### 학교에서 배우던 붕대 사용법

붕대는 노출된 상처를 덮어줄 뿐만 아니라 뼈나 관절을 다
쳤을 경우 그 부위를 고정시키는 역할도 한다. 삼각건 역시
다친 발목이나 팔을 고정하는 데에 도움을 주는 구급용품이
다. 옛날 70~80년대, 고등학교에 교련이 필수 과목이던 시
절에는 남녀 학생 누구나 붕대와 삼각건 사용법을 배웠다.
그때 고등학교를 다닌 중년 이상의 연령층들은 지금쯤 기
억이 가물가물하거나 어쩌면 다 잊어버렸을 것이다. 여기
'Section 14'에선 그 추억의 붕대 감기와 삼각건 사용법을
소개한다. 가정생활은 물론 등산 · 낚시 · 캠핑 활동 시 요긴
하게 활용되는 몇 가지 방법을 익혀두면 가족과 자신은 물
론 타인에게도 큰 도움을 줄 수 있게 될 것이다.
그러고 보면 이 책은 야외활동 시 꼭 지참해야 할 품목 중의
하나다.

흘러내리지 않게 뒤집으며 감아야

# 팔·다리 감기

❖ 팔이나 종아리, 허벅지와 같이 굵기가 일정하지 않고 점차 가늘어지거나 굵어지는 신체 부위에 붕대를 감을 때는 일반적인 붕대 감기와 방법을 달리해야 한다. 그냥 단순하게 감아 돌리면 붕대가 한 쪽으로 흘러내리거나 쏠려서 풀어지지 쉬운 때문이다.
굵기가 일정치 않은 신체 부위를 감을 때 붕대가 풀어지지 않게 감는 요령을 전문 용어로 절전대(折轉帶)라 하는데, 한 번 감을 때마다 붕대를 뒤집어 접어주는 방법이다. 얼핏 복잡해 보이지만 따라 해보면 금방 익숙해진다.

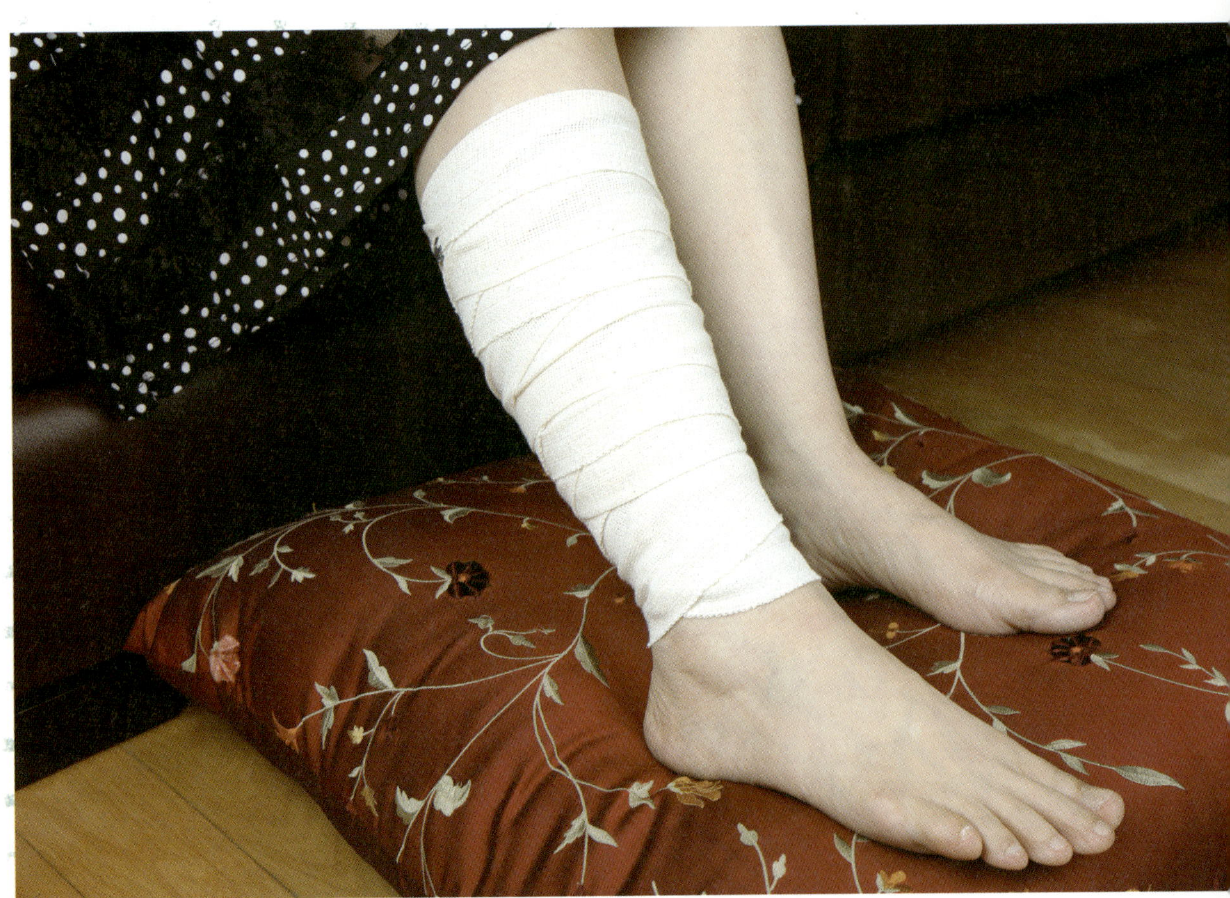

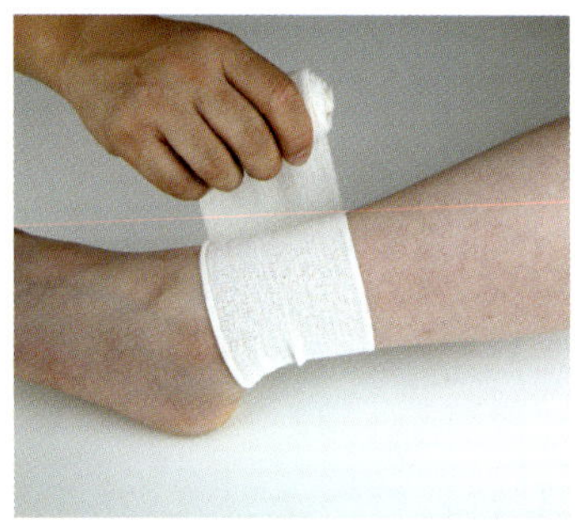

1 해당 부위에 대고 우선 두어 번 감는다.

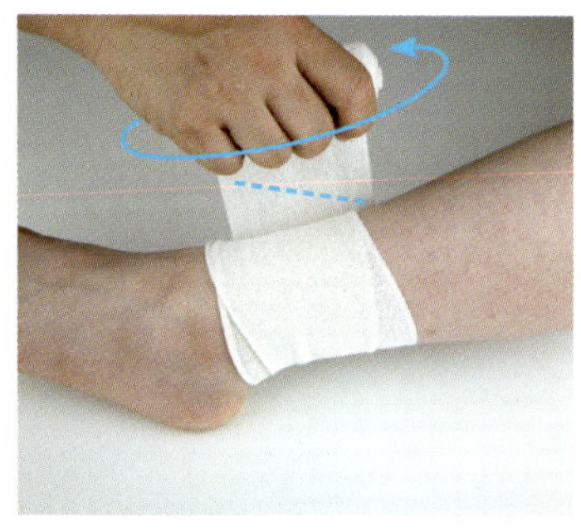

2 붕대가 앞쪽으로 오면 손을 돌려 점선 표시대로 붕대를 접는다.

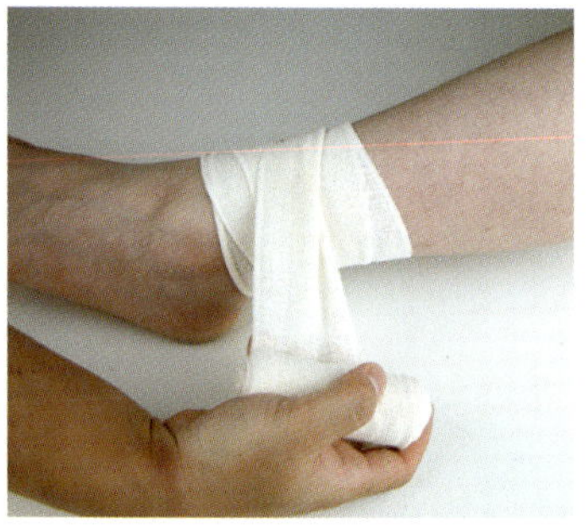

3 붕대를 접어 돌리면 이와 같은 상태가 된다.

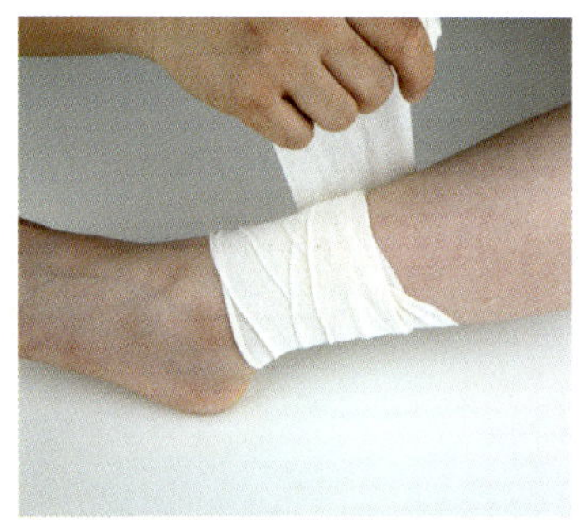

4 감아 올라갈 때마다 뒤쪽에서는 그냥 감는다.

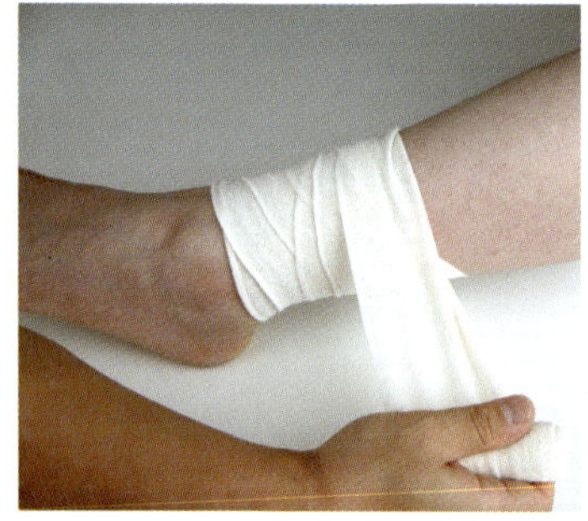

5 앞에서는 붕대를 경사지게 접고서 감는다. 2~4의 과정을 반복한다.

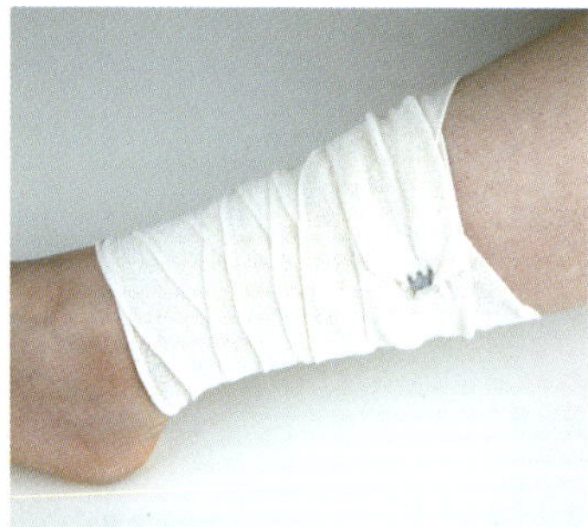

6 다 감고 나면 붕대 고정기로 마무리를 한다.

Tip
붕대는 너무 헐겁게 감아서도 안 되고 너무 단단하게 조여 감아서도 안 된다. 일시적으로 출혈 부위를 압박하기 위해 강하게 조여 감아야 할 때도 있지만 일반적인 경우에는 혈액 순환에 지장을 줄 정도가 되어서는 안 된다. 접착성 붕대이거나 면 소재의 거즈 붕대를 사용할 때도 마찬가지다.

상처 보호하면서 함부로 움직이지 않게

# 손등, 손목 감기

❖ 손바닥이나 손등에 상처를 입었을 경우는 해당 부위에 붕대를 감는 것으로 끝내서
는 안 된다. 가벼운 부상일 경우는 몰라도 증상이 심할수록 상처 부위를 보호하면서도
무의식 중에 사용하지 않도록 손목까지 보호해야 하는 것이다.

손에 사용하는 붕대는 팔다리에 사용하는 것보다 폭이 좁은 제품을 선택하는 것이 좋
다. 또한 붕대를 다 감은 후의 마무리는 고정기를 사용하는 것이 좋지만, 고정기가 없
을 경우는 붕대 끝단을 적당한 길이로 갈라 서로 묶어주면 된다.

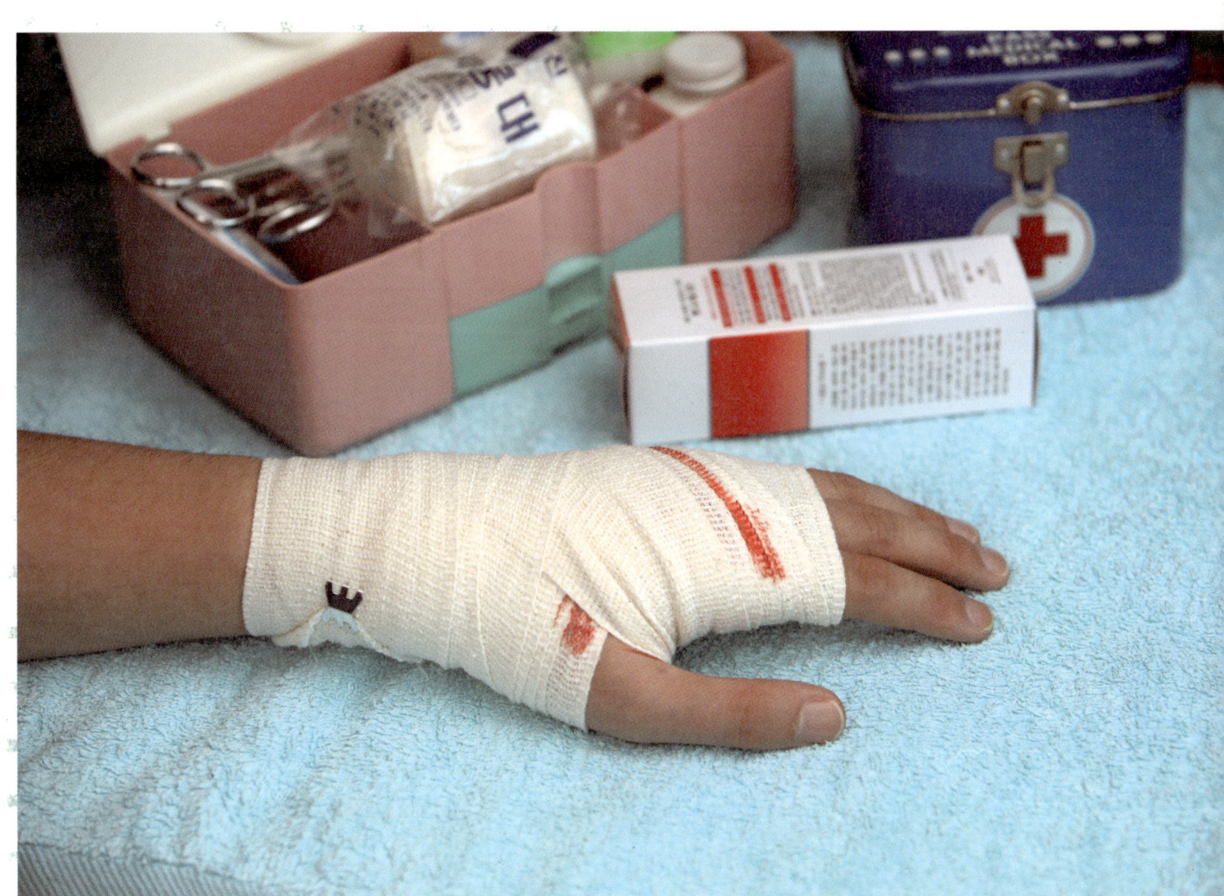

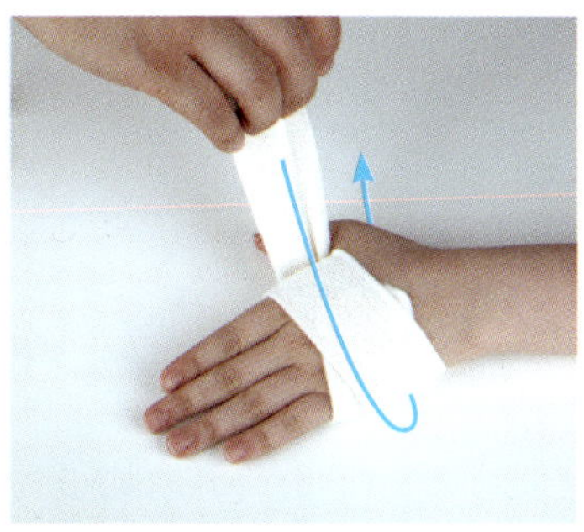

1 엄지와 검지 사이를 지나 두 바퀴 감고, 다음에 엄지 아래를 지나도록 감는다.

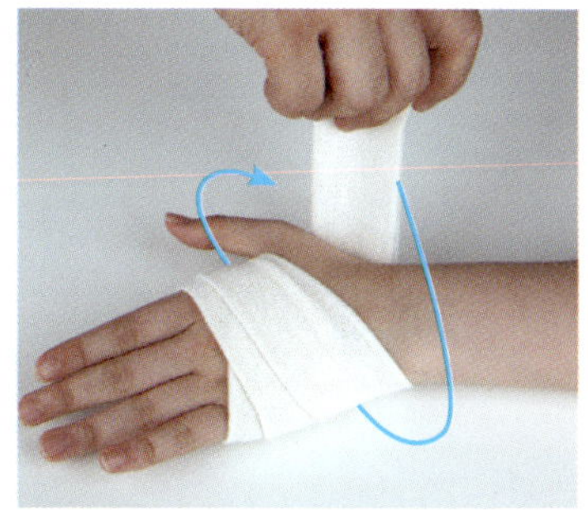

2 손목을 지나 엄지와 검지 사이로 감는다.

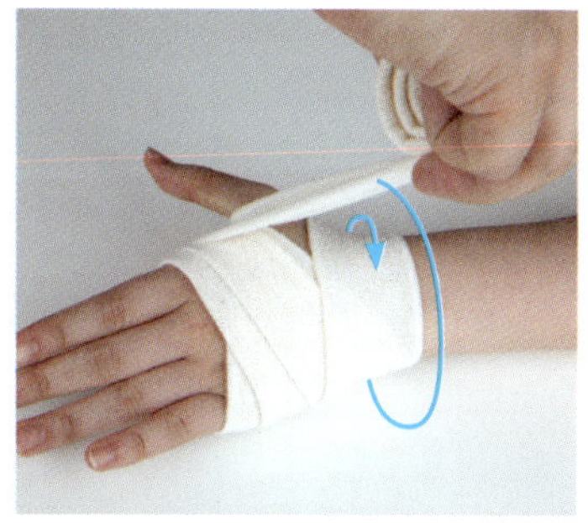

3 다시 손바닥을 지나 엄지 아래로 감는다.

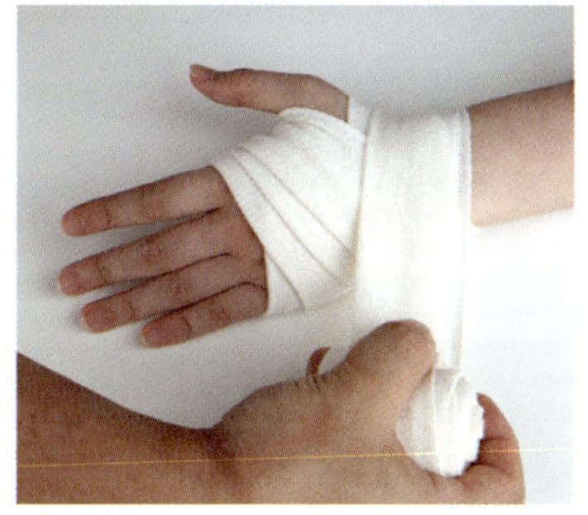

4 감을 때 마다 조금씩 비껴나 감기도록 한다.

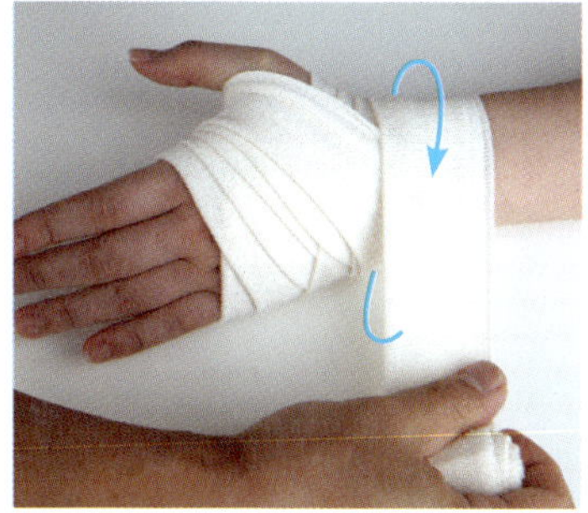

5 2~4단계 과정을 반복한 후 손목에 몇 바퀴 감는다.

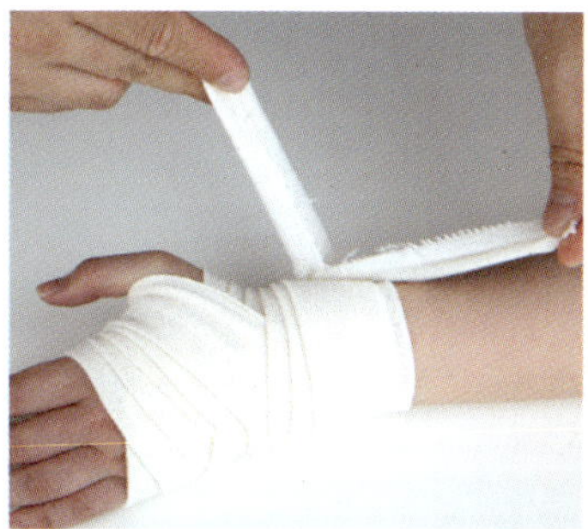

6 끝난이 얼마 남지 않으면 붕대 끝을 이등분한다.

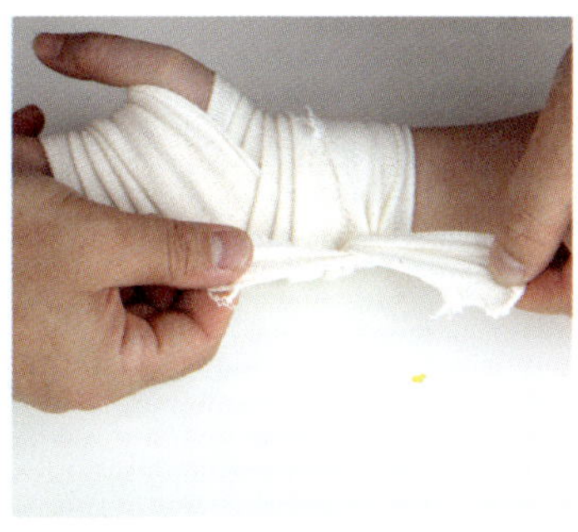

7 이등분한 부분으로 손목 부위를 각각 돌려 감는다.

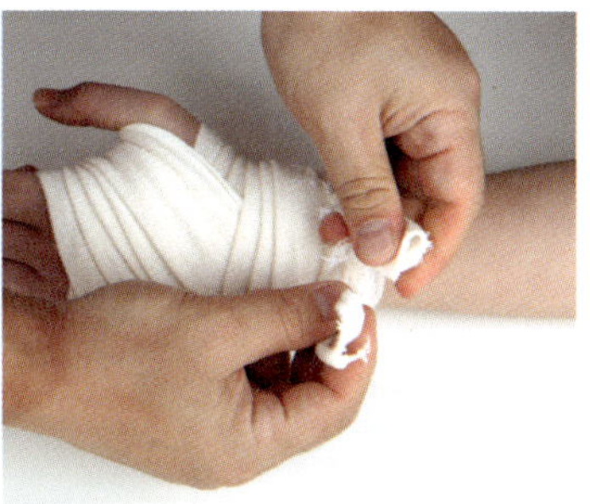

8 풀어지지 않도록 매듭을 짓는다.

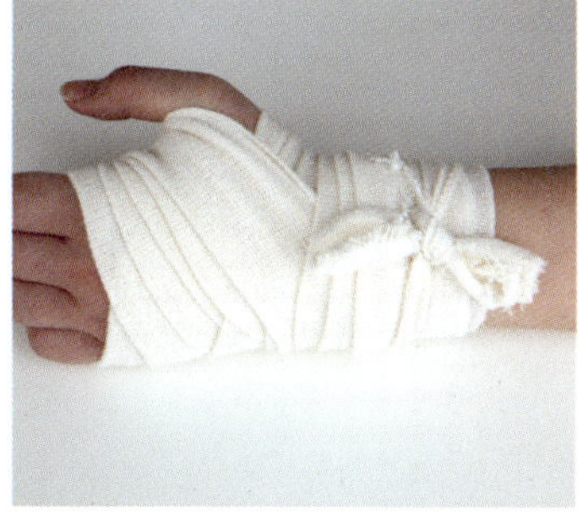

9 손과 손목에 저린 느낌이 들면 너무 세게 감은 것이므로 다시 감아야 한다.

봉대를 이용한 응급 처치 ③

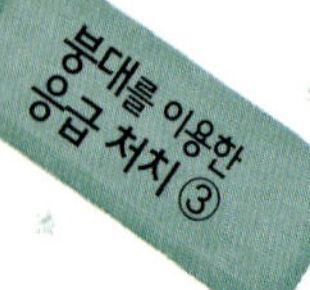

관절을 편안하게 보호하도록

# 관절 부위 감기

✣ 무릎이나 팔목 등 관절 주변을 다쳐 붕대를 감아야 할 때는 먼저 그곳이 움직이는 부위임을 감안해야 한다. 관절 부위를 너무 펴지도 그렇다고 너무 오그리지도 않은, 적당히 편안한 상태의 자세로 만들어 붕대를 감아야 한다는 것이다.

관절 부위는 움직임에 의해 피부 면적이 줄거나 늘어나기도 하므로 붕대가 풀어지기 쉽다는 점도 고려해야 한다. 관절을 중심으로 좌우 교대로 감되, 적당한 간격으로 교차시켜 나가는 것이 부상을 보호하면서 최소한의 관절을 움직이게 할 수 있는 요령이다.

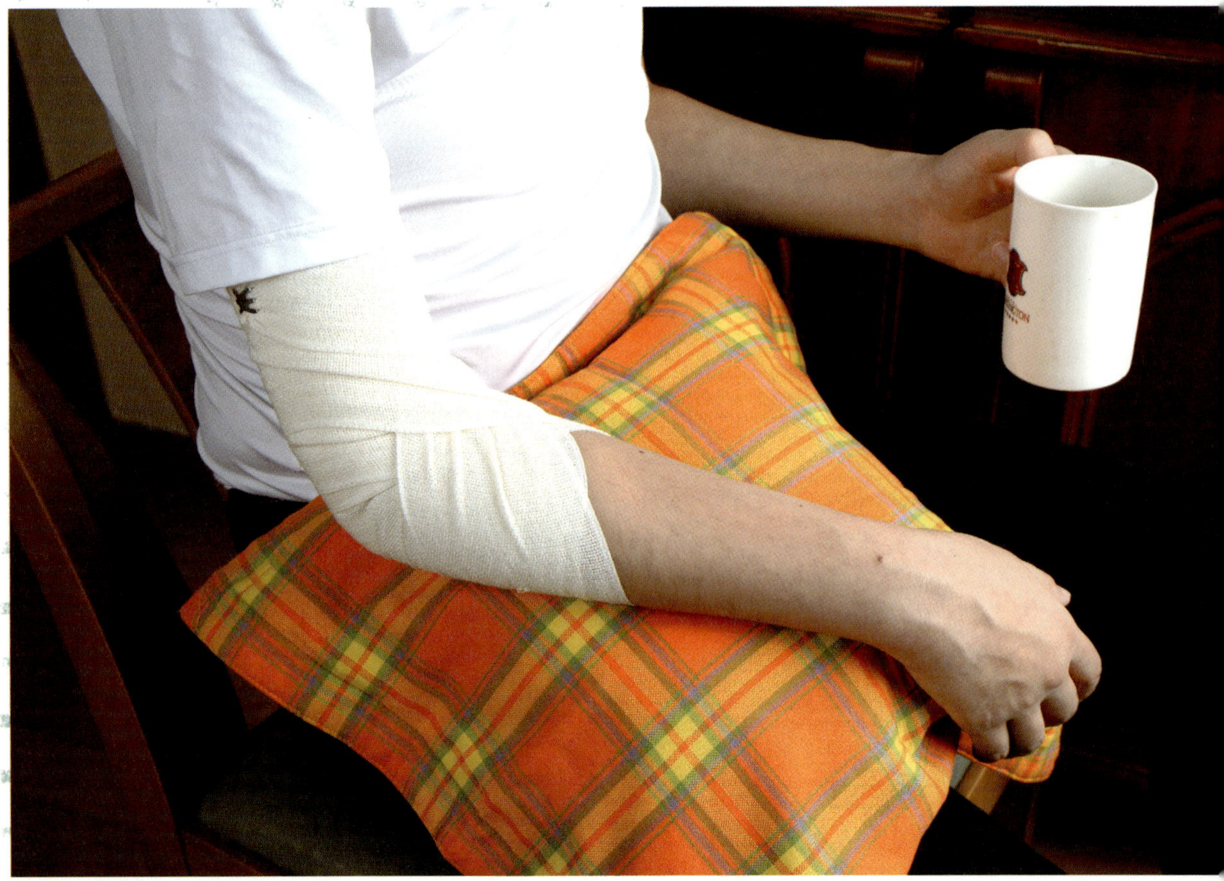

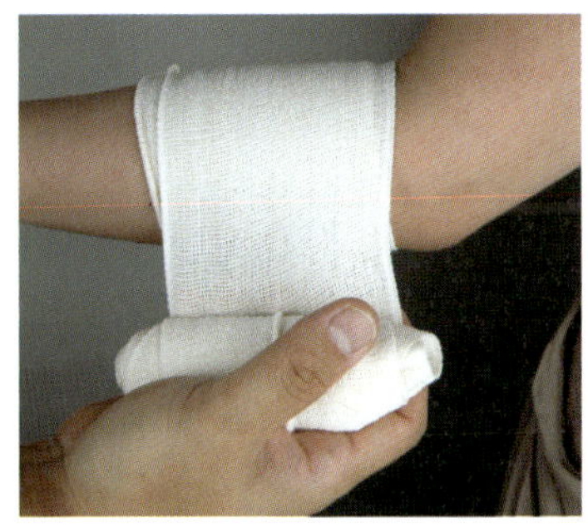

1 관절 부위 약간 위나 아래쪽에 먼저 한 번 감는다.

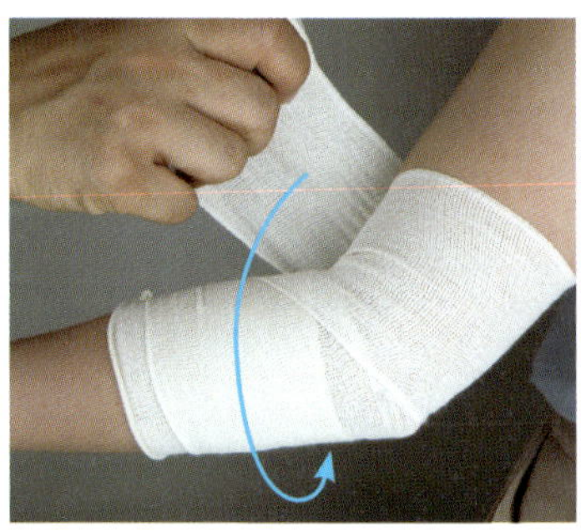

2 관절을 중심으로 반대쪽으로 이동해 한 바퀴 감고 다시 반대쪽으로 감는다.

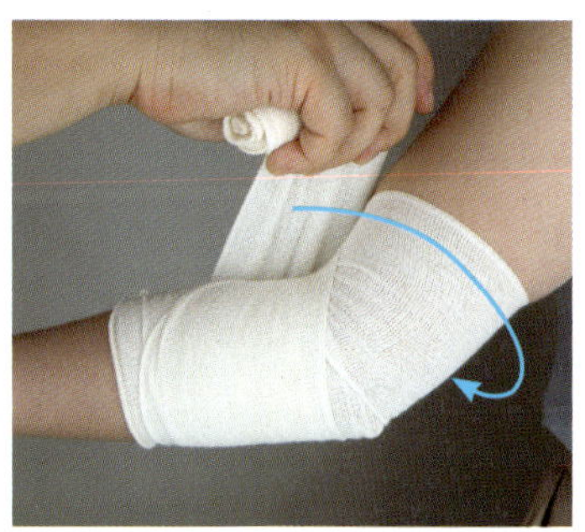

3 다시 관절을 중심으로 반대쪽에 감는다.

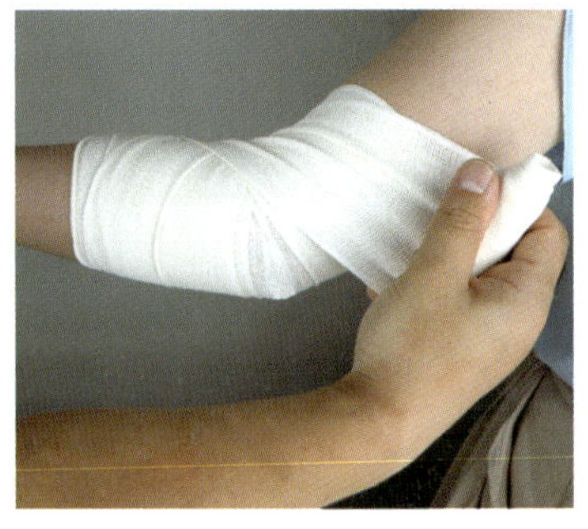

4 계속해서 반대쪽에 감되, 적당한 간격을 두고 조금씩 이동하면서 감는다.

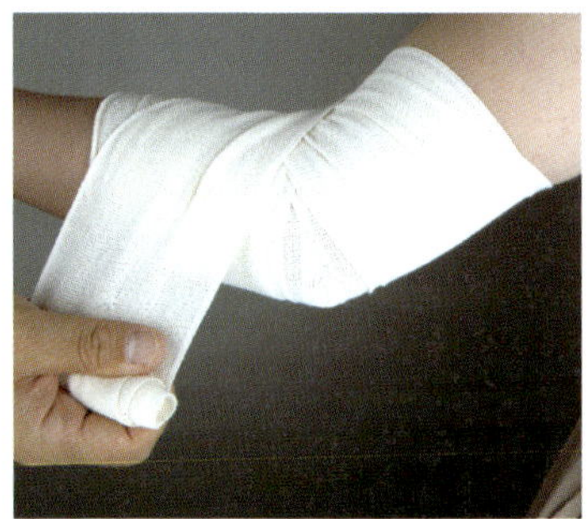

5 서로 교대로 관절을 중심으로 감아나간다. 2~4과정의 반복이다.

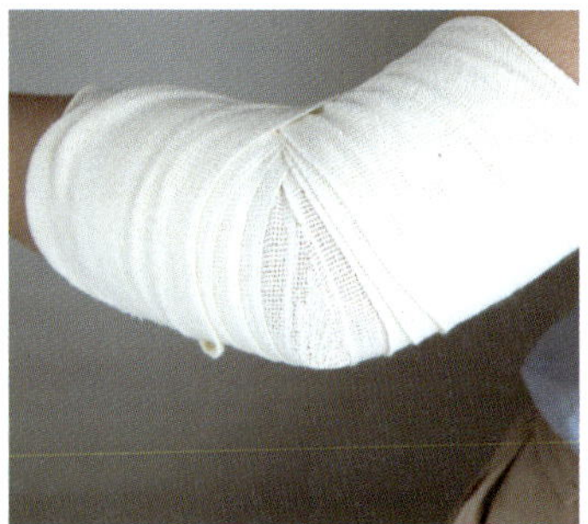

6 다 감고 나면 붕대 고정기로 마무리한다.

> **Tip**
> 특별한 붕대로서 석고붕대가 있다. 신체 부위의 모양에 따라 굳혀서 환부를 고정시키는 도구의 개념이 강하다. 옛날의 석고붕대는 붕대에 석고를 첨가해 단단하게 굳히는 형태였지만, 요즈음의 석고붕대는 물에서 활성화되는 폴리우레탄 수지를 여러 겹으로 겹쳐서 만든다.
> 일반 붕대와 달리 석고붕대를 감는 경우는 환부 주변을 먼저 철저히 씻고 말려야 한다. 다음엔 면으로 된 스타킹으로 환부를 감싸고 스펀지나 패드 등을 이용해 돌출 부위를 덮어줌으로써 석고붕대의 압박으로부터 피부와 조직을 보호해야 한다.

# 삼각건으로 발목 고정하기

❖ 삼각건(三角巾)은 이름 그대로 삼각형의 커다란 천을 말한다. 일반 붕대로 감기 어려운 신체 부위를 감쌀 때 이 삼각건을 사용하게 되는데, 등산이나 하이킹 도중 발목을 접질린 경우가 대표적인 사례다. 이럴 경우 병원까지 가기 위해서는 상당한 거리가 있으므로 우선 응급 처치부터 해야 한다.

꼭 정식 제품의 삼각건이 아니라도 좋다. 스카프, 보자기, 시트 등 넓은 천이 있다면 그것을 접어서 삼각건 대용으로 충분히 활용할 수 있다.

1 먼저 삼각건을 몇 차례 접거나 말아서 가늘고 길게 만든 후 신발 밑창에 댄다.

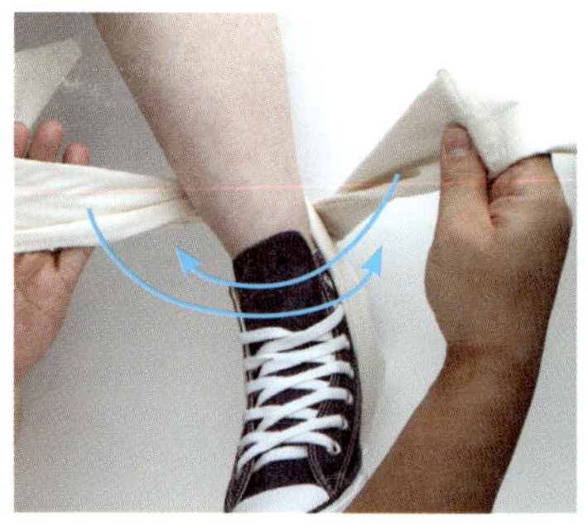

2 양끝을 발목 뒤에서 교차시키고 다시 앞으로 돌려 교차시킨다.

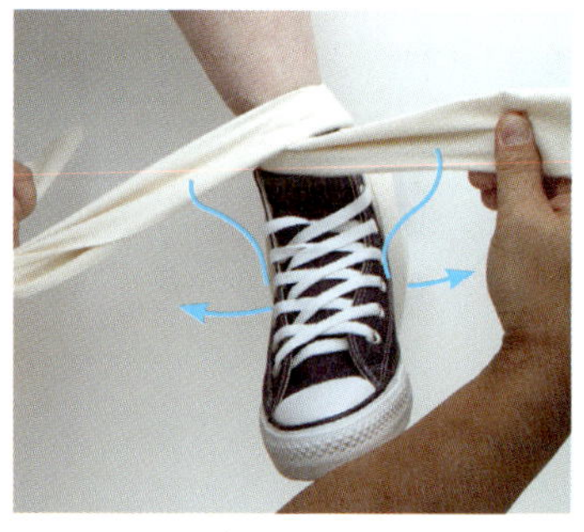

3 양끝을 각각 화살표 방향으로 통과시킨다.

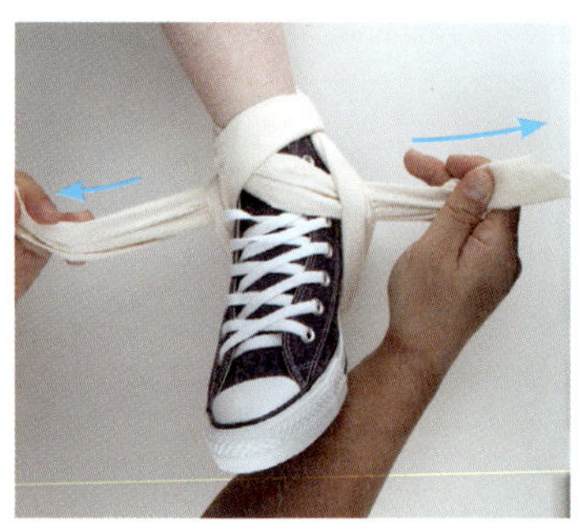

4 양끝을 당겨 조인다.

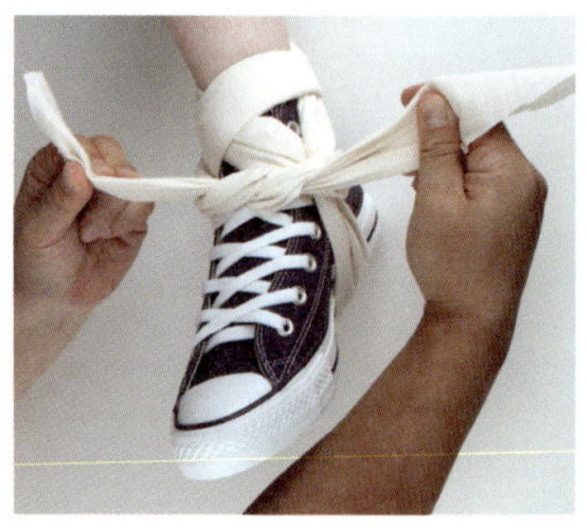

5 양쪽 끝을 다시 발등 위로 돌려 팽팽히 당기면서 묶는다.

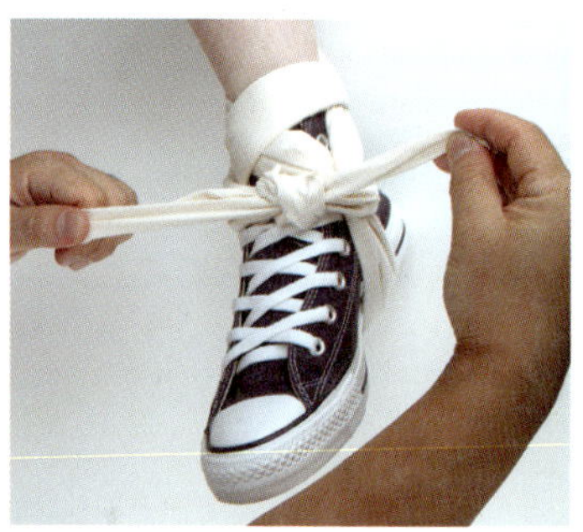

6 다시 한 번 더 매듭을 짓고서 마무리한다.

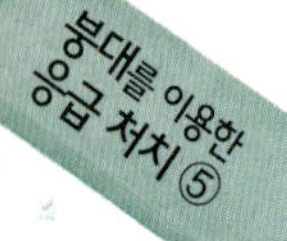




# 삼각건 어깨에 사용하기

❖ 삼각건(三角巾)은 어깨 탈구와 쇄골 골절 등의 부상을 당했을 때도 매우 유용하다. 전문가가 아니더라도 누구나 부상자에게 큰 도움을 줄 수 있고, 자신이 뜻밖의 부상을 당했을 때도 요긴하게 사용된다.

등산, 낚시, 캠핑이나 하이킹 등 아웃도어 현장으로 나설 때는 보통 사이즈보다 더 큰 대형 반다나(Bandana)를 지참하는 것도 좋다. 만일의 경우에 삼각건이 없더라도 대용 가능하기 때문이다. 그 외에 시트나 넓은 타월, 보자기도 대신 사용할 수 있다.

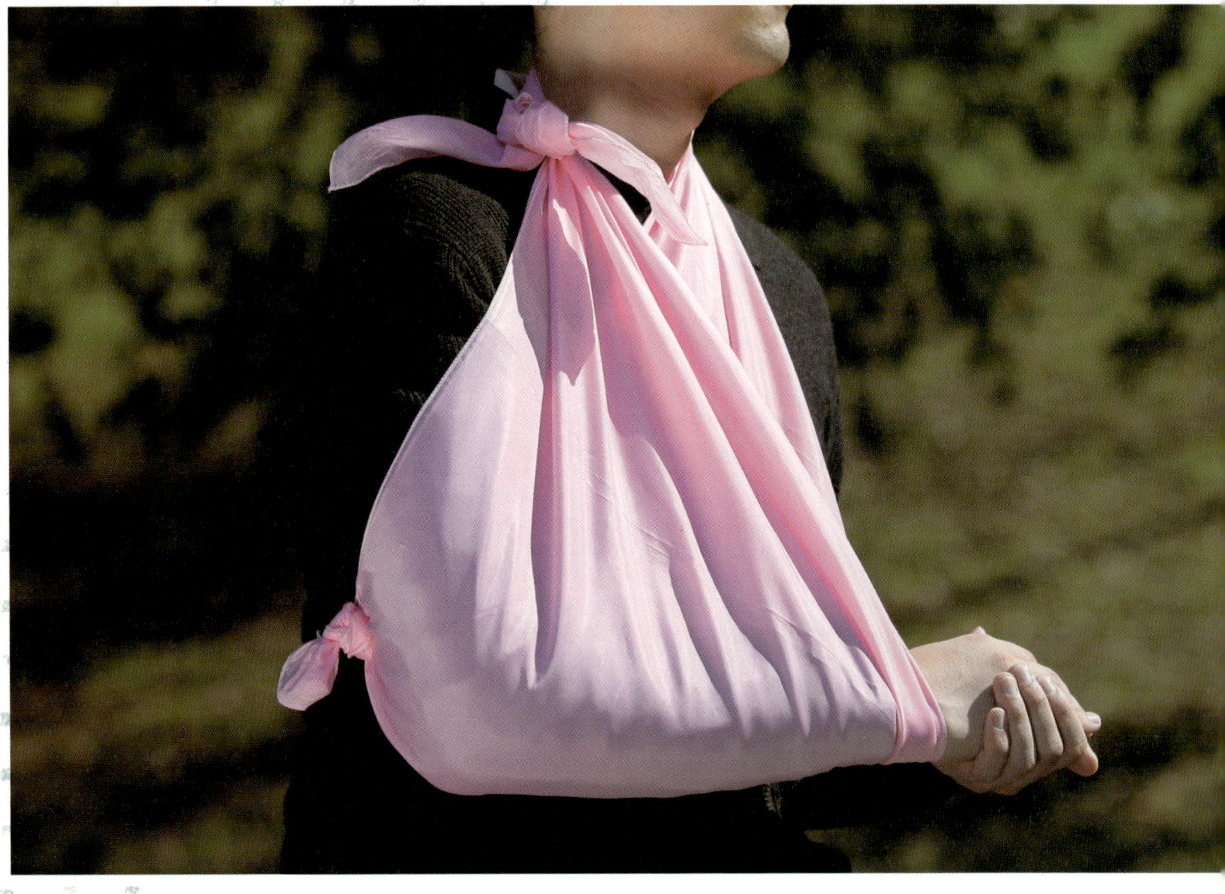

1 그림처럼 삼각건을 몸에 대고 한 쪽 끝을 어깨 뒤로 돌린다.

2 양쪽 끝 ⓐ와 ⓑ를 단단하게 매듭 짓는다. 팔꿈치 부위 끝에 별도로 매듭을 한 번 지어 두면 삼각건에 위치한 팔이 고정되어 흔들리지 않는다.

Ⓑ 쇄골 골절

1 쇄골이 골절된 쪽의 팔을 삼각건을 사용해 어깨 탈구 때와 마찬가지 방법으로 고정시킨다.

2 다른 한 장의 삼각건을 여러 번 접 거나 말아서 길게 만든 후 상완부 에서부터 반대편 겨드랑이로 감싼다.

3 겨드랑이에서 매듭지어 고정시키 면 완료.